集美大学学科建设经费资助出版

学前儿童戏剧教育的理论与实践

徐晥闽　著

天津大学出版社
TIANJIN UNIVERSITY PRESS

图书在版编目(CIP)数据

学前儿童戏剧教育的理论与实践 / 徐皖闽著. — 天津 : 天津大学出版社, 2021.4（2023.9重印）
ISBN 978-7-5618-6903-1

Ⅰ. ①学… Ⅱ. ①徐… Ⅲ. ①戏剧教育－学前教育－教学研究 Ⅳ. ①G613.5

中国版本图书馆CIP数据核字(2021)第067771号

出版发行　天津大学出版社
地　　址　天津市卫津路92号天津大学内（邮编:300072）
电　　话　发行部:022-27403647
网　　址　www.tjupress.com.cn
印　　刷　北京虎彩文化传播有限公司
经　　销　全国各地新华书店
开　　本　169mm×239mm
印　　张　13
字　　数　260千
版　　次　2021年4月第1版
印　　次　2023年9月第3次
定　　价　49.00元

前言

19世纪末20世纪初，蓬勃兴起的新文化运动在“民主”“科学”旗帜的引领下，使人的主体性觉醒，掀起了对“妇女解放”思潮、“儿童问题”的呐喊。在传统教育对儿童游戏与自由天性扼杀的批判声中，众多文学家、艺术家纷纷投身儿童文学、儿童戏剧创作之中。1919年11月14日，郭沫若先生创作的独幕儿童剧《黎明》于上海《时事新报》副刊《学灯》上发表，拉开了中国现代儿童戏剧的序幕。中国儿童戏剧在经历了初始期的浪漫主义与唯美主义，抗战期的现实主义和英雄主义，中华人民共和国成立之初“双百方针”和“二为方向”指引下的繁荣兴盛，“文化大革命”下的乏善可陈，社会主义建设新时期和改革开放大背景下的复苏，以及21世纪的革新鼎盛期。

回望戏剧的生发，无论是在中国文明还是西方的文明中，“戏以载道”“戏以化民”，戏剧总试图将人类经验戏剧化，批判并构建人与自然、人与自我、人与社会的关系，突显从仪式净化到艺术教化的发展特征。儿童戏剧作为戏剧的种类之一，同样具备戏剧综合艺术的审美本质和育人价值，其作为儿童群体外化对自我和周围世界的认识和思考的一种艺术符号，是儿童把握外部世界、认识自我，以及学习的主要方式之一，被主张作为教学媒介（medium）运用到教学课堂情境中[①]，用以传递知识、激发兴趣、解决问题和改变态度[②]。美国戏剧学者格林·威尔逊在其《戏剧表演心理学》一书中

---

① WAGNER B J.Dorothy heathcote:drama as a learning mediun[M].Washington,DC:National Education Association,1976:13-19.

② MCCASLIN N.Creative drama in the classroom and beyond[M].New York:Longman Publishers,1996:277.

指出："幻想和游戏的一种正规化形式就是戏剧。"[①]儿童戏剧通过幻想和游戏为儿童架起想象和真实之间的桥梁，让儿童进入一个开放、多元、跨领域的生态化成长域界，主动地体验、探索，实现经验的整合，为儿童获得感性审美与理性认知的平衡发展，以及"全人教育"带来不一般的内聚的生命能量和生命体验。

在全球一体化进程中,20世纪以来的存在主义哲学、后现代哲学、身体美学等思潮重新审视着"人的发展"，提出技术理性时代"完善的人"的消解是教育异化和人类学校的失职。重塑学校教育的价值观，推进学校教育的创生式变革，突显人的世界性和跨文化性品质，培育具有多元共生、合作共享与自主创造的时代新质的人，是人类和社会对于学校教育共同的愿景。指向人文主义发展观的儿童戏剧因自身的美学意义和教育价值，以及和教育结合所带来的综合、合作、对话、生成等后现代教育变革特征与意义，进入学校实践的育人过程是其发展的必然。其横跨哲学、人学、美学、戏剧学、心理学、教育学等学界视野，引发了诸多学者的关注、讨论与研究。

伴随着儿童戏剧在学校教育实践中的推广普及，我国出版的儿童戏剧教育理论及其应用研究的相关论著也逐渐增多，主要有以下三大方面。

一是儿童戏剧教育理论建设与实践探索。以人文精神追求为依托，借鉴西方戏剧教育三大模式，进行我国本土化学前儿童戏剧教育领域的理论与实践研究（张金梅，2015）。相关研究包括:《探索与实践：新课程改革背景下的戏剧教育》（黄爱华，朱玉林，2008）；《创作性戏剧教学原理与实作》（张晓华，2011）；《儿童戏剧教育的理论与实务》（林玫君，2015）；《儿童戏剧的多元透视》（陈世明等，2018）；《师范学前戏剧教育课程的理论与实践》（段素菊，侯轶男，冯英，2018）。

二是应用戏剧研究的视角。首先，以儿童剧为载体进行的课程改革研究。以生态教育观中融合、创生、体验精神作为核心理论进行"戏剧综合范式"的幼儿园综合课程改革研究（张金梅，2005），以儿童剧为载体的学前教育专业艺术类课程整合的课程改革研究（郑薏苡,2012）。其次，以戏剧为工具，发挥其各种不同应用功能的研究。

① 格林·威尔逊．戏剧表演心理学[M]．李学通，译．上海：上海文艺出版社，1989:25.

基于循证实践理论，运用教育戏剧的方法与策略，开展儿童素质核心能力的干预研究（焦阳，2018）。从“一人一故事剧场”及“教育戏剧”两种应用戏剧入手，介绍其在中小学心理健康教育中的运用技术（杨阳，2016）。最后，将戏剧纳入教育教学的课程方案与教学实施设计。相关研究包括提出用“教育戏剧的六种模块”推动跨学科教学的小学戏剧课程设计与实践（张晓华，周笑莉，2017）；利用戏剧语境和故事，将幼儿放置在一个带有语境和目标的学习结构中进行教学课程计划（卡梅尔，奥沙利文，2016）；由童话故事以及由其改编的童话剧剧本和主题戏剧表达活动三个部分构成小学体验式戏剧课程方案设计（王雷英，2017）；以戏剧表达、戏剧创作和戏剧表演为学前儿童戏剧教育主要内容的幼儿园戏剧教育课程（张金梅，2014）；运用“戏剧教学法”“教育戏剧”“戏剧教育”“戏剧表演/教育剧场”四种类别的戏剧计划渗透小学各学科教学的活动教案（王添强，2018）。

三是儿童戏剧表演训练与指导类研究。相关研究包括：通过“肢体动作、感官想象及声音口语”“戏剧创作”“赏析与理解”三方面构成的初、中、高级系统的戏剧课程教材（林玫君，2016）；着重论述幼儿戏剧鉴赏与改编、幼儿戏剧表演技能训练与指导能力培养的教材（马晓嘉，2014）。

综上，当前我国儿童戏剧教育研究专著以戏剧课程活动方案汇集居多，研究方面侧重于戏剧在幼儿园、小学的跨学科渗透应用的教育实践探索与反思。整体观、系统性儿童戏剧教育理论研究极为薄弱，更缺乏对儿童戏剧教育的职前师培与职后儿童戏剧教育实践指导的教师教育一体化考量。

本书从教育学的学科立场，将学前儿童戏剧教育的讨论放入哲学、儿童文学、戏剧学、儿童艺术心理学的视域，探索中国当下学校教育变革环境中学前教育理论与戏剧理论的双向融通转化，以期为儿童戏剧学校教育实践研究提供更为宽广的基础和整体的关照，丰富儿童戏剧教育理论及其应用的研究，为教育理论中人的发展理论、教学理论、学习理论等的丰富与发展提供参考。

全书共分为六章。第一章从时间的纵向维度勾画了中西方儿童戏剧教育发展的历史轨迹，介绍了学前儿童戏剧教育的内涵、审美意义、教育价值，明确了学前儿童戏剧教育在幼儿园课程中的定位，并从哲学、教育学、戏剧理论和审美心理学与实践美学理论等多学科视角阐述了学前儿童戏剧教育的理论基础。第二章介绍了戏剧与剧场艺术的构成要素及这些要素在教学场域中应用的基本原理与技巧。第三章将戏剧元素和儿童假装游戏的相关因素进行类比分析，对幼儿最初的行为假装、导演式个人游戏、与他人互动的合作性社会角色游戏和表演游戏，以及戏剧教育活动进行了全面的区分。同时，从儿童游戏的本质、心理机制和发展特点，结合案例，详细地分析了儿童戏剧的产生与发展。最后，对英美不同戏剧课程模式进行交叉比较，对不同形态的幼儿园戏剧教育模式的操作进行了解释。第四章从幼儿园戏剧课程的内涵、目标、内容选择、教学过程、教学方法与策略、学习方式与评价等方面对幼儿园戏剧教育活动的设计与实施做了整体、系统的论述。第五章从学前师范生教师专业素养的培养角度，介绍了儿童戏剧创编、表演与指导能力等方面素质培养与训练的方法。第六章基于学前儿童戏剧在学校教学活动中成果展示的意义，对师范学前教育与幼儿园教育活动中儿童戏剧的成果展示，从策划、创作、排演、公演、活动拓展与总结等环节做了应用层面的系统梳理。

儿童戏剧作为儿童生命中实现生命表达与生活再现的方法，随着戏剧与教育的多维对话与循环互动的不断深入，其理论研究与实践发展将逐渐建构起自体系统的整体性，在人性教育中显示人文关怀。

目录

第一章　学前儿童戏剧教育概述

第一节　学前儿童戏剧教育发展简况

儿童戏剧教育作为西方国家重要的教育形式之一，至今已有近百年的发展历史，已发展出创造性戏剧（creative drama）、教育戏剧（drama in education）、剧场教育（theatre in education）、治疗性戏剧（remedial drama）等多种戏剧教育流派。将戏剧融入教学源于法国思想家卢梭的“在实践中学习”以及“在戏剧实践中学习”的理念。18 世纪 60 年代，卢梭在其教育著作《爱弥儿》中指出儿童是未成熟者，认为游戏扮演是最适合于儿童的学习，开启了学校教育戏剧之门[①]。19 世纪末期到 20 世纪初，英国哈莉特·芬蕾·约翰逊强调了戏剧游戏在教学中的作用，提出了将课程主题转化为戏剧过程与故事的戏剧教学法[②]。亨利·卡德威尔·库克提出以游戏为主的戏剧教学法和渐进式戏剧扮演的教学策略，奠定了英国教育戏剧关注戏剧与各学科的统整教学，以实现教育目标为主的发展基调[③]。在美国，戏剧教学的开拓者则以进步主义教育家温妮弗蕾德·沃德（Winifred Ward，1884—1975）为代表，其在《与儿童开展戏剧之作》一书中，提出了“创造性戏剧（creative dramatics）”和“戏剧制作（playmaking）”的概念。20 世纪初，戏剧教育开始趋向关注参与者的戏剧活动体验对个体发展的促进作用。其中，彼得·斯莱德主张关注儿童在戏剧中的体验与自我表达，批判以表演为目的的戏剧教育实践。布瑞恩·维主张关注学习

① MCCASLIN N.Creative drama in the classroom and beyond[M].New York:Longman Publishers,1996.

② HARA M O.Drama in education:a curriculum dilemma[J].Theory into Practice,1984,23(4):314-320.

③ HARA M O.Drama in education:a curriculum dilemma[J].Theory into Practice,1984,23(4):314-320.

者在戏剧活动中自我概念、自我实现、自我认知方面的发展，认为戏剧是促进儿童人格成长的有效教育模式。盖文·博尔顿提出了“教育戏剧”的概念，认为教育戏剧应该由戏剧性扮演延伸至戏剧情境下的思考性学习，这种学习模式从学生的内在感觉、情绪和认知出发，结合外在表现和学习内容，指向于问题的解决。20世纪中后期，在美国戏剧教育学家先锋温妮弗蕾德·沃德的《创作性的戏剧活动》、《儿童之剧场》(*Theatre for Children*)、《儿童戏剧扮演》(*Playmaking with Children*)、《故事戏剧化》(*Stories to Dramatize*)等研究及努力的推动之下，多位戏剧教育学领域的专家们以实践经验为基础，亦投入了该领域的正规研究，如斯克斯和邓灵顿的《儿童剧院和创造性戏剧》、蓝妮·迈凯瑟琳的《儿童与戏剧》等。许多大学或学院纷纷将创作性戏剧活动列入教学课程，进行儿童教育的研究计划并培养教学师资。至1952年，已有92所院校提供创作性戏剧活动的教学课程[①]。在英国，大卫·洪恩布鲁克和强纳森·尼兰德斯等教育戏剧研究者则对教育戏剧课程的目标及模式进行了诸多探索，推动了戏剧进入学校教育体制的进程。1994年，美国制定了《艺术教育国家标准》(*National Standards for Arts Education*)，正式构建了从幼儿园到高中的戏剧课程体系，随之英国、澳大利亚、加拿大等也相继将戏剧纳入课程体系，作为艺术教育中不可或缺的独立课程，与音乐、美术等课程并行开设[②]。2009年，美国戏剧教育理论家与实践者约翰·欧土尔、蒂娜·莫尔、麦当娜.斯汀森等人共同出版了国外戏剧教育前沿研究著作《戏剧与课程》，从宏观和微观视角进行儿童戏剧课程的开发，并对西方国家儿童戏剧教育的探索做了总结。

在中国古代人的观念中，儿童没有独立的人格，是父母的所属品。直至1915年新文化运动的兴起，确立了以“儿童为本位”的新儿童观后，才真正开启了以“儿童为中心”的戏剧研究和创作。从中国儿童歌舞剧的开创者黎锦辉创作的12部儿童歌舞剧，到20世纪五六十年代代表了中国儿童戏剧成熟的任德耀创作的儿童剧，再到新时期以“全体儿童为本位”的人道主义关怀下的儿童戏剧的积极探索和稳定发展，以及新世纪注重儿童戏剧艺术本体特质的儿童剧创作，中国儿童戏剧的创作与演出经历了近百年的发展史。相较之，中国儿童戏剧理论研究却非常薄弱，儿童戏剧教育的研究和学校教育的引入始于近十几年。从20世纪初“五四”时期至20世纪90年代，儿童剧均以类似成

① 张晓华.创作性戏剧教学原理与实作[M].上海：上海书店出版社,2011:3.

② 陈昊.教育戏剧：理论探讨与实践进展[J].内蒙古师范大学学报(教育科学版),2017,30(9):1-7.

人的表演排练为主，注重演出效果，强调艺术教育功能，大大抑制了儿童的戏剧创造力。直至21世纪，在信息化、网络化的背景下，在全球化、国际化和多元文化的影响下，在美育地位的确立与基础教育课程改革的推动下，学前儿童艺术教育的价值追求和教育质量愿景发生了转变，戏剧才开始跻身综合艺术课程门类之列。2001年颁布的《全日制义务教育艺术课程标准（实验稿）》中提出"基础教育阶段的艺术课程日益走向综合，不仅音乐和美术开始交叉融合，戏剧、舞蹈、影视等也进入艺术课堂"①。同年，我国学者张金梅在学前教育领域开始探索、思考儿童戏剧与教育的关系，并开展幼儿园戏剧教育实践活动。2004年以"快乐学习、健康成长"为主题的儿童戏剧教育国际论坛在上海举行。自此，戏剧教育的理念开始在上海、北京、江苏、浙江等教育前沿地区实践。

当前我国儿童戏剧教育尚处于起步阶段，学前儿童戏剧教育的理论和实践的研究，将有助于厘清儿童、戏剧和教育三者之间的关系，进一步丰富和发展儿童戏剧教育理论，并于实践中引领正确的学前儿童戏剧教育观念，探索本土化的具有中国特色的儿童戏剧教育发展之路。

第二节　学前儿童戏剧教育的定义与在幼儿园教育中的定位

一、学前儿童戏剧教育的定义

学前儿童戏剧教育的定义历来莫衷一是，虽各有不相同，却都具备一些基本共通的内涵。笔者通过整理相关文献资料，从三个层次展开阐释：何谓儿童戏剧？何谓儿童戏剧教育？学前儿童戏剧教育的概念如何界定？借此厘清学前儿童戏剧教育的内涵。

《辞海》中对于儿童戏剧的解释为："以儿童生活为题材或适合儿童接受能力、欣赏趣味的戏剧。它是儿童文学的一种重要体裁，可取材于现实社会生活，也可以取材于童话、神话。它要求剧本的内容和表现方式适应儿童的生活经验和知识范围，适应少年儿童的理解水平和接受能力。"在李涵主编的《中国儿童戏剧史》中，"儿童戏剧"与"儿童剧"通用，都是指写给、演给儿童

① 徐俊．教育戏剧——基础教育的明日之星[J]．基础教育，2011,8(3):68-74.

的戏剧，其决定因素在于儿童剧的接受对象，而不是谁在戏剧里扮演角色[①]。程式如认为儿童戏剧应该分为两种，一种是儿童自身参与的，一种是由专业的剧团演给儿童看的[②]。高美淳则指出，儿童戏剧是一种立即呈现的表演艺术，她把成人表演给儿童看的儿童剧，儿童亲身参与的创造性儿童戏剧以及儿童自己演给自己看的娱乐性儿童戏剧都归为儿童戏剧的范围。台湾学者陈信茂在《儿童戏剧概论》中所下的定义是，只要合乎以下要求，就可以称为儿童戏剧：须应用儿童的思想、儿童的想象、儿童的语言、儿童的情感、儿童的经验，透过戏剧的手法，表现大宇宙间动植物的生活、人和物的关系、社会的现象、人生的意义，用以增进儿童的知识、陶冶儿童的美感、坚定儿童的意志、充实儿童的生活、引导儿童参与积极的艺术活动。我国学者胡红兵的见解比较符合当代儿童剧发展的现状。他认为当代儿童剧有广义和狭义之分。广义的儿童剧应该涵盖儿童戏剧、儿童电影、儿童电视剧、儿童广播剧等，而狭义的儿童剧专指儿童戏剧。他给儿童剧下的定义是：儿童剧是专为儿童创作并适合他们欣赏的，具有独特艺术性和思想意义的儿童戏剧、儿童电影、儿童电视剧、儿童广播剧等的总和。从受众上可分为幼儿剧、儿童剧和少年剧；从题材上可分为古装题材、现实题材、童话神话题材和科幻题材；从表演形式上可以分为儿童戏剧（舞台剧）、儿童电影、儿童电视剧和儿童广播剧[③]。探讨儿童剧的概念，是为了更准确理解儿童剧的特质，把握儿童剧与儿童戏剧教育的区别与关系。

国外的儿童戏剧，其前沿的研究成果较多将儿童戏剧指向于儿童戏剧教育活动。何谓儿童戏剧教育呢？美国进步主义戏剧教育家温妮弗蕾德·沃德在1930年出版的《创作性的戏剧活动》（*Creative Dramatics*）一书中首次使用了“创作性戏剧（Creative Drama）”一词。美国儿童剧场委员会（CTC）在1956年将其定义为“创造性戏剧术（creative dramatics）”，是第一个在美国正式使用的专有名词。薇奥拉（Viola）[④]报告中对其定义为：创造性戏剧术是戏剧的一类，由一位具有想象力的教师或领导者引导儿童从事戏剧创作，并以即兴的口语及动作将其内容表演出来。这是一种非正式的戏剧活动，场景和服装不常使用，主要目标是发展个别参与者而非满足大多数儿童观众。在之后的20年

① 李涵．中国儿童戏剧史[M]．北京：中国戏剧出版社，2003:196.

② 程式如．新世纪儿童戏剧的发展与反思[J]．艺术评论，2008(6):52-56.

③ 胡红兵．儿童剧编剧理论与实践技巧[M]．北京：中国戏剧出版社，2019:5-7.

④ VIOLA A.Drama with and for children:an interpretation of terms[J].Educational Theater Journal,1956,52(2):139-145.

里，“创造性戏剧术”一词被广泛用于专业或非专业的团体。1961 年，斯克斯和邓宁顿在沃德的基础上，开创了该领域研究的新篇章，覆盖了创作性戏剧用途的所有领域，包括价值观教育、特殊儿童、宗教教育、社区项目、问题活动等。奈莉·迈凯瑟琳（Nellie McCaslin）曾三次出版《儿童与戏剧》一书，其中包括了很多在创作性戏剧和戏剧教育中涌现的人物和作品，尤其在最后一版中，多位戏剧教育学领域的专家以一种聚焦的形式表达了对儿童戏剧促进儿童发展的意义。1977 年美国儿童戏剧协会（The Children’s Theatre Association of America，简称 CTAA）将“创造性戏剧术”一词修订为“创作性戏剧”，戴维思和班姆（Davis J.H. & Behm）将其定义为“一种即兴、非正式展演，且以过程为主的一种戏剧形式。其中，参与者在领导者的引领下，去想象、实作并反映出人们的经验”[①]。加拿大学者韦爱诗把儿童戏剧称为“开发性戏剧”，他认为：“开发性戏剧可以成为这么一种工具，即每一个儿童追求开发个性，开发作为人的自我这一永不完结的过程”[②]。中国台湾学者张生泉将戏剧教育理解为通过运用戏剧技巧、策略来完成教学任务的一种方式、模式，是融入教育教学之中的一种教学应用媒介[③]。林玫君则认为，戏剧教育是一种即兴自发的课堂活动，在自然开放的课堂气氛下，由一位领导者运用发问的技巧讲故事或利用道具来引起动机并通过肢体律动、即兴创作、五官感受及情境对话等各种戏剧活动来鼓励参与者运用“假装”的游戏本能去想象，且运用自己的身体与声音去表达。在这一过程中，参与者必须去面对、探索，解决故事人物或自己所面临的问题与情境，由此而体验生活，了解人我的关系，建立自信，进而成为一个自由的创造者、问题的解决者、经验的统合者与社会的参与者[④]。其内涵包括了儿童戏剧、戏剧性游戏、即兴式戏剧、非正式戏剧、创作性游戏表演等[⑤]。

中国儿童戏剧在儿童教育中的应用研究起步较晚，到 20 世纪 80 年代才陆续出现一些相关的论文。比如刘继军在《儿童剧要适应儿童教育的新形势新特点》一文中指出，儿童剧的兴起体现了儿童们情趣结构的变化、要求的提高；祝颖在《儿童剧的教育作用及其他》一文指出，儿童剧是教育儿童，培养儿童

---

① DAVIS J H,BEHM T.Terminology of drama/theatre with and for children:a redefinition[J].Children’s Theater Review,1978:27(1):10-11.

② 张金梅．戏剧能给儿童教育带来什么：透视西方儿童戏剧教育 [J]．学前教育研究，2004(7):44-45.

③ 张生泉．论“教育戏剧”的理念 [J]．上海戏剧学院学报，2009(3):26-34.

④ 林玫君．儿童戏剧教育的理论与实务 [M]．上海：复旦大学出版社，2015.

⑤ 林玫君．创作性儿童戏剧入门 [M]．台北：台湾心理出版社，1994:72.

品质、习惯、情操的重要手段之一。近十年来，我国学者们对儿童戏剧的探讨才逐渐兴起，并且逐渐延伸到艺术教育、学前教育等领域。国内学者许卓娅提出创意戏剧的概念，她认为儿童戏剧教育要突显戏剧的创造性，凡是儿童可以自己做的一定要让儿童自己做，凡是儿童能够自己体验的一定要让儿童自己体验；既不向幼儿提供只能欣赏的戏剧，也不向教师提供可排练演出的现成剧本，而是向教师和幼儿提供创作的思路或原创工作框架。其目的是让教师和幼儿在编戏、排戏、演戏的过程中相互支持，共同成长[①]。南京师范大学张金梅的博士论文《幼儿园戏剧综合活动研究》，从儿童剧的内涵界定、活动过程以及师生关系等方面进行了探讨，并在其基础上修改出版了《幼儿园戏剧综合课程研究》。此书是国内第一部较为系统讨论儿童剧与幼儿教育的作品，其将“儿童戏剧教育”界定为在激发儿童创作戏剧的过程中，教师培养儿童乐于并善于用戏剧语言（符号）表达自我、思考和认识周围世界，师幼共同建构的指向人文精神的一种审美教育[②]。它既不是成人戏剧教育的翻版，也不是排戏式的结果性教育，更不是培养戏剧表演能力的技能教育。而是体验的、探索的和个人的过程与结果的对话，是以戏剧艺术素养启蒙为核心的审美教育[③]。

在学者们对学前儿童戏剧教育定义的界定中，都有一些共通的内涵：以儿童为基本服务对象，以提供儿童全方位学习和成长为主要目的；具有戏剧的基本元素，通过表征（representation）与转换（transformation）的即兴创作，经由领导者的组织安排，催化延伸参与者的想象力[④]。

综上儿童戏剧与儿童戏剧教育的相关阐述，笔者对学前儿童戏剧教育的定义做如下概括：学前儿童戏剧教育是由学前儿童、戏剧、教育三者以和谐共生的状态联系起来的[⑤]，不以培养专业戏剧工作者为目的，也不是将这些活动引导为呈现给观众的演出，而是有关儿童们内在创作（inner creative）与社会成长（social growth）的活动，是教师在遵循儿童戏剧经验建构规律基础上，有计划、有目的地在师幼、同伴的沟通中展开戏剧表达、戏剧创作和戏剧表演的活动[⑥]。儿童在这一过程中通过主动、积极的建构性学习，获得全方位、有意义的

① 许卓娅．创意戏剧教育的理论与实践探索[J]. 幼儿教育，2001(7):7-9.

② 张金梅．论儿童戏剧教育的组织形式[J]. 幼儿教育，2011(1):30-32.

③ 张金梅．学前儿童戏剧教育[M]. 南京：南京师范大学出版社，2015:4.

④ 林玫君．儿童戏剧教育的理论与实务[M]. 上海：复旦大学出版社，2015:9.

⑤ 段素菊，侯轶男，冯英．师范学前戏剧教育课程的理论与实践[M]. 保定：河北大学出版社，2018:35.

⑥ 张金梅．学前儿童戏剧教育[M]. 南京：南京师范大学出版社，2015:4.

发展。

二、学前儿童戏剧教育在幼儿园教育中的定位

幼儿园中各种类型的教育活动组成了幼儿园课程，幼儿园的教育活动大多是游戏活动和教学活动的不同程度的结合[①]。

在我国的幼儿园教育活动中，常见的传统学前儿童戏剧活动有“儿童剧表演”“表演游戏”“角色游戏”等形态。儿童剧表演采用“编戏、排戏、演戏”的方式，通过教师指导儿童扮演某个角色，经过较长时间的排练后，尽其所能地呈现精彩的舞台演出效果。这类戏剧表演属于舞台的戏剧演出，具有反复排练的运行模式、镜框式的舞台和观演分离的剧场空间等特点[②]。其常与特殊的节日或活动结合，如“六一”儿童节演出、新年音乐会或毕业典礼等。“表演游戏”指的是幼儿按照童话故事中的角色、情节和语言，进行创造性表演的游戏[③]。幼儿表演游戏的一般规律和年龄特点的研究表明，幼儿的表演游戏要经历一个从一般性表现到生动性表现的发展过程。但幼儿无法自主完成提升，从其嬉戏性角色行为到更高水平的目的性角色行为的转变需要教师的指导，教师常针对故事情节是否连贯、语言和动作是否到位、上下场顺序是否正确等直接介入指导。表演游戏从选择和确定所要表演的故事或作品的那一刻起，就有了一个规范游戏者的框架，即“故事”。在游戏的过程中，幼儿会自发地在头脑中将自己的言行与故事情节、人物联系起来，因此表演游戏兼具了游戏性和表演性的特点。角色游戏是指幼儿按照自己的意愿，以模仿和想象为基础，借助真实或替代的材料，通过角色扮演的方式创造性地再现周围生活的游戏，又称象征性游戏，是幼儿期典型的创造性游戏的一种。表演游戏和角色游戏都需要在幼儿园教育场域中为幼儿提供自主表演和游戏的区域空间和材料。有些园所设有专门的表演游戏室，无表演游戏室的通常在班级的非集中教学活动区进行专门的区域设置，表演游戏区或角色游戏区的空间布置类似“娃娃家”，材料多为高结构材料，有时会呈现布景式小舞台。虽然二者都是幼儿扮演角色的游戏，但又各不相同。角色游戏是幼儿自己生活经验的反映；而表演游戏是以“故事”为依据的，幼儿扮演的是文学作品中的角色，游戏的情节、内容也均来自文学作品。正是故事或作品的“再现”要求构成了表演游戏“表演

① 朱家雄．幼儿园教育活动设计与实施 [M]．北京：高等教育出版社，2008:11.

② 张金梅．生长戏剧：学前儿童戏剧经验的有机建构 [J]．学前教育研究，2019(10):71-84.

③ 黄人颂．学前教育学 [M]．北京：人民教育出版社，1989:253.

性”的基础，也正是这种“表演性”构成了表演游戏区别于其他类型游戏的基本特征。

随着世界两大戏剧教育范式——教育戏剧（drama in education）和创作性戏剧（creative drama）的引进与本土化[①]，我国的幼儿园戏剧教育在保有传统儿童戏剧教育形态的基础上，开始呈现多元形态并存、融合的转变。最具代表性的是张金梅教授提出的幼儿园综合课程研究范式——戏剧综合范式。其具体形态是以艺术作品、事件和想法为主题来源，由四个环节的活动实施过程组成：①主题开启；②生活体验；③戏剧工作；④模拟剧场演出。经由以下三个阶段开展主题性戏剧教育活动：首先是对儿童经验成长的综合，让儿童在自己创造戏剧的过程中实现经验的整合；其次是对戏剧的跨学科综合，即围绕儿童戏剧经验的建构而生发的戏剧的、艺术内部的、学科之间的多层次的综合；最后是对儿童戏剧工作的综合，让儿童作为演员、剧作家、舞美师、作曲家、导演，在一个相互合作的团体中工作，成为自信、开朗和善于表达自己的全面发展的人[②]。学科教学的跨界与综合化，是现代教育发展的必然趋势。在音乐、美术、戏剧、舞蹈等艺术门类里，戏剧是最具有综合性和多元功能的。戏剧教育理念最能代表综合艺术教育的理念，在统领音乐、美术、舞蹈教育的同时，既能平衡和整合各艺术学科之间的关系，又能渗透到其他学科的教学中，作为一种崭新的课程组织方式促进多学科的融合。

因此，学前儿童戏剧教育既不是成人戏剧教育的翻版，也不是排戏式的结果性教育，更不是培养戏剧表演能力的技能教育，而是遵循儿童戏剧经验建构规律，在教师和儿童的共同体验、探索中，实现个体成长的一种过程和结果的对话[③]。在幼儿园教育中，对于幼儿园课程而言它是幼儿园游戏活动和教学活动的重要组成部分；对于人类活动的认识、实践和审美三大领域而言[④]，它实现了科学、社会、艺术的跨学科综合。这三个领域分别突出了“真”“善”“美”，既可以单独出现，也可以同时融合在一个活动中[⑤]，是以戏剧艺术素养启蒙为核心的审美教育；作为一种教育形式，它则体现了寓教于乐的教育理念，为幼儿提供了一个充满创造力的教育情境与成长空间。

① 张金梅．戏剧能给儿童教育带来什么：透视西方儿童戏剧教育[J]．学前教育研究，2004(7):44-45.

② 张金梅．幼儿园戏剧综合课程研究[M]．江苏：江苏教育出版社，2005:5.

③ 张金梅．学前儿童戏剧教育[M]．南京：南京师范大学出版社，2015:122-135.

④ 林卫．美育论[M]．北京：教育科学出版社，2000:21.

⑤ 张金梅．幼儿园戏剧综合课程研究[M]．南京：江苏教育出版社，2005:79.

戏剧教育致力于人性发展和完善的人格教育，它作为学校教育中一种实施素质教育、人格教育的有效途径，得到了中外教育实践的验证。

第三节　儿童戏剧的艺术内涵与学前儿童戏剧教育的价值

一、儿童戏剧的艺术内涵

每种艺术形式都有自身独特的艺术特征，作为儿童剧载体的艺术形式之间同样具有共同的、普遍性的特征。

（一）游戏精神的审美特征

游戏作为文化学中一种给定的重要存在，无论是神话中的神性界定，还是原始社会祭祀、供奉、膜拜等仪式，都伴随着文化，又渗透着文化，在人类文化生成、嬗变、拓展中，发挥着不可替代的审美效能。早在古希腊时期即有"艺术和游戏类似"的说法。18 世纪，康德提出美的产生来自知性与想象力的自由游戏，游戏作为一种先验的主体能力活动，其概念被引进美学领域。之后席勒也提出："在人的一切状态中，正是游戏而且只有游戏才使人成为完全的人。"① 他同样把"游戏"理解为艺术存在的本质，认为"游戏冲动"最终完成人性升华，使人进入纯粹审美的艺术世界。

在儿童的成长过程中，日益增加的新需要和本身的有限能力之间的矛盾，导致他们渴望产生一种企图"同化"外界现实的审美心理。"儿童期的心理能量在原始的冲动和社会性的压抑感下追求释放（发泄），也追求建构（学习），从而在深层形成儿童的审美心理动力。儿童对成人'能力'的渴望和追求，首先走向了身体的扮演游戏，是心理能量的投射和释放。因为游戏的功能，本身正是一种'玩'和'学习'的奇妙结合，既有本能冲动的无意识动力，又存在自我投射的动力。"② 成长是儿童期的全部蕴含，当物质与精神的发展不能同步演进时，游戏便是有效解决这一矛盾的活动③。"儿童反儿童化"④ 的现象，正是通过儿童戏剧创造的幻想世界达到同化作用和顺应作用之间的平衡。他们通

---

① 弗里德里希·席勒．审美教育书简 [M]. 张玉能，译．北京：北京大学出版社，1985:80.

② 班马．中国儿童文学理论批评与构想 [M]. 武汉：湖北少年儿童出版社，2001:47.

③ 陈爱萍．幼儿教育呼唤游戏精神 [J]. 江苏教育学院学报（社会科学版），2007(5):23-27.

④ 班马．前艺术思想：中国当代少年文学艺术论 [M]. 福州：福建少年儿童出版社，1996:518.

过游戏为自我创设出一个演绎着幻想精神的自由家园。来自儿童生活经验投射、情感宣泄和诗意想象的幻想，是游戏精神得以实现的最重要的手段。在幻想中，儿童随心所欲地穿梭于现实与想象之间，沉浸于飞扬着灵感、本真趣味、纯粹品质和无羁创造的审美佳境中，舒展情思和提升智慧。正如小口忠彦所言："游戏的实质就是孩子生活的本质。在这种游戏中，孩子会不断地有所发现，他们把这些新的发现作为自己的收获并为此而感到高兴。"① 儿童在游戏精神之中追求着想象中的自我，追求着成长而不是初级状态。他们在无主题游戏形态中体现着原始性和生命力的释放，在主题游戏形态的成人和成人活动的扮演中，体现对成人和社会"实践"的憧憬、扮演和模仿②。游戏精神的人本体认促使孩童易于接受、乐于参与和贴近性灵，将来自儿童内心的反省和宣泄释放外显。例如，改编自瑞典作家阿斯特丽德·林格伦经典儿童文学作品，2007年由中国儿童艺术剧院出品，中国与瑞典艺术家联手合作的家庭音乐剧《皮皮·长袜子》，剧中九岁的皮皮与一只猴子和一匹白马独立而又自由自在地生活在维拉·维洛古拉这座老房子里，爸爸是个海盗，常年不在家，只留给皮皮一箱金币。皮皮力大无比，她能举起白马锻炼身体，能打败大力士。她还会一会儿从窗户伸出头；一会儿在箱子里爬进爬出；一会儿把气球放在普斯鲁斯太太屁股下捉弄她；一会儿往自己头上浇水希望能开出美丽的花朵；还逼着警察爬上房顶等做各种有趣的事。剧中虚构的没有成人约束的生活，"万物皆备于我"的幻想性，游戏色彩的情节设置，表达了作者对儿童人文精神生命开放、自由的追求。"它暂时丢弃了思辨，丢弃了法则，升起了本体中狂野的想象、玩闹的情绪，实际上深藏着儿童美学的规律。"③ 班马用这段话阐述了儿童戏剧幻想、自由、愉悦、想象等游戏精神的核心内涵。

再如从甘庆元、方彩珍出品的音乐梦幻剧《马兰花》的演出中，我们可以看到马郎带着小动物们跑到台下抓扮成老猫的老狼一幕时，小观众们挥舞着小拳头，从自己的座位上跳起来，争先恐后地帮助马郎打老猫的场景。演员与观众之间的互动，突破了"第四堵墙"，增添了戏中戏的味道，不知不觉地将本来只是纯粹看戏的儿童带入了一个假扮性的游戏情景，在一种忘我的精神状态中，穿插于现实和想象之间，得以自由地表达自己内心深处的思想和感受，并探索和检验自己的想法。心理能量的释放与身体行为的参与，为孩子们带来了

① 小口忠彦．游戏的心理和指导[M]．北京：人民教育出版社，1984:68.
② 班马．前艺术思想：中国当代少年文学艺术论[M]．福州：福建少年儿童出版社，1996:518.
③ 孙建江．二十世纪中国儿童文学导论[M]．南京：江苏少年儿童出版社，1995:6.

巨大的满足。

班马在《前艺术思想》中提出儿童审美是“身心一元的前审美”的观点，审美是建立在儿童的心理能量、心理动作以及运动觉等生理基础上的非理性审美。游戏精神的显性层面所具有的“动”与“玩”的色彩，正是因为契合了儿童前审美的特点而产生了无穷的魅力。儿童戏剧的叙事幻想性艺术韵味、自由性和快乐性原则、话语的人文情愫均彰显着游戏精神审美特质的核心内涵，呈现出“与小孩子的天性相适应的、与文学的自由精神相适应的、令人迷醉的美学意味与昂扬精神”①。使儿童获得慰藉，实现并有效地满足了其现实生活中的情感和智慧的生命希冀。

（二）主题内涵的鲜明积极

主题在戏剧与文学中具有重要的结构意义与功能。对主题概念的阐释，人们一般从两方面进行：一是“中心思想”，此属观念形态；二是“题材故事”，此属作品的客观内容。主题学研究已将“母题”概念引入主题概念范畴，从广义上将主题概念划为中心思想、母题与题材三个层次的结构性概念，狭义的主题概念则指的是中心思想②。本书对主题的内涵，将从主题的狭义概念，即戏剧的中心思想展开论述。

从中心思想层面而言，主题即主旨，是作品中精神内容的综合。每一部好的儿童戏剧都有一个精心构思的、清晰的主旨，统领主题以外的其他要素，如角色、情节、语言等。按照古斯塔夫·弗兰塔克的说法：中心思想“拥有的威力与结晶过程所具有的那股神秘的力量相仿。通过主题思想产生情节的一致和性格的意义，最后形成剧本的整个结构。”③

在科技、信息迅猛发展的今天，当代儿童早熟善思，电子技术、数码技术、通信及互联网大大提高了现代儿童对各类戏剧主题的感知度和接受度。但基于儿童的年龄特征，儿童对世界的认知和理解能力、审美趣味，以及知识经验都与成人大不相同，儿童戏剧的中心思想依旧要求明确而集中。加之儿童的世界观和价值观尚未完全形成，又具有好奇心强、善于模仿等认知特点，很容易从舞台上直观地接受一切，儿童戏剧主题的积极引领便至关重要，应以赞扬亲情、友情、善良、勇气、诚信、宽容、勤奋等积极向上的美好品质和崇高精神为主。例如：改编自英国的童话故事《三只小猪》，宣扬的是智慧战胜邪恶

① 李学斌．儿童文学的游戏精神[D].上海：上海师范大学,2010:38.

② 胡润森．戏剧主题论[J].烟台大学学报哲学社会科学版,2000(4):191-198.

③ 古斯塔夫·弗兰塔克．论戏剧情节[M].上海：上海译文出版社,1981.

的永恒主题；而由意大利作家卡尔洛·科洛迪的童话《木偶奇遇记》改编的儿童剧《匹诺曹》则倚借小木偶向我们演绎了一个人由不完美走向完美需要不断学习，以及责任和真诚是真正有价值的东西的深刻寓意；根据前苏联著名作家亚历山大·沃尔科夫所著的《绿野仙踪》所改编的同名童话音乐剧，让孩子们体验到亲情、友情等人类许多美好、可贵品质的同时，明白在克服困难的过程中也将慢慢获得成长的道理；改编自弗朗西斯·霍奇森·博内特的世界著名儿童文学作品的音乐剧《小公主》则告诉我们“以善为美”，体会人性的高贵；还有中国儿童艺术剧院的经典之作《马兰花》借助一曲“马兰花，马兰花，风吹雨打都不怕，勤劳的人儿在说话，请你现在就开花”将“勤劳是因，幸福是果”的主旨清晰阐释。

当然，我们也应该正视儿童并不是生活在真空中，虽然儿童的文化程度、接受能力和心理、生理发展水平，决定了儿童剧需要正面积极、鲜明浅显的主题，但除了给孩子传递真善美的信息，我们不能剥夺孩子拥有高级情感与审美的权利。正如儿童文学作家柯岩指出，儿童戏剧要和成人戏剧一样，要将丰满深刻的内容与完美的艺术表现形式巧妙结合。因此，儿童戏剧以直观的方式，给予孩子审美的愉悦之余，在主题上对生死、存在、爱等现实、真实问题的直面与思考的渗透，也将为孩子们学习、了解世界复杂的一面打开一扇窗。

（三）叙事结构的清晰紧凑

一个剧本一般具有故事、结构、人物和对白四大元素。故事包含了“谁”（人物）、“讲什么”（情节）、“谁在讲”（对白）等问题，结构则是关于“怎么讲”的问题。同样一个故事，怎么讲才能引人入胜？怎么讲才能让孩子们豁然开朗？儿童剧常用哪种结构方式，有怎样的结构技巧？

明末清初文学家、戏剧家、戏剧理论家、美学家李渔在其《闲情偶寄》中以工匠建造宅子比喻写作中结构的重要意义：“工师之建宅亦然；基址初平，间架未立，先筹何处建厅，何处开户……成一架而后再筹一架，则便于前者不便于后，势必改而就之，未成先毁，犹之筑舍道旁，兼数宅之匠资，不足供一厅一堂之用矣。”在其阐释中，间架、选材和格局是故事建构主要的结构要素。好莱坞著名的剧作家、编剧教练罗伯特·麦基（Robert McKee）认为：“结构是对人物生活故事中一系列事件的选择，这种选择将事件组合成一个具有战略意义的序列，以激发特定而具体的情感，并表达一种特定而具体的人生观。”他提到三大关键词：选择、组合、序列。在叙事系统里，无论是文学作品还是戏剧，创作者均可以对叙事内容中诸如时间、地点、人物、事件等一系列元素，根据自己的创作意图和受众的审美心理对创作素材进行裁剪与布局。由叙述人、叙述角度、叙述态度等不同的叙述主体，叙述时序、叙述节奏等时间结构，以及叙述语言等构成不同的叙事结构模式。在戏剧表演中，由于舞台固有的空间局限和艺术表现的特点，舞台与现实是同一向度的时空，无法像电影那样任意使用蒙太奇手法切换时空。相对于电影无限开放的叙事结构，线性叙事结构是传统戏剧经典的叙事手段，即以故事因果关系为叙述动力，以线性时间戏剧化展开故事，由开端、发展、高潮、结局四部分构成。线性叙事最早的概念界定大概可以追溯到亚里士多德的《诗学》，“所谓完整，指事有头，有身，有尾。所谓‘头’，指事之不必然上承他事，但自然引起他事的发生者；所谓‘尾’，恰与此相反，指事之按照必然律或可然律上承某事发生，但是它不引起后事的发生；‘身’既上承某事，也下启某事发生”。所以西方传统戏剧结构是三幕式结构：开始、中间、结尾。到了莎士比亚时代，增加了序和后续，但基本结构未变。亚里士多德强调经典叙事学的两大核心理念，即内在结构的因果逻辑和外在结构的线性形式。中国的传统戏曲唱作理论则源自诗文创作的“起承转合”。如元代范德玑《诗格》：“作诗有四法：起要平直，承要春容，转要变化，合要渊永。”中国的传统戏曲的结构同为开放式结构，按照事情发生、发展、高潮、结局的时间顺序自然展开。

儿童戏剧本质上也是一种以时间为单位和以叙述为基础的叙事性综合艺术形式。其在结构上与成人剧基本一致，只是由于儿童的一些特点，要求剧情铺垫少、进戏快、线索单一、冲突激烈，娓娓道来的线性开放结构是其最常采用的叙事结构。线性开放结构是戏剧基本叙事结构模式之一，该模式沿时间线层层推进，强调故事的完整性、事理逻辑的现实性、时空的统一性、情节的因果性，叙事的连贯性和单一主人公。例如，任德耀先生的《马兰花》采用的就是传统的线性开放式结构，其剧情是按照故事发生、发展、高潮、结局的时间顺序自然展开的，使儿童观众能够清晰地了解剧情的发展过程，对剧中的人和事留下深刻而鲜明的印象。再如，柯岩创作的经典代表作之一《小熊拔牙》，线索明确单纯，紧紧围绕小熊贪吃甜食又不爱刷牙，导致牙疼最后拔牙的情节展开，深受幼儿喜欢。又如，2020 年春节期间上演的第 6 届新春儿童戏剧嘉年华展演剧目亲子音乐剧《小蝴蝶的妈妈在哪里？》，用“妈妈是什么”“不能陪伴孩子的妈妈还是妈妈吗”“没有妈妈陪伴的孩子怎么办”等问题为线索伴随“蝶儿”的成长展开故事。虽然线索简单，却不单薄幼稚。倚借蝴蝶独特的生物习性，在“蝶儿”找寻妈妈的旅程中，引领幼儿理解爱与陪伴、理解生命的意义，温馨而动人。

儿童戏剧的叙事结构除了上述线性开放式结构外，还有锁闭式结构、人像展览式结构、冰糖葫芦式结构、时空交错式结构等。从线索而言，可分为线性单线和线性复线。线性单线指的是单一顺时不间断的叙事。线性复线指的是多条线索共同遵从上述线性叙事特征，虽然叙事链单一，但故事可多线索发展，追求情节结构环环相扣、强调外部冲突和动作强度。以中国新时期以来儿童戏剧为例，儿童剧作家们在创作时开始关注不同年龄阶段儿童的心理接受特点，创作逐渐出现年龄分层的新局面。一方面针对低龄幼儿的剧作创作，多采用上述案例中顺时性线性单线的结构。因为对于低龄幼儿而言，烦琐复杂的结构技巧容易造成儿童的欣赏障碍。另一方面，随着儿童年龄的增长，在戏剧结构和模式上则表现出更为丰富、多元的大胆创新。在叙事时间上，不再全是顺时序，即剧本采用的叙事情节素材所呈现的单位时间序列不与经验世界中现实的事件发生时间同序向度，而是通过倒叙、插叙等错时叙事手法，把过去、现在和将来，把现实、幻想、梦中和回忆的事情，按照一定的逻辑组合起来。例如，针对小学高年级以上及青少年观众，改编自曹文轩同名长篇小说的现实主义儿童剧《山羊不吃天堂草》，由两条线索组成。一条线索是少年明子带父亲借钱买来的山羊来到天堂草生长的地方，但山羊有灵性，不吃天堂草，饿死了。每当明子在生活中遇到难题，内心中的山羊的意象就会出现："不是自己的草，山羊不会吃。不是自己的东西，人就不能拿。"表现了从农村来到城市的明子，在诱惑和危急关头的心灵成长过程。另一条线索是明子到城里打工，收了业主一千元定金逃走后，被抓进派出所时回忆进城前农村家事，以及心中对山羊挥之不去的疑问："为什么宁可饿死，也不肯吃这天堂草？"带有悬念情节线的倒叙式回溯，隐喻了明子对人生的思考。编剧冯俐在遵循原著小说原型的基础上，通过在"现实进行时"中不断插入"过去进行时"的回忆，在回忆中又有回忆、幻觉、反思、穿越，对故事进行了重新排列、选择、组织、调整线索、重构时空[①]。又如，于德义编剧的《潇洒女孩》，全剧采用时空交替的手法，把同学们为要出国的主人公——高二女生迢迢举行欢送会的现实场景与回忆过去中学生活中共同经历的一系列事情的分散场面组接起来，刻画了当代城市青少年校园生活和学习成长中的多个侧面[②]。此外，还有的儿童剧虚实结合，将生活中的现实场景和童话意境片段交织衔接在一部戏中。例如，在童话剧《红头和绿头》中就采用了两种迥然不同的场景交换。第一场是写现实生活中爱吃糖

① 雷丽平．现代性视野中的新时期儿童戏剧研究 [M]．北京：中国戏剧出版社，2018:137-142.

② 雷丽平．现代性视野中的新时期儿童戏剧研究 [M]．北京：中国戏剧出版社，2018:250-251.

又不爱刷牙的小强突然牙疼起来；第二场转成童话意境，整个舞台变成小强的口腔，牙虫红头、绿头在他的牙齿上凿洞；第三场又回到现实场景，讲述小强去医院治牙；第四场再次转换成童话意境，写牙虫被牙刷赶了出来。整部剧用童话的幻想、夸张、变化来突出强化和补充现实生活中的矛盾，在情节铺设上也更讲究节奏的张弛有度、疏密恰当。

总而言之，一方面在情节整体架构的叙述分层设计上和叙事时间呈现方面，较之成人戏剧多线索、多视角、多叙述层的复杂叙事结构，儿童戏剧更为简洁清晰与节奏紧凑。另一方面当代儿童剧作家和编剧们在叙事结构上积极开拓和大胆创新，呈现出“儿童性”“戏剧性”与“现代性”把握的立体关注，以及时代对儿童戏剧文学的价值标准和美学追求的影响。

（四）戏剧语言的韵文化与动作化

戏剧语言包括角色对话、独白、旁白、提示语等。在儿童戏剧文学中，由于儿童戏剧特定的观众——少年儿童的年龄、生理与心理特点，戏剧文本中没有成人戏剧大段抒情性或叙事性的内心独白。而且由于儿童剧的语言较之成人戏剧有着不同的审美需求和审美情趣，其独特的个性表现为鲜明的韵文化与动作化的艺术特点。

如柯岩的童话剧《小熊拔牙》中小熊与妈妈的这一小段对话：

妈妈　我是狗熊妈妈。
小熊　我是狗熊娃娃。
妈妈　我长得又胖又大。
小熊　我就像我妈妈。
妈妈　妈妈要去上班。
小熊　小熊在家玩耍。
妈妈　不对，你要先洗脸……
小熊　嗯嗯……好吧，洗一下。
妈妈　不对，你还要刷牙……
小熊　嗯嗯……好吧，刷一下。
妈妈　不对，要好好刷。还有……
小熊　还有，还有……什么也没有啦！
妈妈　不对，想想吧！……不自己拿饼干，不自己拿……
小熊　好啦，好啦，都知道了！不许拿饼干，不许吃甜瓜，不许抓糖球，还有不许打架……

从这段对话中我们可以看到句末“妈”“娃”“大”“要”“下”“牙”“啦”“拿”“瓜”“架”等押了元音“a”韵。任何语言中都会有元音与辅音，但汉语的音节可以没有辅音，却不会没有元音。元音是一种乐音，具有发声响亮、展延性强、便于咏唱的特点。在中国古代的诗、词、曲甚至赋、骈文等作品的创作中，常将其作为韵脚的有效配置，它代表着中国文学乃至文化的核心特质。此外，还有一些感叹语韵律词的使用，如“好吧”“没有啦”“好啦”，这些生活化、儿童化的语言令小观众们忍不住会心一笑，把不爱刷牙、有点不耐烦的小熊形象鲜活地表现出来。这段对话在句法结构上也讲究规整性，如1~6句一组，7~10一组，都如格律诗般句式整齐。又如方园的童话剧《“妙乎”回春》中不爱读书的小猫妙乎在爸爸猫大夫出诊后，在家边吃东西边翻书时的一段独白：

A B C C B A，看书真想打瞌睡，当个医生谁不会？胡说八道信口吹！

在这段独白中，“睡”“会”“吹”一韵到底。而且在句式音节排列上采用汉语7音节句的节奏规律，除了第一句是3音节、倒3音节外，后三句都是2 + 2 + 3的音节排列句式，读起来，听起来朗朗上口。

再如老舍先生《宝船》中开篇王小二的唱段：

清早上山去打柴，
太阳升，下山把柴卖。
早打柴，早去卖，
买盐买米，早早回家来。
盐米交给好妈妈，
妈妈夸我真可爱！

韵文化的人物语言充满了真挚的情感美、抑扬顿挫的音律美、富有想象的画面美和饱含诗意的意境美，最是容易打动人心，引起儿童的共鸣。除了韵脚文体的运用和句式特点之外，叠音词的运用也是儿童戏剧语言的一大特点。如小熊在家自己刷牙时的一段台词：

先唱个小熊歌：1234，哇呀哇呀，呀。再跳个小熊舞：5432，蹦蹦蹦，哒。哎呀，答应过妈妈洗脸呀。先洗洗小熊眼，再擦擦熊嘴巴；熊鼻子抹一抹，熊耳朵拉两拉；熊头发梳三下，嗯，就不爱刷牙。那——那就不刷吧！

这段台词使用了“蹦蹦蹦”“洗洗”“擦擦”等叠音词。由于古汉语单音节词占绝对优势的特点，叠音词在古代诗、词、曲、赋、骈文中的运用是司空见惯的。叠音词的存在不仅造就音乐的节奏美感，对于拟态传神也有着十分突出的修辞作用。如加拿大新斯科舍美人鱼剧团根据国际儿童文学大师艾瑞·卡尔同名畅销绘本改编而成的优秀儿童剧《好饿的毛毛虫》，在中国巡演的汉译剧本中，剧作家将“a little egg”译为“一个小小的卵”。原剧本“a little egg”字面的意思是“一个小卵”，但剧作家将其译为“一个小小的卵”。口语化的叠字运用不仅形成音律的回环往复，使戏剧语言充满音韵美的特点，同时还生动形象地描绘出毛毛虫娇小可爱的样子①。而且，以汉语为母语的儿童在早期语言习得过程中，叠音词使用是一种普遍现象。吴鸿业、朱霁青认为：使用叠音词是儿童语言中的一种普遍现象；两岁是叠词使用的高峰期，不仅使用数量多，而且遍及名词、动词、形容词等词类。其中名词的叠音现象最多，延续时间最长②。因为儿童在语言习得早期由于缺乏语言创造力，必须经过模仿才能习得成人向其输入的语言。但儿童对成人语言的模仿并不是盲目的，他们一般会模仿能够吸引自己注意并能满足自己表达需要的语言。叠词在很大程度上满足了儿童的这种需要，因此也就成为儿童模仿的主要语言之一③。儿童剧受众对于语言的接受能力和儿童语言自身特色直接制约了儿童剧剧本的改写和再创作，但同时也体现了儿童剧语言韵文化的艺术特色④。

除了韵文化的特点，儿童戏剧语言还具有高度的动作化的特点。例如上述小熊在家刷牙的这段台词，通过“唱”“跳”“洗”“擦”“抹”“拉”“梳”“刷”等动词的连用，把小熊活泼、顽皮、马虎、任性的性格刻画得淋漓尽致，符合儿童通过感性经验认识事物的思维特点⑤。再比如张天翼的童话剧《大灰狼》

① 孙冰．国外儿童剧汉译剧本语言特色及其成因分析 [J]. 戏剧文学 ,2016(9):132-135.

② 吴鸿业，朱霁青．二～六岁儿童语言发展的调查研究——儿童各种词类发展的趋势和特点 [J]. 儿童心理与教育心理 ,1980(4):3-4.

③ 彭小红，白小芳．论早期说汉语儿童的叠词现象 [J]. 西南交通大学学报（社会科学版）,2014(6):44-48.

④ 孙冰．国外儿童剧汉译剧本语言特色及其成因分析 [J]. 戏剧文学 ,2016(9):132-135.

⑤ 方先义．儿童戏剧 [M]. 北京：中国人民大学出版社 ,2018:12.

中，大灰狼与三妞的对话：

大灰狼：摇，摇……呃一摇摇到外婆桥。外婆留我吃糕糕，可我没吃着。

三妞：没吃着？要吃你不会用手拿吗？

大灰狼：哎呀不能用手拿，手上捧着两堆大麻花。

三妞：把麻花搁进嘴里呀。

大灰狼：哎呀不能搁嘴里，嘴里叼着一条大羊腿。

三妞：把羊腿吞肚里呀。

大灰狼：哎呀不能吞肚里，肚里装着三十六串糖葫芦，怎么说也不让路。

三妞：呦，有那么多吃的等着你呢。

大灰狼：可不是？这就是我的理想。

"拿""捧""搁""叼""吞"等一系列高度动作性的台词，生动、诙谐地刻画出贪婪好吃的大灰狼形象。

戏剧是行动的艺术，"动作、活动——这是戏剧艺术、演员艺术的基础。"① 学前儿童的审美是在与艺术文本交往中创造意义的过程②。戏剧在本质上是一种再现艺术，艺术文本通过现实介质符号构成了艺术的实体存在。儿童便是在观看演员表演、参与戏剧游戏和戏剧教育活动等不同形式中，亲身体验这个特殊的"存在"。在内在生命冲动的驱动下，孩子们按照自己的审美需求和审美能力，不断地与对象在戏剧似现实又超越现实的境界中进行对话。他们通过移情，把自我与画面形象"同一化"，将自己的心智在对象中进行自由的、美的表征。同时，作为观众，以"局外人"的身份观察画面形象，进行内在的自我交流。在两种视界的转换中，表现出以情感体验为基本特征的主体审美活动特征，以及以动作思维为主的审美心理特点。感知一运动思维是皮亚杰关于思维发展划分的第一阶段，主要特点是儿童依靠感知动作适应外部世界，构筑动作格式，开始认识客体永久性，构建智慧结构。该阶段的幼儿动作就是思维，思维就是动作。美国作家伊迪丝·科波在《儿童想象生态学》一书中指出，儿童通过其身体的神经系统和感觉器官来理解现实和形成关于现实的印象，而这又

① 斯坦尼斯拉夫斯基．斯坦尼斯拉夫斯基全集（第 2 卷）[M]．林陵，史敏徒，译．北京：中国电影出版社，1959:56.

② 孔起英．儿童审美心理研究 [M]．南京：江苏教育出版社，2004:42.

是直接地、有序地与自然本身的能量相联系的[1]。鲁·阿恩海姆认为：“艺术无论在任何时候任何地点都是从对体觉的反映开始的。”[2]艾里克森则把幼儿对于感知觉的全面依赖的现象，解释为幼儿是在寻求一种结构式的对应与阐释。他认为幼儿通过动作，一方面对自己身体与环境相联系的态势有更多经验，另一方面进行他所见到的各种刺激物中相同态势外形（包括符号对象）的区分，然后以某种态式方式向外界对象施以行为。这不仅是幼儿戏剧审美心理特点，也是早期儿童认知活动的普遍特点。孩子是通过身体感觉来对应外在审美对象的结构和自己内在的情感结构，达到一种异质同构。躯体对于儿童而言，不仅是物的存在，还是儿童意识自我投射的实际环境，是他们在精神上具体地把握世界的“身心统一体”，是审美判断的基础。因此，在儿童戏剧剧本改编与创作时，戏剧语言需要强调动作化处理。

儿童戏剧语言的韵文化与动作性特点使其充满言浅意纯、稚趣明快、诗情画意的艺术魅力，既符合儿童直观形象的心理发展特点和认知规律，又符合儿童口语习惯，且富有儿童情趣与美感。

二、基于儿童戏剧特性的学前儿童戏剧教育的价值

（一）儿童戏剧与儿童戏剧教育的关系

在探讨儿童戏剧与儿童戏剧教育的内涵、意义、价值和功能时，学者们常对“工具论”和“本质论”这一辩证论题进行探讨。在西方的儿童教育体系中，无论哪一个教育阶段，“戏剧”的“工具论”倾向突显，而且具有丰富的具体形态。其重要的标志便是在百年的发展和变化中，形成了创造性戏剧（creative drama）、教育戏剧（drama in education）、教习剧场（theatre in education）等不同形态的与儿童戏剧有关的戏剧活动。戏剧作为一种教学媒介（medium），关注的不是其审美意义，而是对人类发展的作用[3]，是用来传递知识、激发兴趣、解决问题和改变态度的[4]。但当戏剧作为一门独立而又完整的艺术类别时，作为戏剧文学的一个分支，儿童戏剧必然要遵循戏剧文学的基本艺术规律，诸如人物、事件、场景的相对集中，语言的性格化等。其本身是一种综合又统整

① 布约克·沃尔德．本能的缪斯[M].王毅，等，译．上海：上海人民出版社，1997:26.

② 鲁·阿恩海姆．艺术心理学新论[M].郭小平，译．北京：商务印书馆，1996:334.

③ WAY B.Development through drama[M].London:Longman,1967:1-9.

④ MCCASLIN N.Creative drama in the classroom and beyond[M].New York:Longman Publishers,1996:277.

的表现形式，包含了文本发展、口语沟通、肢体表达、社会互动、角色同理、视觉与听觉表现及美感欣赏等。从统整课程的精神出发，它是培养儿童成为一个“全人”的最佳方法；从活化教学的角度来看，它是最容易联合各种不同的课程，成为翻转学习的最佳媒介；若从多元智能的观点分析，它更是提供各类智能倾向的一个儿童学习与自我表现的平台[①]。因此，从儿童全面发展的角度而言，其具有工具论倾向；而从儿童戏剧经验的生成性建构看，亦有本质论倾向[②]。儿童戏剧自身兼具了“儿童性”与“戏剧性”的多元审美特征，又蕴含对人类生命意识层面的教化影响。儿童戏剧教育倚借儿童戏剧这一载体，充分展现了儿童植物性生命的成长与动物性层面本能与无意识的释放。儿童戏剧和儿童戏剧教育紧密关联，互为依托，共同推动了儿童作为“个体化”（荣格的概念）的人独有的精神生命的成长。

（二）学前儿童戏剧教育的教育意义与审美功能

我国自古便有“童蒙始教”之说。“蒙”通“萌”，“童蒙”就是指万事万物之初始状态。在这种状态下，事物要发而又未发，欲启而又未启。人作为客观世界的一部分，因而也必有一个本初状态。《周易》所指之“童蒙”，便是观照人的本初状态之意。《礼记》讲“甘受和，白受采”，孩童“蒙”的状态，就如同能收获各种色彩的白色一般。儿童期是人一生中心理和生理发展、成长的重要时期，也是一个人接受教育、习惯养成的最佳时期。儿童剧以其戏剧特性与丰富的艺术内涵，在众多各行其道、各美其美的艺术形式和教育手段中，无论从其教育意义，还是审美功能，均突显了绝对的优势。一是戏剧内容本身传递着富有人文价值的教化意义。二是戏剧元素在其践行过程中，个体通过扮演、表现、对话、想象形成个体生命优质发展所需的能力与素养。正如叶澜先生指出的，“育人”并非一种平常所说的政治思想、道德品质的教育，而是指教育对于学生作为人的多方面发展需要的关注和养成，说到底是育人生命发展之自觉[③]。儿童戏剧显见的教育与审美价值如下。

1.神情寄寓不言中

戏剧作为一门“奖善惩恶”的有力艺术[④]，使人向善、爱美、崇真。德国

---

① 林玫君．儿童戏剧教育活动指导[M]．上海：复旦大学出版社，2018:3.

② 张金梅．学前儿童戏剧教育[M]．南京：南京师范大学出版社，2015:85.

③ 叶澜．“新基础教育”论：关于当代中国学校变革的探究与认识[M]．北京：教育科学出版社，2006.

④ 徐伯璞．戏剧教育行政[M]．北京：商务印书馆，1945:5.

诗人及戏剧家席勒将“戏剧的舞台作为道德的学校”，他坚信“剧院是公共的渠道，智慧的光芒从善于思考的部分人之中照进剧院，并且以柔和的光线从这里照彻整个国家”[①]。法国剧作家高乃伊认为戏剧的道德教化作用是随快感而来的衍生物，指出快感是戏剧的唯一目的[②]。我国清代著名戏曲理论家李渔提出：“凡作传奇者……以之报恩则可，以之报怨则不可；以之劝善惩恶则可，以之欺善作恶则不可。”“善者更善，不善者弃恶从善”[③]。论证了戏剧能使个体弃恶从善的道德作用。徐伯璞在其编著的《戏剧教育行政》中写道：“戏剧运用象征、讽刺、暗示、譬喻的方法，颂扬忠孝节义之士，惩罚奸邪淫恶之徒。观众于观剧之时，对前者发生爱护同情之感，对后者发生憎恨仇视之念。”[④]从亚里士多德的悲剧理论出发，倡导通过民众戏剧使人生出怜悯与同情，从而净化自己的心灵。戏剧巨大的社会功能内容和效果在由实用到审美的漫长历史进程中，沉淀出一种似乎非实用、非功利的如娱乐、游戏心理的形式，通过这种非实用、非功利的形式潜移默化地在道德教化方面发挥着不可低估的作用。

儿童戏剧亲切生动、活泼有趣，是最能引起孩子们情感共鸣的艺术形式。在观剧、表演、戏剧游戏等戏剧实践活动的亲身体验中，儿童的内部与外部互为表里，自我可以在另一个角色中或者作为另一个角色进行表演；社会或者超个人自我本身是一个或者一系列角色[⑤]。正所谓“动于中而行于外”“形现而神开”。戏剧育人的价值借由内外部的相互影响与相互作用，通过角色与自我的张力，激发儿童的表现力、理解力与创造力。在杜威的经验哲学中，经验不仅仅是行动中获得的经验，还包括在思维过程中获得的经验，它不仅是我们认为的通过实践活动所获得的经验，而且也包括在经验的改造过程中，思维能力随着经验的重组和改造所获得的一种新的改组和发展，即思维上的经验，这两种经验是结合在一个行动中同时获得的[⑥]。当儿童对审美对象的意蕴和外在形式进行鉴别、批评时，其实就是一种理性的思考过程。随着儿童的理性思维的逐渐发展，儿童就会开始摆脱对成人的依赖，因为他们已经发展了的理性思维会产

① 弗里德里希·席勒．秀美与尊严：席勒艺术和美学文集[M]．北京：文化艺术出版社，1996:17.

② 于杰．李渔与高乃伊戏剧价值观的比较研究[J]．边疆经济与文化，2011(11):72.

③ 李渔．闲情偶寄[M]．上海：上海古籍出版社，2000:45.

④ 徐伯璞．戏剧教育行政[M]．北京：商务印书馆，1945:5.

⑤ 理查·谢克纳．人类表演学[M]．孙惠柱，等，译．北京：戏剧出版社，2001:75.

⑥ 杜威．我的教育信条：杜威论教育[M]．彭正梅，译．上海：上海人民出版社，2013:7.

生一种内化行为准则来监督、调节、控制自己的行为①。我曾经读过儿童教育家孙敬修在公园教育儿童的一则故事："淘气的小孩攀折幼树的枝条，老人走到树跟前，用耳朵紧贴树干。孩子问他这是干什么，他回答说，听树干正在对他说话，说胳臂疼得要命。孩子一听，不好意思地笑了。如果说孩子的笑是一种惭愧的表现，那么他感到的惭愧则是对老人的'表演'有所体验也有所思索的结果②。所以儿童戏剧"给儿童的易于感受的心灵带来了多少新颖的知识，在儿童的心灵里激起和培养了多少崇高的感情"，"这一切都不是借助于任何叫喊和说教的句子，而是全凭才能的力量③"。正所谓"小儿生活，本为游戏，教育之事，亦当育于其中""趣味之教育曰美育是也④。"二者结合起来，就儿童戏剧承载着的育人使命而言，将思想、道德与情感的教育内涵渗透在整部作品人物的对白和行动中表演给儿童看，将人格培养与知识性、趣味性、审美性融为一体，让儿童在作品欣赏、体验的过程中，通过精神的审美享受，自然而然地、潜移默化地生发经验、实现成长。

2. 感性审美与理性认知的平衡统一

首先，戏剧是行动的艺术。斯坦尼斯拉夫斯基从理论和实践上将人物形象的创造、表演中体验与体现的关系和行动联系起来，探索出演员人物创作的基本规律，发展出"行动体系"。查瓦哈在其《舞台动作》中指出动作的两个基本特征：①由意志产生；②有一定目的⑤。儿童戏剧演员虽非专业训练，但因戏剧的特性，主要手段依旧是行动⑥。行动分为形体性行动和言语的行动。在幼儿戏剧教育的实践里，由于幼儿动作发展优于语言、认知、道德等方面的发展，他们所掌握的语言较少，与人交流的方式往往依赖身体、动作的表现。所以相较语言等媒介，他们的动作、表情等发挥了更重要的作用。而且儿童剧往往通过音乐串联故事情节，我们发现幼儿在表演时，以身体为媒介，想象、表现出各种动作，他们点头、转圈、拥抱，"他们奔跑、挥舞双臂、爬行……"⑦儿童戏剧实践包含的丰富多样的身体活动，让孩子们感受到轻松自由，为身体运动发展提供了有利条件，为语言认知发展、社会性发展提供了充分的交流情景，

① 林崇德．发展心理学 [M]. 北京：人民教育出版社，2009:288.

② 王朝闻．审美谈 [M]. 北京：人民出版社，1984:148.

③ 方先义．儿童戏剧 [M]. 北京：中国人民大学出版社，2018:32.

④ 宋敏．中国儿童戏剧发展史（1919-2020）[D]. 上海：上海大学，2018:73.

⑤ 查瓦哈．关于表演技巧问题 [M]. 张守慎，译．北京：中央戏剧学院编印，1956:28.

⑥ 梁伯龙，李月．戏剧表演艺术 [M]. 北京：高等教育出版社，2004:120.

⑦ SIKS G B.Creative dramatics:an art for children[M].New York:Harper&Brothers,1996:246.

营造了无限广阔的发展空间。

3. 戏剧在儿童认知发展中的积极作用已得到广泛论证

著名戏剧教育学者罗伯兰迪说："在人类历史发展的过程中，戏剧是一种自然的学习方法。它所组成的要素，如模仿、想象、扮演、分析与解释等，都是在学习语言、动作，是社会行为中最有价值的素材。"[①] 英国教育部于 1931 年的公告中也提道："戏剧包括或多或少的正式形式，对儿童而言，均能赋予非自我认知的快乐，展现令人难忘的天分，提供更好的机会，发展表达的力量……它在认知上与感觉成长有非常密切的关系。"[②] 此外美国进步主义教育家温妮弗蕾德·沃德在其《与儿童一起玩转戏剧》(*Playmaking with Children*) 一书之中，也充分论述了戏剧的教育价值。沃德将创造性、表现性戏剧课程目标简洁明了地归结为：提供一种情感宣泄的途径；为每个儿童在艺术上提供自我表达的方法；鼓励并引导儿童的创造性想象力；为年轻人提供发展社会理解及合作的机会；为儿童提供独立思考及勇敢表达的经验[③]。而在布瑞恩维的著作中，他以四个同心圆结构简洁系统地论述了戏剧在人的发展过程中的作用。从中心的"人（the person）"辐射向四周，代表了不同的发展阶段，按照顺序依次为"对资源的发现""个人对资源的释放与管理""在发现环境中形成对他人的感知"以及"丰富个体内外环境中的其他影响"等。圆的主题越长，与人的发展速度就越同步。简单将这个饼状图切成同等部分，每部分都可以标注为单独部分，分别是专注、感知、想象力、身体、言语、情感以及智力[④]。在他的理解性发展计划中强调了身体运动，指出在教学中，运动和游戏是处于中心地位的，体现在游戏与热身运动项目上[⑤]。基于儿童早期，特别是感觉运动阶段的"线（on-line）的、情景的，必须依靠'个体与环境之间真正的动态耦合'"[⑥] 的认知特点，儿童通过身体感知所获得的对世界、生活的认识体验是具有决定意义的[⑦]。在儿童戏剧实践中，虽然戏剧的时间、空间、

① 孟聪．探索中的上海儿童戏剧教育 [D]. 上海：上海戏剧学院，2008:4-5.

② 孟聪．探索中的上海儿童戏剧教育 [D]. 上海：上海戏剧学院，2008:25.

③ TOOLE J O'.Drama and curriculum[J].Springer Science + Business Media B.V,2009:73.

④ TOOLE J O'.Drama and curriculum[J].Springer Science + Business Media B.V,2009:77.

⑤ TOOLE J O'.Drama and curriculum[J].Springer Science + Business Media B.V,2009:88-89.

⑥ 杨宁．儿童早期发展与教育中的身体问题——无论进化、发展与儿童早期教育 [J]. 学前教育研究，2014(1):21.

⑦ 朱自强．童年的身体生态哲学初探：对童年生态危机的思考之二 [J]. 中国儿童文化，2002(6):8-20.

人物以及事件都具有假定性。如苏珊·朗格所言:“艺术家在现实世界中所能找到的只是艺术创作所使用的种种材料——色彩、声音、字眼、音乐等,而艺术家用这些材料创造出来的却是一种以虚幻的维度构成的‘形式’。”① 但对这一虚构的“形式”,儿童通过视觉、听觉、嗅觉、味觉、触觉等身体进行的感知是真实的,并从中不断获得经验。在戏剧的世界里,身体既是被感知的对象,也是积极体验、感受的主体,既有自然时空状态下的行动与思考,又有戏剧表达中的身体变形与角色转换。在“想象的真实”中,儿童在表面层次回应着幻想形象的初阶象征,在阈下的潜意识里,回应着无法清晰表达的深层内容②,唤醒自我深层次、潜意识层面的高阶对话。感性审美与理性认知的心理—形体的内外一元体现,促进了儿童身心灵平衡统一的和谐发展。

4.戏剧教育对儿童社会性发展的贡献

戏剧对儿童社会发展的贡献,包含了自我概念、情绪处理、社会观点取代、社会技巧等方面③。我国《幼儿园教育指导纲要(试行)》明确指出,儿童的社会性发展是幼儿园教育的五大领域之一,“乐意与人交往,学习互助、合作和分享,有同情心”是社会性教育的一个重要目标,“幼儿与同伴之间的共同生活、交往等是其社会学习的重要途径”④。作为人格结构中核心地位的自我概念,对自我体验和自我调节影响深刻。一方面,戏剧为儿童提供了一个模拟、安全的空间。儿童在想象力的范围、情境之中行动,自我意向得以创造,真实生活计划和意志动机得以形成并呈现于表演中,可完成现实生活中无法胜任的任务,积累安全、正面的积极经验,了解自身社会角色的可能性,从而获得自我概念的积极塑造和培养。另一方面在一个戏剧事件中,孩子们会因经验和观点的不同而产生冲突。为了继续维持活动,孩子们必须站在不同的角度面对问题,学习运用分享、轮流、接纳、沟通等社会技巧,找寻解决之道。戏剧活动主体间性的互动特点,促进儿童从产生认知冲突到“顺应”或“同化”,并愿意与他人分享观点。最早对儿童的社交能力进行研究的学者之一米尔德里德·巴特恩指出,社会性发展在推进中,拥有真正的社会交往的最高阶段包括

① 苏珊·朗格.艺术问题[M].北京:中国社会科学出版社,1983:76.

② 大卫·戴维斯.想象真实——教育戏剧的新理论[M].曹曦,译.北京:中国人民大学出版社,2017:89-90.

③ 林玫君.儿童戏剧教育的理论与实务[M].上海:复旦大学出版社,2015:12.

④ 中华人民共和国教育部.幼儿园教育指导纲要(试行)[EB/OB].[2001-07-02]http://www.gov.cn/gongbao/content/2002/content-61459.htm.

两种形式，即联合游戏（associative play）和合作游戏（cooperative play），后者是一种发展更好的交往形式。儿童剧作为复杂的群体性、创造性的活动，从创作、策划、编排到演出，包含了许多过程，需要儿童参与者的通力合作，共同完成。通过扮演游戏，他们可以更好地理解别人的感受并进行自我调节。为了掌握复杂的情节，学前儿童必须通过协商解决纷争①。从个体社会化的意义上讲，意义与关系的编织是儿童社会性发展的关键。身处戏剧世界的儿童们，积极地思考与对话，在想象与现实中不断积累经验与人生体悟，从而创造一个又一个最近发展区，使社会敏感度、问题解决能力和协调冲突能力整体得到提高。

概而论之，戏剧是一种很好的艺术形式，透过它，儿童可发展认知，增进思想，拓展情绪的认知，提高互动能力，而且戏剧是一种学习方式，而这种方式是一种有助益、完整又愉快的学习方式。

第四节　学前儿童戏剧教育的理论基础

一、哲学基础

哲学是研究普遍的、基础问题的学科，它是建立在物质基础上的社会科学，是人类研究世界的基本学科和手段。任何一种教育都脱离不了一定的哲学观、教育观和知识观。哲学的发展由来已久，与教育紧密联系的哲学思想不胜枚举，如美国著名教育家杜威将哲学中的经验主义运用到教育之中，提出以经验为核心的实用主义教育观；强调以现象论观点为出发点，通过对现象的归纳得出科学定律的哲学中的实证主义等。本书无意对此做详细和充分的阐述，此处论述的重点将放在给予学前儿童戏剧教育理论支撑和实践指导的相关的哲学论点上，也是启发我们思考、研究学前儿童戏剧教育理论的重要思想资源。

一是德国哲学家狄尔泰在 19 世纪下半叶欧洲科学方法大辩论背景下提出的与自然科学相对照的精神科学，其哲学思想对当代哲学思潮，诸如现象学、解释学、存在主义的大师级人物的思想影响极大。狄尔泰在 1883 年出版的《精神科学引论（第一卷）》中在对自然科学和精神科学对象研究中，将自然区分为在外部世界影响下给定的材料和通过感觉给定的人的内在经验中存在的材料

① 贝克．婴儿、儿童和青少年 [M]. 桑标，译．上海：上海人民出版社，2008:472.

两大类，与第一类材料相比，内在经验具有自己独立的起源和自己的材质。对于人来说，现存的无论何物“都是由于经验才存在”，无论何物构成了某种价值或意图，都只有通过有关我们的感受和意志的体验才能如此给定①。狄尔泰及其学说认为，“人”作为整体，不能简单还原为生理心理整体，也不能还原到物理世界对内在世界的规定性之中，把自然界中的因果关系延伸到生命组成之中②。他认为存在于社会内部的个体从精神的内在性到与社会的可感内通性均与个体与自然的关系不同，个体是以与社会“其他成分不断互动的成分而存在的”。“个体一方面是存在于各种社会互动过程中的一种成分，是这些互动过程中所涉及的各种系统的一个交叉点，也是以各种自觉的意向和行动对这种社会的影响做出反应的个人。但是，另一方面，他同时也是进行理智活动、不断对所有这一切进行静观沉思和调查研究的人。”③“对于我们来说，各种社会状态都是可以从内部加以理解的；从某种程度上说，我们能够根据我们对于自己的各种状态的感知，在自己的内心之中把这些社会状态再现出来。”④“当个体寻求通过能动地发挥他们的精力实现其各种各样的意图的时候，他们就会介入到社会——历史生活所具有的各种互动过程之中。”“即使我们的行动有可能适应那些生活在我们以前的人所具有的经验，也使我们有可能与我们同时代的人们合作。通过这种方式，人所具有的各种基本的生活意图就可以在历史和社会之中得到扩展。”⑤基于此内通性的存在，儿童作为具有自己独立价值的生命体，在生命发展过程中，借由戏剧入其内而又出其外，成其一而又促其变的相互作用，在戏剧中对话、沟通、解释、理解和领悟生命。狄尔泰开创的以个体生命为基础，以人类本性为中心的综合式的“人”学研究，为我们在丰富、灵动的个体生命层次上理解儿童在戏剧教育活动中的人性成长提供了理论基础。正如海德格尔指出：“我们对世界的知觉，首先是由情绪和感情揭开的，并不是靠概

① 威廉·狄尔泰.精神科学引论(第一卷)[M].童奇志，王海鸥，译.北京：中国城市出版社，2002:22-23.

② 威廉·狄尔泰.精神科学引论(第一卷)[M].童奇志，王海鸥，译.北京：中国城市出版社，2002:32-34.

③ 威廉·狄尔泰.精神科学引论(第一卷)[M].童奇志，王海鸥，译.北京：中国城市出版社，2002:67.

④ 威廉·狄尔泰.精神科学引论(第一卷)[M].童奇志，王海鸥，译.北京：中国城市出版社，2002:64-65.

⑤ 威廉·狄尔泰.精神科学引论(第一卷)[M].童奇志，王海鸥，译.北京：中国城市出版社，2002:76-77.

念。这种情绪和感情的存在方式，要先于一切主体和对象的区分。”[①] 对于儿童来说，用感性感受其周围的社会生活、人与人的关系，用理性发现、思考和把握规则和道理。从狄尔泰生命本体论的角度看，戏剧活动包含了让儿童参与到人类经验这个重要的维度，其不但为儿童提供一种“体验—动机”状态，而且暗示着对事物的“认识—理解”等内隐的行为反应。通过戏剧艺术形式中的相关性和高阶象征去唤醒深层次、潜意识层面的对话，儿童便是在这种“活在当下”的体验中探究自我，在系统中平衡自我，从而获得成长。

二是后现代哲学观和中国哲学的天人关系。后现代主义是20世纪后半叶在西方社会广为流行的一种哲学文化、反理性主义文化思潮，其影响渗透到哲学、社会学、美学、文学以及人类生活的每个文化角落。其主要分为两类：一类是以福柯、德里达、拉康、利奥塔为代表的激进或解构性后现代主义；另一类是以罗蒂为代表的新实用主义以及大卫·格里芬为代表的建设性后现代主义。无论哪一类，均具有反本质主义、不确定性与内在性、对科学理性的质疑、非整体性与同一性等共同特征。在后现代主义者看来，知识是个体在与情境的交互作用中建构与生成的结果，是动态发展的，具有情境性、开放性、多元性和流动性等特点。后现代主义教育哲学着重追求“发展”的理念，认为世界的本质是以无序为主导的，须在差异中承认差异。

学前儿童戏剧教育无处不体现着后现代哲学观的思想。每个儿童通过主体亲身经历、体验与探索，运用戏剧符号表达、创作和表演，外化儿童对自我和周围世界的丰富的、多元的、富有生命力的理解和思考，而非机械复制的、单一的和无生命力的东西[②]。我国学者张金梅在其论著《幼儿园戏剧综合课程研究》和《学前儿童戏剧教育》中，基于后现代哲学观和中国哲学“天人合一”的哲学智慧在关于人与自然、人与人、人与社会的关系认识上的一致性，多次从身心灵的关系视角探讨儿童与戏剧的关系。她提出儿童作为具有自己独立价值的生命体，戏剧在其生命发展过程中，是一种与自然、社会的对话和交流。儿童不是戏剧要改造的对象，而是戏剧的主人。从戏剧发生学视角，在学前儿童假装游戏的发展脉络中可以发现“戏剧”的萌芽，还可窥见儿童戏剧发生与原始戏剧发生的一致性。

---

① 宾克莱．理想的冲突[M]．马元德，等，译．北京：商务印书馆，1983:215.

② 张金梅．学前儿童戏剧教育[M]．南京：南京师范大学出版社，2015:140.

二、教育学理论基础

（一）后现代生态式教育理论基础

20世纪70年代后期，后现代主义进入教育领域，为教育研究提供了新的视角和观点，对教育理论的发展做出了巨大的贡献。美国当代教育理论家迈克尔·W.阿普尔（Michael W.Apple）在其著作《意识形态与课程》一书中提出，任何的知识形式都必须被当作一个基本成分放置于更大的联结关系之中[①]。借其放置概念，我们从后现代教育学理论的角度对学前儿童戏剧教育进行考察，其融合、创生、体验、合作等生态式教育观充分体现了后现代哲学精神的儿童教育理念。后现代主义课程观已不再只关注"泰勒原理"中的课程四要素：目标、内容、方法和评价，而是更加多元地将学习过程中主体发展的历程、历史、宗教、生态平衡及社会结构与环境等因素也纳入关注的范畴。

从小威廉姆·E.多尔的后现代课程观的角度看，儿童在深度体验戏剧创作的全过程中，依托戏剧艺术视假为真的"真实"，满足认知的需要，完成知识界定。且因与一定情境下的真实任务结合起来，使知识能不断与其他意义相结合，继续产生新的意义。同时，基于"戏剧工作"本身合作学习空间的自然属性，其催生出的动机合力为认知和社会学习提供了更多、更复杂的智力活动。儿童完成合作协议中的主动建构学习过程，既是综合实践的过程，也是综合能力建构的过程。

而对于学前教育专业学生而言，儿童戏剧课程的内容已非单一学科或几个学科简单的组合，它将艺术、社会、科学融于一体，学科之间互生互补、交叉融合、相互对话，体现了课程层次的丰富和课程深度的拓延；在课程组织上，它将儿童学习、发展五大领域核心经验及幼儿教师的核心素养培养的相关事实、经验、材料进行拆解、重组，通过作为学习共同体的师生不同的组合、不断地探索、建设性地应用，在问题情境的实践中产生新的学习意义。"在后现代思想家那里，最推崇的活动是创造性活动，最推崇的人生是创造性的人生，最欣赏的人是从事创造的人。"[②]这个循环、开放的过程充满了创造性，促进了师生的共同发展，无不体现出小威廉姆·E.多尔在其后现代主义课程观中所提出的丰富性（Richness）、循环性（Recursion）、关联性（Relation）和严密性

① 迈克尔·W.阿普尔.意识形态与课程[M].黄忠敬，译.上海：华东师范大学出版社,2001:37.

② 燕良拭.解读后现代教育思想[M].广州：广东教育出版社,2008:32.

（Rigor）“4R”课程标准，强调了课程的开放性、复杂性和转变性[①]。循环性与螺旋式课程的概念内涵是一致的，一种内容丰富而且复杂的课程往往需要提供各种机会才能被掌握。关联性主要体现在两个方面：一是教育方面，它强调建构课程母体时要考虑的一整套关系，在课程结构上也要强调其中的关系；二是文化方面，有关文化的关系虽然在课程之外，但会形成一个更大的母体，课程就在其中形成。丰富性与课程的深度、课程作为意义的载体以及课程的多种释义有关。严密性指概念的重新界定，是与诠释、不确定性相联系的。用多尔的后现代主义课程观对学前儿童戏剧教育做进一步解读，其非单一的复杂、非封闭的开放、非一成不变的转变的课程观为儿童戏剧教育课程的搭建提供了坚实有力的理论基础。

（二）杜威的实验经验主义为特征的实用主义教育观

1859年达尔文的《物种起源》的发表不仅将综合、比较、历史、严谨的方法论观念带入了整个自然界，让人们认识它，还逐渐获得了哲学方法论的意义，打破了自然科学中实证主义方法论一统天下的局面。生逢美国社会转型时期的杜威，针对传统教育的弊端，在达尔文的进化论、经验的自然主义哲学和科学实验的认识论的指导下，提出了实验经验主义的哲学，贯穿于他对世界万物万事的认识、判断和改造的建议之中。其教育思想系统阐述了教育与生活、学校与社会、经验与课程、知与行、思维与教学、教育与职业、教育与道德、儿童与教师八大关系。其经验理论为参与式学习提供了理论支撑，“儿童中心说”实现了经验理论的具体化，“从做中学”则是实现参与式学习的现实方式与途径[②]。

其一，杜威基于经验主义教育观的“从做中学”（learning by doing）理论，以“教育即生活”“教育即生长”“教育即经验的改造”为依据，对知与行的关系进行了论述。杜威认为“我们人类所关心的显然就是在具体存在中所可能达到的最大的安全价值”[③]“人类进步的历史就是从无知无识的动作（如无生物的交互作用）转变为知其所为的行动的过程”[④]，从而获得“具有操作性的智慧的方法”[⑤]。他考察了智慧是如何指导行动的，而行动又是怎样因不断洞察意义而

---

① 杨静．后现代课程观视野下儿童戏剧教育的教师角色研究[D]．南京：南京师范大学，2014.

② 查永军．参与式学习——解读杜威的《民主主义与教育》[J]．湖南师范大学教育科学学报，2007(3):85-87.

③ 杜威．确定性的寻求[M]．傅统先，译，上海：上海人民出版社，2004:32.

④ 杜威．确定性的寻求[M]．傅统先，译，上海：上海人民出版社，2004:248.

⑤ 杜威．确定性的寻求[M]．傅统先，译，上海：上海人民出版社，2004:168.

获得后果的，即如何“清晰地了解有价值的价值和在经验对象中保证获得价值的手段”①。“杜威认为，儿童生来具有从事各种活动的本能，其中做的本能最为重要，于是，儿童应该从做的活动中学习，即改造自己的经验。”②儿童这种“做”的本能在杜威看来，便是人类探究的天性。年幼的儿童开展探究学习时，因其主体性还非常有限，只有在吸收人类现有认识成就的基础上，他的主体性的次级属性如主动性、独立性、创造性、社会性等，才能逐渐得到加强与升级。心理学研究表明，儿童的思维发展需经过动作思维到形象思维再到抽象思维。戏剧活动承载着浓缩的社会和生活状态的再现，拥有着现实社会生活的所有含义。“假装”的戏剧游戏本质给予儿童安全的“从做中学”的情境，幼儿在戏剧环境中，“透过角色的扮演模仿生活情景、人的情感、激起创意，得以产生经验的特质”。自由地积极“回忆”“探究”“建构”，在与自我对话和检验、与同伴及环境的相互交融中感知、感悟、学习并获取知识及生活技能，进而指导自己的行为，充分体现了“教育是经验的改造和重新组织”。“这种改造或改组，既能增加经验的意义，又能提高指导后来经验进程的能力”③。儿童作为戏剧活动的主体，在戏剧活动中自然地生长，获得了“自我表达”的话语权和个性差异上的尊重，充分体现了杜威“以儿童为中心”的思想。在“制作戏剧”④的过程中，儿童从事着剧作家、导演、演员、道具师、剧场管理员或观众等一系列戏剧工作。通过反思，他们将直接的手头经验，即不断面临的新挑战和困难，以及不断出现的新发现和收获，与“不断进行的和调节性的反思探究”的间接新经验结合起来，从而获得有意义的发展。这一过程与杜威反省思维论五步骤，即“疑难、问题、假设、推论和实证”的思维历程大体上是一致的。

其二，德国哲学家卡西尔在《人论》中说：人的本性是人的劳作（work）。“劳作”这一人类活动的体系，规定和划定了“人性”的圆周。语言、神话、宗教、艺术、科学、历史，都是这个圆的组成部分和各个扇面⑤。其解释了人性是在劳作中形成的，不存在先天的人性；同时，人性也就是人的文化性，由各种文化组成。学前儿童戏剧活动因其综合性、开放性、生成性、合作性等多元化特征，为儿童探究学习超越个体经验范围，逐步向人类探究各种文化的方式

① 杜威．确定性的寻求[M]．傅统先，译，上海：上海人民出版社，2004:248.
② 陆有铨．现代西方教育哲学[M]．北京：北京大学出版社，2012.
③ 约翰·杜威．民主主义与教育[M]．王承绪，译．北京：人民教育出版社，2001:87.
④ ROSENBERG H S．Creative drama and imagination[M].New York:CBS College Publishing,1987:19.
⑤ 卡西尔．人论[M]．甘阳，译．上海：上海译文出版社，1990:87.

靠拢，提供了现实的可能和丰富的材料。

三、戏剧理论基础

戏剧作为“一个群体在一定空间和时间纬度内，为了获得一致的审美经验，根据一定的规则而进行的社会交往活动”[①]，演员与剧作家、演出者与观众、演员与所扮演的角色、舞台中角色与角色之间人际交往等诸多层次的交流和情感沟通所依赖的便是戏剧符号。戏剧符号学是运用符号学的方法来研究戏剧交流的一门学问，主要研究戏剧符号的构成原则及其交流规律[②]，是符号学的一个分支。最早出现于 20 世纪 30 年代，捷克布拉格结构主义学者让・穆卡罗夫斯基（Jan Mukarovsky）和奥塔卡・齐奇（Otakar Zich）各自发表了他们的论文：《演员现象的结构分析》和《戏剧艺术美学》，由此开辟了以符号学方法研究戏剧的前景[③]。之后，在法国学者艾坚·苏里欧、克洛德·列维－施特劳斯、罗朗・巴特、A.J. 格雷马斯等人的影响下，经过法国巴黎第三大学著名戏剧学教授安娜・于贝斯菲尔德、米歇尔・科尔万、乔治・巴努和帕特里斯・巴维斯等人共同努力，于 20 世纪中叶将其发展成为一门涉及哲学、美学、语言学、心理学、逻辑学、传播学、修辞学、系统学等多学科交叉的学科，主要研究演出文本的分析、戏剧演出的记号系统、观众的作用与接受、剧作本文、剧作语言、戏剧行动、可能世界与虚构逻辑等[④]。在戏剧符号学中，借用了很多结构主义的重要概念，例如“能指”和“所指”的概念，“语言”和“言语”及“共时”和“历时”等范畴。这些理论直接来自瑞士作家、语言学家，结构主义的创始人费尔迪南・德・索绪尔（Ferdinand de Saussure）的语言理论。他在 1915 年出版的《普通语言学教程》中提出了语言的“共时”和“历时”两个范畴：“共时语言学研究同一个集体意识感觉到的各项同时存在并构成系统的要素间的逻辑关系和心理关系。”“历时语言学，相反地，研究各项不是同一个集体意识所感觉到的相连续要素间的关系，这些要素一个代替一个，彼此间不构成系统。”[⑤] 戏剧符号理论采用了这一对范畴的概念，认为剧场表演同时具有历时和共时的因素。剧场表演是在几个小时内由舞台、演员、灯光、布景、道具、服

---

① 胡妙胜．戏剧符号学导引 [J]．戏剧艺术，1986(1):31-47.

② 宫宝荣．戏剧符号学概述 [J]．中国戏剧，2008(7):62-64.

③ 胡妙胜，戏剧符号学导引 [J]．戏剧艺术，1986(1):31-47.

④ 胡妙胜，戏剧符号学导引 [J]．戏剧艺术，1986(1):31-47.

⑤ 索绪尔．普通语言学教程 [M]．高名凯，译．北京：商务印书馆，1999:143.

装等因素共同完成的一个系统，戏剧符号理论称之为剧场交流系统。而该系统中又包含历时性因素，比如演员姿势的改变、服装的更换、灯光的变化等。所以，剧场交流系统是一个共时和历时交织的系统①。索绪尔区分了语言（langue）和言语（pa-role）的范畴，指出语言是言语活动中的社会部分，它不受个人意志的支配，是社会成员共有的，是一种社会心理现象。言语是言语活动中受个人意志支配的部分，它带有个人发音、用词、造句的特点。之后他将语言符号划分为能指（signifier）和所指（signified），所指的就是概念，能指是声音的心理印迹，或音响形象。能指和所指让语言成为一个自我管理的抽象体系，可以进行符号转换。能指的相似和不同之间的内在运动让意义得以生成。语言成为符号系统，让人们得以思考和构建世界。戏剧舞台上的一切都可以充当能指，指向不同的所指②。

对于儿童而言，戏剧性的游戏活动或是戏剧类教育活动虽不是严格意义上的专业戏剧创作和戏剧表演，但并不影响他们像戏剧家一样，把生活形象改造成与自己经验和心灵相融合的主观化形象，自觉地运用一系列戏剧符号，如特定的话语、音调、肢体动作、面部表情、装扮和道具等，与自我、角色（表演中的角色和文本中的角色）、游戏同伴（观众或扮演的其他角色）进行对话与交流。孩子们像戏剧艺术家们利用戏剧符号的中介性与观众进行“对话”一样，他们借由这些符号表达着自己对自己以及周围世界的认识，并结合自己的人生经验，利用想象来理解和补充，我们所见均是源于现实的内在审美意识的外在物化。一则符号化所带来的假定性诱发着儿童的经验联想和情感表现。例如，我们不可能做到把真的森林移到教室或舞台来进行一场“森林音乐会”，我们只能借助几棵道具树，或花草等舞台布景，隐喻森林，故而戏剧空间的假定是戏剧作为艺术的一种必然。而且舞台动作的虚拟性和道具的象征性也表明了戏剧情境的假定性。例如：一块乐高积木可以一会儿被当成一辆小汽车，一会儿又变成小马；拿着一只空杯子喝水等。“假定性”是戏剧的一个本质特征。二则在戏剧中，每个象征都是一个具体的戏剧审美符号，不仅有形有生命的事物可以象征，抽象的、无形的事物，也可以按其特征赋予生命与个性，通过想象创造出能充分表达主观情感的客体，儿童戏剧亦是如此。例如，《马兰花》中的“马兰花”是“幸福”“和谐”的象征，五朵花瓣分别代表了“勤劳、善良、勇敢、诚实、友爱”五种品德。全剧以“马兰花”这一象征符号将寻真求美贯

① 谷荣林．戏剧符号的回顾与审视 [J]. 齐鲁艺苑,2018(3):109-112.

② 谷荣林．戏剧符号的回顾与审视 [J]. 齐鲁艺苑,2018(3):109-112.

穿始终，意味着我们应该珍惜我们所拥有的一切，用我们勤劳的双手收获幸福和谐的生活。戏剧符号明显的想象指向性、理解的伸缩性和意义的广延性无疑为儿童戏剧及戏剧教育的开展提供了最根本的支撑。

四、审美心理学与实践美学理论基础

审美心理是人类独有的文化心理结构或心理本体。它依附于艺术本源不断发展，包括认知领域、伦理领域和情感领域。人的美感趣味、审美能力是这个人性总结构中有关人性情感的某种子结构[①]。李泽厚在谈及人性心理本体时写道："美感是对自己存在和成功活动的确认，成为自我意识的一个方面和一种形态。"[②]他将自然的人划分为外在自然的人化和内在自然的人化两个方面。外在自然的人化主要指自然与人的客观关系；内在自然的人化指的是人性的塑造，即人本身的情感、需要、感知、愿欲以至器官的人化。从美学讲，"外在自然的人化"使客体世界成为美的现实，"内在自然的人化"使主体心理获得审美情感。前者是美的本质，后者是美感的本质。二者都是人类历史积淀的成果，是人类集体的某种深层结构，是在动物性生理基础上成长起来的、表现为个体性的社会性东西。审美是一种超生物的需要和享受，实质是一种愉快的自由感。人性也就正是生物性与超生物性的统一[③]。

对于儿童而言，任何人类动作的形式结构的获得都要经历一个从学习到熟练的艰难过程，审美心理结构的获得，更是如此。从戏剧经验作为一种审美经验的角度来看，儿童的戏剧经验主要就是儿童的审美经验。儿童在一系列戏剧经验中锻炼了想象、情感、理解等多种心理功能，表现出满足基本生物性需要后的精神活动和追求，即审美需求。这种超生物的需要和享受便是由初始的审美注意和审美期待开始，经由整体的审美感知至审美认识，最后进入审美判断和审美表达的过程。即学前儿童戏剧审美经验的建构是幼儿感知、理解戏剧并将内心感悟表达的过程。但它又不囿于儿童自身，不仅仅是儿童个体的行为，还体现了整个人类的社会经验在长久的历史发展中经过无数次重复所形成的共同人性和审美心理深层结构。当儿童把个人的意识融入社会的集体意识，基于自己的经验在所处的社会文化历史背景下，通过主动建构的方式与他所处的环境进行对话时，他的"自我"便显现在戏剧中，戏剧成为其生命的另一种形式。

① 李泽厚．从美感两重性到情本体——李泽厚美学文录[M]．济南：山东文艺出版社，2019:84.
② 李泽厚．从美感两重性到情本体——李泽厚美学文录[M]．济南：山东文艺出版社，2019:90.
③ 李泽厚．从美感两重性到情本体——李泽厚美学文录[M]．济南：山东文艺出版社，2019:83-89.

戏剧活动中多重交互的过程使"积淀"[①]了的审美心理结构互生互补，不断生成新的文化生长点和文化活力。这一动态的审美过程与感知、想象、情感、理解等静态的审美要素，共同构成了儿童的审美心理结构。不论是从静态的戏剧审美心理要素分析，还是动态的戏剧审美心理过程展现，都体现出儿童具有一般审美心理构成的全部内容。

在人类社会生活中"人民大众自身的业余戏剧活动和职业艺术家们的专业戏剧创作和演出是戏剧艺术缺一不可的两翼，二者相互依存、相互竞争、相互刺激和交流才能构成一个完整的戏剧自身的生态结构，才能激活健康的戏剧发育机制"[②]。儿童戏剧经验的内容除儿童自发的戏剧性游戏外，其余的形态都可以纳入戏剧生态系统的范围，它们或是专业水平较高的职业戏剧演出，或是散落于民间的群众性、娱乐性、多样化的业余戏剧表演，或是学校教育情景下的各种类型的戏剧性教育活动。戏剧作为与生活最贴近、最易为大众接受的艺术，它来源于人类社会生活，关注生命传达的情感意义。它不仅是隔着第四道墙所观赏到的表演，还发生在儿童自由真诚的带有角色特征的游戏里，也存在于人们在不同场合为做出符合规范的言行举止而产生的角色中。儿童眼中的戏剧活动内容是儿童自身视角下的戏剧审美心理的呈现，可见他们在戏剧中所体验到的、所能理解的、所认知的内容和所形成的概念。在戏剧生态环境的自然场景里，世间百态、人情冷暖都会真实地在儿童身边演绎，儿童可以观察到更多的人世万象，思考社会人生问题，表现出对人的关注和内在的人文精神内涵。同时，观剧的过程是一个多向多维的交互过程，在台下和台上、观众和演员、观众和观众之间的集体体验和交流中，戏剧实现着对"参与者心理结构、感情状态的调整和组合"[③]。儿童将更易于认同戏剧传达的人与社会、人与自然、人与他人、人与自我的关系，从而实现儿童人文素养的提升。"生活本身就是一个被戏剧化了的事物"[④]，从重视审美心理的实践美学来看，"把审美经验从一般的狭隘的艺术领域引向生存的更加广大的范围"[⑤]，建立起儿童与现实间的审美关系，使生活具有了美的意义。当儿童以审美的方式把握世界时，这样的体验让他们感受到生命的价值。在未来自知或不自知的情形下对经验加以提炼和

---

① 李泽厚，从美感两重性到情本体——李泽厚美学文录[M]. 济南：山东文艺出版社，2019:83.

② 高鉴．戏剧的世界——戏剧功能新探[M]. 北京：知识出版社，1990:133.

③ 黄爱华．戏剧功能系统演论[J]. 戏剧艺术．1992(5):11.

④ 高鉴．戏剧的世界——戏剧功能新探[M]. 北京：知识出版社，1990:47.

⑤ 丁来先．文化经验的审美改造[M]. 北京：中国社会科学出版社，2010:5.

概括，构成自己独特的戏剧理论和实践领悟及直觉，并以此作为判断标准，在以后的生活中不断去印证，论释出内在生命与外在世界的连接关系的深层意义，给予生活灵性和智慧。

第二章　学前儿童戏剧教育的基本元素

学前儿童戏剧教育以儿童戏剧实践活动为载体，综合运用戏剧、剧场、创作与教育等跨学科知识与技术，带领儿童在与教师、同伴的沟通和合作中进行建构性的学习。教师作为活动的策划、执行与督导者，了解戏剧与剧场艺术的构成要素及这些要素在教学场域中应用的基本原理与技巧，将有助于教师或戏剧活动领导者更好地运用这些基础知识，采取戏剧结构观念进行教学，从而有效地组织与推进戏剧活动与课程的开展。

第一节　戏剧与剧场艺术的构成要素

一、戏剧结构的基本要素

（一）人物（Character）

剧本有四大元素：故事、结构、人物和对白。其中，人物是故事中的角色，是戏剧故事的执行者，是使剧本从平面文学进而成为立体的戏剧形式的行动者。戏剧的情节是由人物的行动言语来推展的①。儿童戏剧作品，通常以人物为核心来营构作品，其人物类型是多元的：可以是儿童，也可以是成人，还可以是拟人化的动物、植物、矿物或物品。这些人物有的来自现实生活，有的来自神话、童话、寓言或民间传说。在儿童戏剧中，每个人物都具有自己鲜明的特质，从生理层面看，有性别、年龄、种族、体型、外貌的不同。从心理层面看，有道德方面的善良、正直、邪恶、自私、贪婪等本性的差异，还有个人性

① 林玫君．儿童戏剧教育的理论与实务[M].上海：复旦大学出版社,2015:19.

格、生活态度上胆小、勇敢、机智、悲观、乐观的不同。从社会家庭层面看，有职业、家庭、地位、经济能力、宗教信仰等关系。

在一部戏中，人物一般包含主角、配角和反角等。主角是一出戏中的主要人物，是戏剧主题思想的重要体现者，始终处于矛盾冲突的主体地位。相对于主角的是配角（次要角色），处于从属地位。在大多数的儿童剧中，剧作家都会给小主人公设置几个小伙伴。这些配角的性格一般都和小主人公有较大反差，辅助与衬托小主人公，共同推进剧情的发展。反角则是与主角对立的角色，通常有面目狰狞、阴险毒辣、丑恶肮脏、手段卑鄙等特征，给人留下深刻印象。在儿童剧中，主角是孩子们心中认同的人物，一般是英雄（hero）或好人（the good guy）之类的角色。而反角则是所谓的“坏人”（the bad guy），在儿童剧中，反角经常是最吸引儿童关注的人物，在剧中不断阻碍主角，激化矛盾冲突。儿童特定的生理、心理特征，要求儿童剧的人物必须善恶分明。好人可以有弱点（weaknesses），但优点多于弱点的基调是不能改变的。剧中的主角通常代表正义的一方，在历经种种磨难之后，最终将会迎来光明的结局，表达出正义战胜邪恶的主题。而“坏人”则要改变或被打败，这样小观众们（特别是低幼儿童）的心理才能得以释放。善恶分明的结局能够帮助孩子们更好地分辨真善美和假恶丑，树立正确的人生观和价值观。

（二）情节与冲突（Plot and Conflict）

戏剧的情节一般是指作品中的时间、地点、人物与人物、人物与环境等各种关系所组成的生活事件、矛盾冲突的发展过程。场面是情节发展的基本单位，一个个场面由铺设的情节线串起来，随着情节连贯地次第转移，情节得到不断发展。一般剧本情节的构成可分为开端、发展、高潮和结局四个部分。开端呈现主要人物、时间、地点及事件。发展由一些重要的冲突或危机引发的事件组成，剧作家常会运用巧合、误会、悬念、两难、危难等戏剧技巧构建冲突。冲突（conflict）是人物塑造的手段，是情节发展的动力，是吸引观众的基石。正所谓“文似看山不喜平”，戏剧之所以为戏，便是在故事情节中加入了冲突。冲突尖锐激烈，解决的进程复杂曲折，情节便起伏跌宕，扣人心弦。当戏剧步入高潮（climax）时，再运用“惊奇”（surprise）等手法进行矛盾的解决，使剧情“柳暗花明又一村”，让观众获得满足感。

情节的呈现离不开时间和空间，时间是它基本的叙事要素。不同的叙述方法蕴含不同的思维模式，会给观众带来不同的思维冲击。在情节的安排上有直接依时间发生的顺序或事件因果的顺序，即在经验世界中现实的事件发生时间与剧本采用的叙事情节素材所呈现的单位时间序列是同序的向度。也有为达到特殊戏剧效果把事件因果或时间顺序颠倒的倒叙法。剧作家从一系列有内在因果关系的生活现象中，选取临近结局的事件作为剧本情节的主体内容，在情节发展中用“回顾”“倒叙”的方法，把以前的事件交代出来。这种结构方式造成的时间序列之差形成不确定性和力度变化的松紧关系，从而引起观众的强烈兴趣。

在情节线铺设上，戏剧可分为单线和多线。情节简单的作品，可以单线发展；情节复杂的作品，可以双线或多线发展。后者的线索又有主次之分，其中伴随着主要人物活动而展开的、贯穿全局的情节线称为主线；伴随其他人物活动而展开的、枝蔓性的情节线称为副线。副线须与主线形成有机联系，并为突出主线服务。戏剧的情节还由显在与潜在两部分构成。通过人物本身的动作在舞台上直接呈现出来的情节线是明线；通过人物间接介绍、交代出来的幕后活动的情节线则为暗线，暗线中人和事是虚写的，观众看不到。每位剧作家的艺术风格、创作个性都不同，在构思一部戏剧的情节时，哪些人和事要在舞台上呈现，哪些人和事要放在“幕后”“台下”加以交代，都会有不同选择与安排。

儿童戏剧常用的结构方式是“三幕”式结构或“起承转合”式结构。这种叙事方式，从古至今不断传承、发展，在此基础上也出现了许多新的结构方式，但都万变不离其宗①。儿童剧和成人剧一样，在剧作结构上都要遵循艺术规律。情节必须从生活出发，服从主题和人物塑造的需要。同时，儿童剧以儿童为主体，专为儿童创作，由于儿童观众的理解能力和成人不同，思考问题也有自己的特点，注意力集中的时间有限，情节与冲突的设置便要符合儿童的审美习惯和接受能力。

（三）主题（Theme）

每一部艺术作品都有其中心思想，即艺术家想表达的思想。戏剧作品是剧作家对他所反映的现实生活所产生的思考与态度。这种通过描绘社会生活、塑造艺术形象而体现出来的中心思想，就是剧本的主题，它代表着全剧的理念、观点。主题不是直白叙述出来的干巴巴的教条，“主题总是与特定的人物相联系”②，贯穿在全剧所有的组成部分中，是经人物间各个意念表达、冲突后的结论，它是一种具有概括性的思想。无论是时间的开展、情节的展开、人物关系

① 胡红兵．儿童剧编剧理论与实战技巧[M]．北京：中国戏剧出版社，2019:98.

② 张政文，张弼．比较文学：文学范围内的比较研究[M]．北京：社会科学文献出版社，2001:63.

的设置，都与这一思想的展现有着密切的关系。一部好的儿童剧必须有一个精心构思的主题，真、善、美和爱始终是儿童剧围绕的主题。

（四）对话（Dialogue）

对话是剧中人物以语言来表达自己想法和感情的媒介，具有表意功能，又能创造出艺术美感。戏剧中的对话包含对白、独白、旁白和画外音等。对白是戏剧中两个或两个以上人物之间相互交流的语言。独白是剧中角色抒发感情或表达个人愿望时自己对自己说的话，常用以揭示人物隐秘的内心世界。旁白是剧中人物在一旁评价其他角色的言行、表述本人内心活动或直接说给观众听的（假设不被同台其他人物听见）的台词。通过旁白，演员可以传递更丰富的信息，表达特定的情感，启发观众思考。画外音则是来自画面外（舞台后）解说人的声音，以介绍和解释演出内容、阐述剧作家思想观点为主要内容。有时在剧情展开之前传出，有时在剧情发展中作为一种补充。音响的画外运用也是画外音的重要形式。

（五）特殊效果（Spectacle）

特殊效果包含的项目很多，如布景、道具、服装、化妆、灯光、音乐、舞蹈等，在一部戏中用以烘托剧情及剧中人物的艺术效果。布景可显示戏剧故事发生的时代、地点与情景。在儿童舞台美术设计方面，应从儿童心理和剧情出发，色彩鲜明、造型可爱，舞台画面要美丽且充满幻想，为角色融入与角色置换搭建空间。道具是演出中使用的器物，通常有大道具（如桌、椅、屏风等）、小道具（如杯、壶、伞等）、装饰道具（如镜框、书画等）、随身道具（眼镜、扇子、帽子等）。道具是为了适应剧中人物各种表演动作设置的艺术元素，在戏剧表演中对人物起到辅助的作用。服装是剧中角色穿戴的衣装、饰品、鞋帽等物，属于视觉艺术、造型艺术，具有直观性和表现性的特点，常被称为“演员的第二皮肤”。化妆是美化和改变演员舞台形象的重要手段之一。从广义上而言，指整个身体的修饰，包括服装、发型、面部修饰等。儿童戏剧的舞台化妆有本色化妆和角色塑造两种造型样式。舞台灯光又称舞台照明，由光区、光影、光色、光比等因素组成。负责调配、设计和操作这些光因素的工作者统称灯光师。根据剧情发展和人物造型需要，灯光师运用光的变换实现舞台空间的改变，营造情景，使舞台更加丰富多彩。音乐与舞蹈则是有助于情景与气氛传释的效果。

（六）幕（Acts）与场（Scenes）

戏剧是思想、人物与事件因果关系等诸要素安排在动作统一之上的组合，一般以幕（acts）、场（scenes）等为序列，逐步呈现至结束为止。幕和场作为戏剧作品的外在表现形式，为戏剧艺术所独有。幕是情节发展相对完整的一个段落，是一个大单位。每一幕与每一幕之间的时间会发生变化，空间一样也可以改变。场通常指包括在幕内的较小的戏剧单位，是情节发展中一个小的段落，每一场的时间也会发生改变，空间可变也可不变。一幕可划分为若干小段落，每一小段落即为一场。只有一幕的称为独幕戏，大多是单一情节的单场戏。长的戏剧多半按情节发展的需要，做二至五幕长短不等的分隔。幕和场是戏剧对于故事时空组织选择的结果，在戏剧中的主要功能是切割时间，改变地点，是实现时空转换的重要方法。幕、场之间的比例、联系、平衡关系到戏剧的整体布局与构思，是戏剧结构思维的体现。幕、场体现着开端、发展、高潮、结局的自然生活节奏，是故事发展的阶段性体现，是戏剧外在节奏的有效形式[①]。

（七）序幕（Proloque）与收场（Epiloque）

有些戏剧会在开始前加上序幕或在结束后加段收场，由叙述者（narrator）向观众说明或朗读一段有关剧情、人物、缘由等相关的内容，用以拉近演员与观众的距离，建立气氛，使观众对戏剧内容有大致的了解，更易于融入戏剧的情境之中。

二、剧场艺术的基本要素

从剧场的角度来看，剧场艺术通常包含艺术家、艺术媒介、题材内容和观众四大要素。戏剧是一种特殊的集体艺术，是由众多门类的艺术家集体综合创造的，由剧作家、导演、演员、舞台美术设计、灯光设计、服装和化妆、作曲家、音响设计和舞台各部门的工作人员等，共同贡献各自之创作来呈现。

艺术媒介是剧场艺术家表现的工具。例如：演员表现的媒介物是其声姿表情；剧作家的媒介物是剧本中的台词文字；舞美设计者的媒介物是在美术、雕塑、建筑等剧场视觉要素上的表现与运用；灯光师的媒介物为灯具。一部戏的制作过程，是艺术家们运用他们各自的艺术媒介进行剧场艺术的个体创作与集体表现的结果。

① 张华．幕场在戏剧结构中的美学价值[J]．山西师大学报（社会科学版），2017(3):38.

题材是构成文学和艺术作品的材料，是作家、艺术家从具体描写的生活事件或生活现象的素材中选择、提炼、加工出来的，使其成为作品的内容。

观众是戏剧表演时欣赏表演的人。观众和演员的关系是互为依存的，失去其中任何一方，戏剧便不能称为戏剧了。

第二节　儿童戏剧教育的组织成员

戏剧教育中的主要组织成员包含“领导者”和“参与者”。

一、领导者

“领导者”一般又分为“专业带领者”和“一般带领者”。“专业带领者”是受过完整的专业戏剧艺术训练，具备学前教育教学原理、教育心理学、儿童文学、课程设计、特殊教育及社会工作等教育背景的，能够将儿童戏剧教育应用于各类教学及社会服务领域，并在实务上有多年历练经验的人。“一般带领者”指的是受过短期研训课程的学校教师或社工人员，能够把戏剧教育应用于自己工作范畴中的领导者，通常包括一般幼儿园或中小学教师、特教、心理咨询师、社会工作人员及表演工作者。①

二、参与者

儿童戏剧教育活动是一项团体活动，除了“领导者”之外，基本成员就是“参与者”。“参与者”依戏剧教育活动的不同组织形态和组织性质又各有不同，可以是同一班级学生团体、同一年级跨班级学生团体、同一学校或跨校不同年级学生团体、特殊教学班级中特殊儿童团体、家长团体等。这些团体根据活动需要，按照性别、编号、个体特征或特点进行2~10人不等的团体编组，以实现互助、练习、呈现、全员性参与等集体创作的特点。

---

① 林玫君．儿童戏剧教育的理论与实务[M].上海：复旦大学出版社,2015:22.

第三章　儿童游戏与儿童戏剧的生发

学前儿童的游戏研究是儿童戏剧教育研究中不可避免的一个重要命题。究其根本原因在于，儿童的假装游戏中蕴含着戏剧最重要的特征之一，即假定性。儿童戏剧从这一“戏剧”的萌芽，发展到角色游戏，再到戏剧性游戏，伴随着观众意识的发生，最后从假装游戏的母体里直接发展起来①。无论是皮亚杰的象征性游戏与想象游戏（imaginative play）、假装游戏（pretend play，make-believe play）和表演游戏（thematic play），都以“假装”为主要特征，常表现为以物代物、角色扮演和以动作代情境，因而这些名称常常被互换使用②。从戏剧的元素分析，其所包含的实物、行动、情境与角色的转换及口语、社会及时间等相关因素均与象征性游戏中物体、行动与角色等各项元素的“假扮”与“转换”具有相似或相同的特性，且都具有内在动机（intrinsic motivation）、内部控制（internal control）、突破现实地控制（freedom to suspend reality）、提示计划（framing）四个决定儿童游戏水平的核心要素③。二者都是儿童为满足生理和心理发展，在不可控制和不确定的世界中寻求自我控制感和一定程度的确定性的自发性行为④。即便是成人引导的教育戏剧或创造性戏剧，也包含了游戏的诸多内涵。所以，离开对儿童游戏的本质、特征、发展的洞悉，儿童戏剧教育研究无异于失去立论之本。

① 张金梅．学前儿童戏剧教育[M]．南京：南京师范大学出版社，2015:20-21.

② 刘焱．儿童游戏通论[M]．北京：北京师范大学出版社，2004:182.

③ BUNDY A C.Assessment of play and leisure:delineation of the problem[J].American Journal of Occupational Therapy.1993:47(3):217-222.

④ 张新立．儿童游戏的发生及其本质特点新探[J]．学前教育研究，2007(11):40-56.

第一节　儿童游戏

一、学前儿童游戏思想和理论

游戏是一种古老且普遍的活动，其历史可以追溯到人类诞生之初。但是，对游戏进行系统的研究却相当晚。大约于19世纪下半叶，康德在讨论艺术创作特征时，比较了艺术创作与“手工艺”之间的差别，其中谈到了游戏：“艺术还有别于手工艺，艺术是自由的，手工艺也可叫作挣报酬的艺术。人们把艺术看作是一种游戏，这是本身就愉快的一种事情，达到了这一点，就算是符合目的；手工艺是一种劳动（工作），这是本身就不愉快的（痛苦）一种事情，只有通过它的效果（如报酬），才有些吸引力，因为它是被强迫的。”[①]1859年达尔文《物种起源》的发表，冲击了神学，打破了自然科学中实证主义方法论一统天下的局面，引发了欧洲19世纪下半叶的科学方法大辩论。在此时代背景下，受康德的启发，以席勒（Schiller）、斯宾塞（Spencer）、拉查鲁斯（Lazarus）、格鲁斯（Groos）等学者为代表，开始了游戏理论相关的研究。席勒研究角度主要是基于生物学的哲学—反思，他区分了两种游戏：“自然的游戏”与“审美的游戏”，前者为一切动植物所共有，后者才为人所专有。席勒提出生物学的“盈余”与“匮乏”概念[②]。英国心理学家斯宾塞从模仿与需要的满足角度，在席勒“盈余”概念的基础上对游戏做了进一步的阐述，提出了精力过剩论（energy theory），后人称为“席勒—斯宾塞理论”。其内容是：在进化序列中位置愈高的动物，就愈能因为优越的身体或智力而避免将精力和时间完全用于直接的谋生，从而产生“剩余精力”。他认为游戏是这种“剩余精力”的表现形式。他指出：“游戏的主要特征是：它对于维持生活所必需的活动过程没有直接的帮助。游戏者的活动并不追求一定的功利目的。……可是同一只猫在追逐地板上滚动着的线团的时候，除了游戏所给予的快乐之外，什么东西也得不到。”[③]相反，德国的拉查鲁斯提出了娱乐论（或松弛论）（recreation and relaxation theory）；彪勒（K. Bühler）提出机能快乐论（functional pleasure

---

① 朱光潜．西方美学史（下册）[M]. 北京：人民文学出版社，1979:383.

② J. 胡伊青加．人：游戏者[M]. 胡伊青加，成穷，译．贵阳：贵州人民出版社，2019:7.

③ 朱莉娅·贝里曼．发展心理学与你[M]. 陈萍，王茜，译．北京：北京大学出版社，2003:96.

theory）。他们都认为游戏是与工作、劳动相对的，游戏来自有机体放松的需要或快乐的满足，游戏更多的并非是精力过剩而是精力不足造成的，游戏更像是种积极方式的休息和恢复。美国心理学家霍尔（G. S.Hall）的复演论（recapitulation theory）则认为，游戏是远古时代人类祖先生活的特征在儿童身上的重演。在这一阶段，研究者们从各自的哲学观点和理论思维出发，提出的这一系列最早的游戏理论，后人称之为经典游戏理论。

20 世纪 60 年代末，游戏研究真正进入理论思维的视野，渐渐活跃起来。从心理学、教育学、文化学、人类学到现象学及阐释学，游戏的研究深度和广度日趋扩展，理论建构日益成熟。如果说生物学研究关注的主要是游戏的动因，心理学则偏重于研究游戏者的主观经验及其状态。20 世纪 40 年代到 60 年代，以弗洛伊德的精神分析理论为代表，强调游戏对于人格发展和心理健康的重要价值，提出了游戏的补偿说（compensation theory），又称发泄论（catharsis theory）。他认为儿童在游戏中受快乐原则（pleasure principle）的自动调节，其现实中得不到实现的许多冲动和愿望会通过游戏加以补偿。儿童的游戏使其逃避现实的强制和约束，并为发泄受压抑的、不能为社会所允许和接受的冲动提供了一个安全的场所。埃里克森在弗洛伊德学说的基础上，提出了掌握论（theory of mastery），他认为游戏创造了一种典型的情境，在游戏中过去可复活，现在可表征（representation）与更新，未来可预期，游戏可以帮助自我（ego）对生物因素和社会因素进行协调（coordination）和整合（integration），是自我的一种机能，能使身体发育和社会性发展两种过程同步进行。在学前期，儿童通过在游戏中扮演角色来表现内心冲突和焦虑，并解决问题①。奥地利心理学家彪勒按照游戏活动中占优势的心理成分把游戏分为机能游戏、想象游戏、欣赏游戏和建构游戏②。

20 世纪 70 年代，皮亚杰的认知游戏理论、维果茨基的游戏理论、艾里康宁的游戏理论、游戏的觉醒理论与元交际理论等形成了现代游戏理论，其中最具代表性的是皮亚杰的认知游戏理论。皮亚杰认为游戏是智力或认知活动的一个方面，而且儿童的认知发展水平决定着游戏的发展水平，也遵循同化与顺应之间的平衡这一认知活动的基本特征。他以儿童认知发展阶段为依据，把游戏的演化过程分别与他的认知发展三阶段即感觉运动阶段、前运算思维阶段和具体运算思维阶段相对应，分成练习游戏、象征游戏和规则游戏三大阶段。其

① 车文博．弗洛伊德主义论评 [M]. 长春：吉林教育出版社，1992:1021-1022.

② 王小英．儿童游戏意义的多维视角解析 [D]. 长春：吉林大学，2003.

中“象征游戏”即假装游戏，是儿童游戏的高峰。维果茨基则从文化—历史发展观提出了“人类心理是在活动中形成的”著名原理，认为游戏作为学前儿童的主导活动，决定着心理发展的方向、内容和性质。而贝特森（Batson）认为游戏是一种元交际活动，提出游戏的元交际理论（或后设交际理论）（meta-communication theory）。人类社会作为一个表征世界，交际双方只有理解了交际活动背后丰富的深层含义才能达到真正的沟通。游戏是以“玩”“假装”为背景来表现种种现实生活中的行为，实质上将人类的表层活动与活动的深层含义联系起来，体现了活动及其含义之间的差异与统一性，能引导游戏者在联系中增进认识[①]。所以儿童游戏对于儿童理解和建构表征世界具有先导作用，它们向儿童传递特定文化下的行为框架，并教儿童如何联系所处的情景来看待行为，以及如何在联系中评价事物。

我国对游戏理论与实践的研究始于清末托幼机构成立以后，初期在游戏思想和理论研究方面受外国的影响颇深，一般将幼儿园游戏分为“创造性游戏”和“规则性游戏”两大类。其中，创造性游戏包括角色游戏、结构游戏和表演游戏三种；规则游戏包括体育游戏、智力游戏和音乐游戏三种[②]。20世纪出现过一批以教育实验为基础，引进国外游戏理论为前提，力求探索出一条适合中国国情的幼儿教育的爱国教育家。主要代表为陈鹤琴、张宗麟、张雪门等老一辈幼教先驱，他们在借鉴外国先进思想与理论的基础上进行了本土化实践与理论探索。“文革”之后至今，是我国儿童游戏研究的新时期，如何在这个多元化的信息时代探索学前儿童游戏理论，在我国本土教育家的游戏理论与实践上，挖掘其本体价值和现代意义，形成有中国特色的学前教育体系，是每一个幼教工作者的历史使命。

二、游戏的概念

什么是游戏？作为一种在人类社会普遍存在的、古老的社会现象，“游戏”是一个复杂的概念。中外许多哲学家、教育家、心理学家、文化学家、教育学家、历史学家、生态学研究者、戏剧学家都曾对游戏做过相关的界定和论述。

从词源学上分析，在汉语中，“游”与“戏”均可单独成词，“游”的异体字为“遊”，本意为行走、远行，有闲暇、嬉戏的含义。“戏”又同“嬉”，二字通常连用，有玩乐的意思，但常含贬义。在现代英语中，“游戏”有“play”

① 华爱华．幼儿游戏理论[M]．上海：上海教育出版社，1998:34．

② 王小英．儿童游戏意义的多维视角解析[D]．长春：吉林大学，2003:5.

和“game”两词，但“game”倾向于“有规则的游戏”，包含一些体育竞技比赛运动，通常含有“竞争”的意思。“play”一词作为名词使用时，有闲暇、愉快和满足的含义，与之相对的是“工作”，同时，“play”的含义包含范围更广，将“game”也包含在内，所以“play”一词可以说是广义上的游戏。

柏拉图（Plato）在《法律篇》中，将游戏界定为一种无功利、非理性、也无害处的东西，是一种不包含善或恶的愉快。荷兰的文化学家约翰·胡伊青加（Johan Huizinga）把“游戏”视为生活的一个最根本的范畴。在他看来，游戏是一种完全有意置身于“日常”生活之外的、“不当真的”但同时又强烈吸引游戏者的自由活动。德国的哲学家恩斯特·卡西尔（Ernst Cassiver）认为，游戏与艺术彼此极为相似，它们都是非功利的，不与任何实际目的相关。游戏是一种能动的功能，它并不局限于经验材料的界限内，而且游戏可以给游戏者带来“快感”[①]。幼教之父福禄贝尔（F.Fröbel）说：游戏的发生始于儿童内部发生的纯真的精神产物，为万善之源。皮亚杰认为游戏活动具有六个特征，即活动的内在目的性、自发性、快乐性、非逻辑性、超脱性和过剩动机性。列昂节夫（Леонтьев）指出：游戏的目的在于行动的过程而不在于结果。布鲁纳（J.S.Bruner）说：游戏是手段超过了目的的活动。在小口忠彦看来，儿童的游戏是脱离外界束缚的自由活动，儿童只有在这种活动中才能发现自己所具备的各种能力，这种发现的连续出现，就意味着趋于成熟的能力在不断发展。利维（Levy）则认为，游戏行为是受内在动机控制的行为，取决于儿童的自我决策，其报偿产生于所从事的活动本身。儿童游戏的内源性动机的直接表现是：儿童游戏的兴趣指向游戏的过程而非游戏的结果。跨学科游戏理论家布莱恩·萨顿－史密斯（Brian Sutton-Smith）对游戏的定义是：“游戏通常被界定为以其本身为目的的活动，具有‘手段大于目的’（如游戏的过程比其结果和目的更重要）的特点。”[②]由此归纳为，研究者们基本上采取了三种不同的态度或策略来解决游戏的定义问题：第一种观念认为游戏是一类庞杂的行为，无法精确定义也无须定义；第二种观念是把游戏看作一种可观察、可分类的行为的综合活动，试图用分类学的观点解释游戏；第三种观点主张把游戏看作是具有一套共同因素的一类行为，只要找出了游戏的共同因素，就可以解决“什么是游戏”

① 王小英．儿童游戏意义的多维视角解析[D].长春：吉林大学,2003.

② HOPKINS B.The cambridge encyclopedia of child development[M].Cambridge:Cambridge University Press,2005:361.

的问题[①]。

可见，不同的研究视野对于游戏概念的界定并没有一个一般的、涵盖一切的、在逻辑上一致的结果。似乎对于一般游戏概念的抽象理解是次要的事，而游戏的本质与功能本身才是根本的、首要的。

三、游戏的本质

在儿童游戏的生物性本质观中，学者们认为游戏的本质体现了游戏是儿童的本能活动。以心理分析学派的学者们为代表，他们把“内在动机”列为游戏本质的一项重要指标。依照弗洛伊德的本能理论和潜意识理论的观点，潜意识的本能欲望决定人的一切行为和活动。本能是人的一种冲动，是自发的、主动的，具有倾向性的。人类对理想的、人的终极发展状态的追求是一种本能，在儿童心理发展过程中，总是存在着渴望参与成人活动与自身身心发展水平之间的矛盾，即长大的需求。这种需求是个体生物性成熟的压力和社会及心理压力交互作用的结果。游戏是其补偿现实生活中不能满足的愿望、克服创伤性事件、逃脱现实的强制和束缚、发泄潜意识中的能量以应付现实环境的健康发泄方式。所以，儿童游戏的发生，实质上是儿童生理和心理发展的必然，是儿童认识、发展、锻炼自身的天然需要。它是先天地由人类本性和儿童的天性所决定的，是生命原动力和生物本能驱动的结果[②]。这种由内在动机激发、基于已有经验开展的假想性非正式活动，具有本能的自发性、主动性、独立性等特点。在 1971 年，纽曼（Neumann）提出“三内说”，用控制（control）、真实性（reality）、动机（motivation）作为测定幼儿园活动中“游戏”或“非游戏”的标准取向。1980 年克拉斯诺（Krasnor）和佩培拉（Peplerp）提出了游戏行为的四种特征和四种因素，即灵活性（flexibility）、肯定的情感（positive affect）、虚构性（nonliterality）、内部动机（intrinsic motivation），并尝试着用图形的方式表达游戏本质之间复杂的关系，详见图 3-1[③]。1985 年，史密斯（Smith）和渥斯德（Vollstedt）在综合了鲁宾（Rubin）、芬恩（Fein）、范登堡（Vandenberg）及克拉斯诺和佩培拉等人研究的基础上，将游戏行为的特征归结为下列五项[④]。

---

① 刘焱．儿童游戏通论 [M]. 北京：北京师范大学出版社，2004:142-144.

② 张新立．儿童游戏的发生及其本质特点新探 [J]. 学前教育研究，2007(11):40-56.

③ 林玫君．儿童戏剧教育的理论与实务 [M]. 上海：复旦大学出版社，2015:25.

④ 林玫君．儿童戏剧教育的理论与实务 [M]. 上海：复旦大学出版社，2015:25.

●内在动机——引起儿童游戏的动力是儿童内在的需求，非外在社会性要求。

●正面情意——游戏让儿童觉得好玩。

●不求实际——游戏常在一个“假设”的架构中，是非真实而严肃的。

●重过程非结果——在游戏中，儿童沉浸于游戏的过程中，而非游戏的结果。

●弹性——游戏因着不同的情境与材料而能产生不同的组合与变化。

图 3-1　游戏本质的关系图

美国新精神分析学家埃里克森（Erikson）则从心理社会的观点分析了儿童游戏的内在动机。他将儿童游戏行为分为三个发展阶段：自我宇宙、小宇宙和大宇宙。他认为儿童的自我概念和社会能力是通过“游戏”建立的。该观点与社会文化学的认识有共通之处。

社会性本质观则认为游戏本质上是儿童早期文化适应的基本途径。所谓文化适应，包含了两层含义：一是指不同的文化经过长期的接触而改变原来的性质、模式的过程，又称“涵化”；二是指个体接受文化熏陶、影响文化的基本过程。社会性本质观认为儿童在游戏中使自我社会化，由自然人成长为符合社会要求的社会人。即游戏是文化对个体的同化，同时也是个体学习文化、学习适应其身份与角色的行为方式和能力的过程[①]。在帕森斯（1902—1979）的社会系统理论中，社会是一个有序的整体，是由各种相互独立又相互渗透的角色以及共同价值观所构成的具有一定结构和组织化手段的复杂网络，包括行为有机体（behavioral organism）、人格体系（personality system）、社会体系（social system）和文化体系（cultural system），各系统相互关联，对社会整体发挥着有效功能。在他看来，行动者与社会整合的关键在于内化（internalization）和

① 王小英．儿童游戏的意义[M]．长春：东北师范大学出版社，2006.

社会化（socialization）的过程，即体系中的价值观和标准是如何转移给体系中的行动者，以规范行动者的行为。而“内化”过程与人格体系相关，人格的基本成分以及动机的最重要面向就是“需求—倾向”（need dispositions）与驱动力（drive）。虽然“需求—倾向”与驱动力一般被认为是生物有机体的一部分，但和本能理论不同的是，在社会系统理论中强调的是需求—倾向的非天生性，即需求—倾向是由社会背景造成的驱动力。关注的向度是儿童在“需求—倾向”驱动力的作用下如何顺从于社会体系，成为社会价值观和社会规范的被动接受者。

主体性本质观认为游戏的本质在于儿童的主体性活动，具有主动性、独立性和创造性等特征。《马克思主义百科要览・上卷》中说，主体性是指人作为主体的基本规定性，是人在同客体的相互作用中表现出的属性。游戏中儿童的目的性是游戏作为一种主体性活动的基础。游戏中儿童自由选择程度的高低直接影响游戏活动的积极性，游戏中儿童的选择性是游戏作为一种主体性活动的保障。创造性是游戏中的儿童最本质的特性，是儿童在游戏中自觉能动性的最佳表现，是儿童游戏作为一种主体性活动的核心。

以皮亚杰为代表的认知心理学家认为游戏是环境刺激的同化，儿童在生活中遇到不一致和矛盾的事物时，通过游戏的方式来解决其认知上的矛盾，而这种“认知的矛盾”就是引起游戏的内在动机。

综上不同流派对儿童游戏本质研究的相关讨论，既有因研究取向的不同而存在的碰撞与交锋，也有反思审视后的对话与融合。我国学前教育正在贯彻“去小学化”“幼儿园以游戏为基本活动”的理念，更深刻地去反思和体认游戏的本质，以及游戏在我们所生活的这个时代里的重大价值是极为必要的，它所要适应的，不仅仅是面前的现实社会，更是在跨学科研究的基础上，实现它多维的、丰富的、面向人类未来的意义。

第二节　假装游戏——儿童戏剧游戏的萌芽

一、假装游戏的发展及其对幼儿的价值

假装游戏（pretend play）是儿童成长过程中必然出现的一种特殊游戏类型，其出现和发展有着相对固定的时间表。“假装”最早出现于独自游戏中，“通常幼儿在 18~24 个月时就会开始出现假装行为。至儿童中期（即 6 岁左右）

时假装行为会逐渐减少并消退，3~5 岁时是进行假装游戏的‘高发季节’”[①]。随着儿童行为与认知系统的发展，2 岁左右开始出现有父母参与或有选择的协助而非同伴参与的较为完整的角色游戏。3 岁左右出现了假想伙伴和合作性假装游戏（collaborative pretend play）的形式。在 3~6 岁期间，假装游戏成为幼儿园自由活动中最突出的主导性游戏形式，在这种游戏中，儿童获得“主动感”的体验，安全、自由地在现实与假装世界中切换，不断“试误”，从而生长。

从 20 世纪 70 年代后期开始，研究者就开始对假装游戏的心理机制展开探讨。大量的观察与实验证据表明，假装游戏与一些重要的心理能力，如心理表征、社会参照、想象、角色扮演、协商、问题解决等均存在联系。通过游戏，孩子的认知水平、情感发展、社会性等都得到了发展[②]。近年来，许多学者将假装游戏研究与儿童心理理论研究结合起来，认为假装游戏的基本属性是要求儿童能形成对物体和行为的心理表征，摆脱对现实的束缚，学会区分物体和象征物，这样的心理过程为儿童提供了更多的练习机会，有利于获得成人社会所需的基本经验和技能，构成了心理理论重要的发展环境。心理理论水平指的是人们用以解释和预测他人心理和行为时的一种能力。例如莱斯利（Leslie，1987）[③]认为，假装游戏是通过一种特殊的分离（decoupling）机制起作用的能力，这种分离机制使元表征不再受到现实的制约，有效地避免了儿童混淆假装情境和现实情境，从而为心理理论的发展奠定基础。拉科齐（Rakoczy，2008）[④]提出早期的假装游戏是社会背景下的文化合作学习的观点，认为在假装情境中，如果儿童能够参照成人的情绪或反应，有助于他们更好地理解情境并做出合适的回应，反之，则可能感到迷惑，将之与自己对真实世界的表征混淆。兰西（Lancy，2007）[⑤]进一步提出，假装游戏为儿童提供的社会参照体现在假装游戏能够给儿童提供获得成人工作习惯和在社会场景中表现的机会。当成人在儿童面前假装的时候，儿童往往会模拟成人的行为，并做出更多的假装

① 倪伟．假装游戏与儿童发展：观点、争论与展望 [J]. 南京师范大学学报，2014(5):111-112.

② 刘焱．儿童游戏通论 [M]. 北京：北京师范大学出版社，2004:57.

③ LESLIE A M.Pretense and representation:the origins of“theory of mind”[J]. Psychological Review,1987,94,412-426.

④ RAKOCZY H.Taking fiction seriously:young children understand the normative structure of joint pretend games[J].Developmental Psychology,2008,44,1195-1201.

⑤ LANCY D F.Accounting for variability in mother-child play[J].American Anthropologist, 2007,109,273-284.

行为[①]。假装游戏所创造的角色扮演机会可以在情感上为儿童提供与内心趋同所扮演的角色的机会，而且儿童有时为了假装的情节或角色的身份还需要与其他游戏者共同协商他们的观点与期望。尼科尔斯等（Nichols，2000）[②]认为，假装的实施是由可能世界箱（possible world box）、信息更新器（updater）和程式描述器（script elaborator）三部分联合运作完成的。沃克等（Walker，2013）[③]则提出假装游戏与反事实推理涉及了同样的认知机制，可以给儿童提供在情境中实践因果认知并发展必要的认知技能的机会。由此可见，假装游戏涉及了大量的心理机制，它具有的内在动机与积极情绪，对于儿童的社会化适应过程具有重要的价值和意义。

二、假装游戏的类别与各自界定

加维（Garvey,1990）[④]指出，假装游戏是一种主动地对"这里"和"此时"、"你"和"我"、"这个"和"那个"的转换，从而使某一情景的元素产生可游戏的潜能。转换的时间和转换前后的状态也是需要考虑的。柯伦（J.M.Curran，1999）认为，通过象征或手势来以物代物，或进行声调转换的语言活动是假装游戏[⑤]。刘焱认为，象征性游戏是2~6岁幼儿典型的游戏形式，动作的去情景化、以物代物和角色扮演是象征性游戏的基本结构因素，代表着象征性游戏发展的不同水平[⑥]。倪伟和熊哲宏[⑦]指出假装游戏是一种有意识的，但不含欺骗目的的游戏形式，以"好像"的状态为特征，幼儿在准确地感知到真实情境的前提下，有意想象出非真实的情形，并根据这种想法做出非真实的行为，通常在1.5~2岁时出现，到6岁左右时逐渐减少并消退的活动。

假装游戏的内涵和外延十分广阔，角色游戏（role-play）、想象游戏（imaginative play）、幻想游戏（fantasy play）、社会主题游戏（social thematic play）、社会戏剧游戏（sociodramatic play）、表演游戏（thematic play）都可称

① NIELSEN M,CHRISTIE T.Adult modeling facilitates young children's generation of novel pretend acts[J].Infant and Child Development,2008,17:151-162.

② NICHOLS S,STICHS.A cognitive theory of pretense[J].Cognition,2000(74):115-147.

③ WALKER C M,Gopnik A.Pretense and possibility:a theoretical proposal about the effects of pretend play[J].Psychological Bulletin,2013,139:40-44.

④ GARVEY C.Play,Enlarged Edition[M].Cambridge:Harvard University Press,1990:82.

⑤ 江晶.3-5岁儿童心理理论与假装游戏关系的研究[D].北京：北京师范大学,2010.

⑥ 刘焱.儿童游戏通论[M].北京：北京师范大学出版社,2008:281.

⑦ 倪伟,熊哲宏.假装游戏研究：过去、现在和未来[J].心理科学,2007(4):1020.

为假装游戏，它们所指的都是同一类行为——幼儿在准确地感知到真实情境的前提下，运用“想象”重新把生活或幻想中的人物事件，通过肢体、语言和行动表现出来的有意识的非真实行为。

假装游戏按种类来分有对物型（象征）和对人型（装扮）的“假装”；从社会交往的角度又可以分成独自假装游戏和联合假装游戏。虽然这些名词都指向同一类行为，但都只能涵盖部分或特定的意义与观点。在这里我们把这些游戏做一个区辨，并进一步分析其“假装”的机制。

（一）个人行为模仿游戏

模仿是儿童的天性，一直伴随着儿童的成长过程，模仿行为的外显形态就是“假装”。Leslie 认为，假装可能是儿童早期理解心理表征的一个标志。在假装游戏中，儿童假想出一个原本不存在的事物，或者利用一个事物来表现另一个事物或赋予假想物一些新的特征。Garvey 和 Reynolds[①] 认为，假装是用非真实的、模仿的、好像的方式来进行的一种行为活动。在假装游戏萌芽之初，个人行为假装是其主要形式。例如，自己拿着奶奶的菜篮去“买菜”；戴上爸爸的太阳镜装扮成爸爸（图 3-2）；用吸管假装喝茶（图 3-3）等。12~13 个月大的幼儿借助真实的服装、配件、生活用品等材料，让自己处于一种假装的情景中，通过“动作假装”再现现实生活。这类“假装”行为表明幼儿已能将某些生活情景中包含的基本要素抽离实际情境，有能力利用象征性动作代表实际并不存在的事物，其被称为单一基模（single scheme）的象征动作（如婴儿假装喝水）。到 19 个月大时，学步儿能将单一的基模应用在不同的物品上，随后又能结合数种基模（multischemes），把几个象征性动作连接在一起，如拿起水壶，将壶中的水倒入杯中，并拿出杯子假装喝水[②]。幼儿这种在假装过程中的模仿，并不是简单来自镜像神经元的复制，而是在理解整个示范动作序列的基础上，基于对模仿对象认知层面的理解，体现了对周围世界的思考与认识。正如利拉德（Lillard，1993）对这种行为的解释：个体想要假装成某物就必须具有某物的相关知识，形成对某物的心理表征，才能进行假装[③]。所以，假装行为需要两个对应的先决条件：首先是认知，也就是说对于假装行为是什么的概念，假装者必须理解和具备；其次是意识，假装的成功与失败需要假装者保持对于

① LESLIE A M.Pretense and representation:the origins of “theory of mind”[J]. Psychological Review.1987,94:412-426.

② 林玫君 . 儿童戏剧教育理论与实务 [M]. 上海 : 复旦大学出版社 ,2017:31.

③ 王可 , 郭会萍 . 儿童假装游戏理论与相关研究 [J]. 心理研究 ,2009(5):41.

其假装行为的偏向（Rakoczy,2003）[1]。由于这种装扮动作的出现标识是“即时模仿”，水平层次低，且所使用的物品还不具有象征性，仅仅是物的表征性假装，即依旧保持实物的真实意义，所以还不是真正意义上的假装游戏。

图 3-2　戴上爸爸的太阳镜假装是爸爸

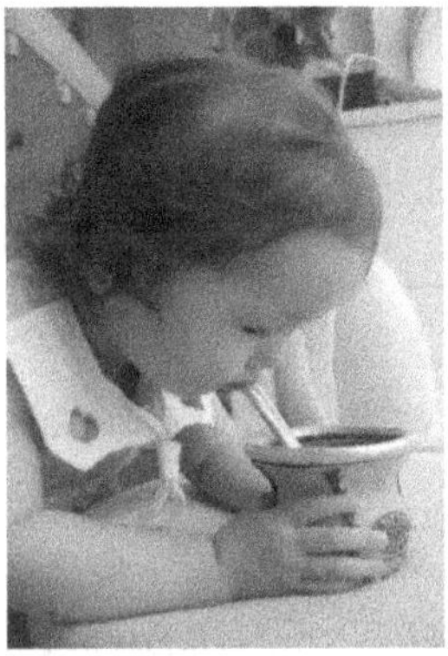

图 3-3　用吸管假装喝马黛茶的阿根廷小女孩

（二）象征性游戏

在《教育大辞典》中，象征性游戏（symbolic play）亦称为“假装游戏”，指前运算阶段的儿童能利用表象将眼前存在的东西（如小棍、石头、纸条）想象为另一些眼前不存在的东西（如枪、鸡蛋、面条）的游戏。它产生于儿童游乐表象之后，并在 2 岁、3 ~ 5 岁、6 岁达到高峰[2]。根据皮亚杰认知理论，儿童两岁以后，逐渐形成使用符号能力，即进入前运算阶段（2 ~ 7 岁），这个阶段的儿童能够对不在眼前的事物形成一定的心理表征，能够开始进行象征性（假装）的游戏。芬森和拉姆西（Fenson &Ramsay，1980）[3]认为“假装游戏”是符号游戏的一种，随着儿童具有表征能力并逐渐从模仿活动中得到关于形象或者符号的概念，儿童就能开始进行假装或虚构游戏了。当幼儿能够用一件物体取代另一件物体时，表示他们已进入“物体取代阶段”，如把香蕉当电话。幼儿在“物体取代”时，偏向于选择具有与原始实物特质相似的替代物；“物体取代”的动机取决于行动与情节发展的需要；“行动与情境”的转换则从客体依

① RAKOCZY H.The development of performing and understanding pretend play:a cultural learning perspective[J].Dissertation,2004.

② 教育大词典编纂委员会 . 教育心理学 [M]. 上海：上海教育出版社 ,1990:7.

③ FENSON L,RAMSAY D S.Decentration and integration of the child’s play in the second year[J].Child Development,1980 (1):17.

赖向不需客体发展。例如，由于香蕉与电话长条形的相似外形，香蕉或其他类似的物体便被选为转换物。从把香蕉当作电话，到只需要用手假装电话，包括幼儿用象征性的动作来取代真正的工具，模仿妈妈切菜、父亲刮胡子等，幼儿把知识意义的“电话”“菜刀”“剃须刀”与实体“电话”“菜刀”“剃须刀”分离出来，幼儿能独立于实体，通过表征来想象和理解“电话”“菜刀”“剃须刀”这些物品，锻炼了思维逐步摆脱实物思考的能力。体现了幼儿从需要客体开展假想，到独立于客体之外的假想，反映了幼儿在玩“假装游戏”时对事物象征的认知能力不断发展的过程。

皮亚杰曾提出婴幼儿有三种象征游戏：第一种是婴幼儿对新的玩物做表征基模的应用；第二种是只限于一种表征基模，但原来的物体可以被替代，或者由幼儿本身假装成别人或别的物体；第三种是“行为”和“玩物”（物体）有很多连接与重组，而且可依一般例行的玩法去玩，玩的方法也较有连贯性①。可见，象征游戏强调动作的象征性和对人、对物的“转换”与“取代”。从发展的观点看，幼儿的“物体取代”早于“角色转换”；在象征性游戏中，对“人”的假装，即“角色扮演”，便是“角色游戏”。

（三）角色游戏

角色游戏是幼儿时期最典型的游戏类型，对于角色游戏概念的界定，中外学者都给出各自的解释。黄人颂（2015）②认为角色游戏是儿童通过模仿和想象，通过角色扮演创造性地反映现实的游戏。邱学青教授在《学前儿童游戏》一书中给出了同样的概念。阎平等人（2007）③认为角色游戏是幼儿按照自己的意愿扮演角色，通过模仿和想象，独立自主地、创造性地反映现实生活的活动，着重强调了儿童的自主性。Erikson（1950）④将角色游戏视为儿童练习、体验和测试社会复杂角色的一个机会，如通过设定学校或医院的场景来进行角色游戏，儿童可以开始熟悉他们所期望的角色。笔者较倾向于黄人颂的界定，角色游戏以“假装”为核心，具有幼儿的“创造性”以及游戏内容反映的“社会性”两大特点。即角色游戏的情节素材源自真实生活，而非文学作品或假想，主要表现为对社会生活的理解和重现。所以，当儿童进行角色游戏时，他们所

① 林玫君．儿童戏剧教育理论与实务[M]．上海：复旦大学出版社，2017:31-32.

② 黄人颂．学前教育学[M]．北京：人民教育出版社，2015:55-56.

③ 阎平，曹爽英．幼儿教师组织指导幼儿角色游戏应具备的能力素质[J]．学前教育研究，2007(9):31-32.

④ ERIKSON E H.Childhood and society[M].New York:Norton,1950:36-39.

创造的场景大部分贴近真实生活，角色身份、社会法则和角色关系本质上和真实世界相同。在参与角色游戏的过程中，需要进行解读意图、共同注意和社会参照。这不仅是儿童参与角色游戏的必要条件，也是构成其心理理论的三大核心要素。

幼儿在3岁之前的游戏大多只有动作的象征性游戏，从3岁左右开始，在游戏中出现了假想伙伴。儿童假想伙伴的产生是角色游戏发展的一个重要标志。假想伙伴是儿童长期幻想的产物，需要儿童跳出自己的意图，而去假想他人的意图和想法，甚至假想伙伴的某种心理状态，才能形成假想伙伴。假想伙伴的形式多种多样，有的是完全虚拟的，只存在于儿童的脑海中，有的是儿童灌输性格情感的实物。这个时期的幼儿把各种玩偶或物品想象成一个个角色，当作自己的玩伴，并与之对话互动，按照自己的意愿自编自导一出戏，这一类游戏被称为“导演式个人游戏”①。在导演式个人游戏中，幼儿有时只是调整各种人物之间的关系，不担任任何固定的角色；有时自己会担任不同于玩偶的一个角色；有时可以担任任何角色，代替玩偶的角色进行表演。比如，笔者曾在幼儿园观察一名小班的男孩自己玩“警察抓小偷”游戏。该男孩跪趴在地上，左右手各拿一块积木做互相打斗的动作，嘴里一会儿学小偷求饶：“哎呦，别打了，我再也不敢偷东西了！”一会儿学警察叔叔：“抓住你了，看你还跑！把你抓回警察局。”这个例子中，我们发现积木被幼儿想象为警察和小偷，他在糅合了自己的直接生活经验和来自影视作品间接经验的基础上，将自己的想象投射到这些角色上，并进行了情节设计。

幼儿园中常见的角色游戏主题有“理发店”“摄影店”“烧烤摊”“茶吧”“美食街”“医院”“小吃店”“警察局”“邮局”“菜市场”“花店“超市”“娃娃家”“糖果屋”等十余种游戏主题。按照角色游戏反映的内容进行分类，大致划分为家庭生活类主题、社会生活类主题、社会关系类主题。有研究表明，游戏主题的发展会随着儿童年龄的增长越来越复杂，由熟悉的主题（如医院、家庭）发展到超出日常生活的游戏主题。例如，儿童会对扮演虚构的卡通角色越来越感兴趣，放弃以前所熟悉的职业角色。而在角色选择偏好方面，最常扮演的两个角色是父亲和母亲。但由于兴趣、性格等差异性因素影响，角色选择具有明显的性别差异性。男孩很快地越过家庭、医生和学校等熟悉的、现实的游戏主题而选择诸如太空探索者、超人和异类动物等较不熟悉和幻想性的游戏主题，女孩

① 张金梅.学前儿童戏剧教育[M].南京：南京师范大学出版社,2015:26.

似乎更满足于普遍的、熟悉的游戏主题和角色（Matthews，1981）[1]。

皮亚杰认为角色游戏是象征性游戏发展的一个阶段。当幼儿跳出自己的角色情境，操纵他人，使他人成为主动的行动者时，假装的活动也开始由自己转向他人，此时的游戏才可称之为象征性游戏。即“角色取代”由无转换的“指向自己”转移到以“他人为中心”的活动。随着角色意识逐渐从情境中分离出来，幼儿的扮演行为从单纯的单一动作模仿发展为基于角色认同和生活经验与理解的一系列合乎角色的行为举止。在角色游戏中，幼儿会尽可能地尝试各种不同的行为组合，包括不同类型角色的扮演、游戏动作、情境的假设、游戏的规则和主题等。

3 岁之后的幼儿开始从单独或平行游戏进入“联合”或“合作”游戏，出现了由两个或两个以上的幼儿共同参与的装扮游戏。参与游戏的同伴各自扮演不同的角色，相互间有积极的互动，活动过程随主题及情节展开。此类“幼儿伙伴之间合作进行的象征性游戏（皮亚杰称之为‘集体的象征’）是象征性游戏的最成熟的形式，这种游戏也被称为社会性扮演游戏（social-dramatic play）或主题角色游戏，是情境转换、以物代物、角色扮演等因素协调和整合的结果，标志着幼儿认知和社会性发展的成就。”[2] 这类游戏在文献中还有类似的名称表述，如合作性装扮游戏（collaborative pretend play）、社会戏剧性游戏（sociodramatic play）、角色游戏（role play）、假扮游戏（make-believe play）等。

幼儿在合作游戏前需要和同伴进行协商，对角色进行分配。在这个过程中势必会产生不同的观点，为了使游戏顺利进行，要使游戏参与者的愿望得到同步协调，就需要同伴间大量的对话。在这个过程中，儿童需要不断克服“自我中心”，理解他人的愿望，提高自我调适能力，逐渐学会合作与妥协。

由此可见，幼儿从最初的行为假装、导演式个人游戏到与他人互动的合作性社会角色游戏，随着游戏水平的进一步发展，其社会认知、社会技巧和自我概念也在这一过程中得以提升。

（四）表演游戏

在整个幼儿期，表演游戏以其假想性、表演性满足了幼儿想象的欲望和表

① 约翰逊．游戏与儿童早期发展 [M]. 华爱华，郭力平，等，译．上海：华东师范大学出版社，2006:78.

② 刘焱．儿童游戏通论 [M]. 北京：北京师范大学出版社，2004:182.

演的欲望，在幼儿的想象与现实之间搭起了桥梁。20世纪60年代，阿·伊·苏罗金娜将表演游戏定义为："儿童在某些游戏中只表演现成的主题，这种游戏叫作表演游戏。"同时她并指出："表演游戏的特点是：根据童话或故事的情节，由儿童担任一定的角色，按照顺序再现童话或故事的全部事件。表演游戏是创造性游戏的另一种形式，因为人物形象和动作的创造性再现是它的基础。"[①] 亚德什科和索欣则认为表演游戏与主题角色游戏相似：二者的基础都是假定性地再现现象、事件、人们的活动和相互关系，是主题角色游戏的另外一种形式。在表演游戏中，"儿童是按照童话或者故事的情节扮演一定的角色和按照明确的顺序再现各种事件的"[②]。我国研究者黄人颂也认为："表演游戏是按照童话、故事中角色、情节和语言，进行创造性表演的游戏[③]，是儿童主动的活动，带有自发性和创造性，可以增减故事的情节、角色，以及对话与动作。"[④] 邱学青认为："表演游戏是指儿童按照童话或故事中的情节扮演某一角色，再现文化作品的内容的一种游戏形式。它以儿童自主、独立地对作品的理解去展开游戏情节。"[⑤]

基于以上不同学者们对于表演游戏的概念界定，我们可知表演游戏是集表演性、创造性和游戏性为一体的游戏。首先，表演游戏的主题来自童话或故事；其次，游戏的结构性取决于游戏时所演绎的童话或故事的内容和情节；最后，游戏中儿童具有创造性和能动性的特点。一方面，可以创造性地运用动作、表情表达出情节和人物性格；另一方面，"学前儿童凭借自身对生活的认识和理解，可以增减童话故事的情节、角色以及对话和动作，创造性地再现原有文学作品……他们把作品里虚构的世界展现出来，在这个虚构的情境中体验文学作品里的人物的感受"[⑥]。用自己的方式创造性地表现出对作品的主题和人物的思想感情的领会。

幼儿园最常开展的两种假装游戏——表演游戏和角色游戏，都属于创造性极强的象征性游戏，都是基于幼儿的模仿和想象进行的游戏。二者在角色扮演、象征手段等方面有相似之处，但是在主题与内容的来源、结构性与规则性

---

① 阿·伊·苏罗金娜．学前教育学[M]．何清新，译．北京：人民教育出版社，1960:211.

② В.И．亚德什科，Ф.А．索欣．学前教育学[M]．北京师范大学外国教育研究所，译．北京：人民教育出版社，1981:349.

③ 黄人颂．学前教育学[M]．北京：人民教育出版社，1989:253.

④ 黄人颂．学前教育学[M]．北京：人民教育出版社．1989:273.

⑤ 邱学音．学前儿童游戏[M]．南京：江苏教育出版社，2008:309.

⑥ 张金梅．学前儿童戏剧教育[M]．南京：南京师范大学出版社，2014:77.

上存在一定差别。具体区别见表 3-1。

表3-1　角色游戏与表演游戏的区别

区别纬度	角色游戏	表演游戏
游戏的产生	自发性	教学性
角色来源	真实生活的社会角色扮演	童话或故事等文学作品中的角色
主题与内容来源	社会生活重现和幼儿生活经验	文学作品现有的情节发展与故事结构
创造性表现	角色、主题灵活，可自由切换	在文学作品限制性框架内的再创造
游戏形式	独自、平行、联合、合作均有	合作性扮演

角色游戏的自发性强调游戏的产生过程和游戏过程的自愿性和自主性，是没有成人参与和指导的自然游戏的一种。而表演游戏则不同，在幼儿园中，它常是“一种文学和游戏双重因素结合的活动”①，被运用于文学语言教育的延伸，更具有教学性。在游戏内容上，角色游戏反映现实生活中的人和事件，幼儿在角色游戏时，无限制性框架，可以运用自己的想法与做法弹性地改变游戏的方式，且随着游戏的发展、玩伴的搭配，“剧情”的发展都可以灵活地进行重组与建构。而表演游戏的内容则来源于文学作品，文学作品自身的框架已经给出了表演游戏的主题方向。幼儿在表演游戏中是根据特定的故事情节确定最终的角色安排，基于故事发展脉络、结构来完成游戏的表演的。即便是创造性的表演，部分也是在现有故事的基本发展脉络的基本框架上进行的再创作，其对话、动作、表情都与故事的情节设计、人物属性相关联，不存在过于随意的大变化。可以说，表演游戏比角色游戏具有更强的结构与更明显的规则②。除此之外，游戏的合作程度也不同。角色游戏在最初的导演式个人游戏和平行的角色游戏中，更多的是沉浸在自己的假想世界中，扮演着另一个角色，玩着假装自己是别人的游戏。而表演游戏是一种合作性扮演游戏，同伴交往是其不可或缺的重要组成部分。

在表演游戏中，幼儿会围绕角色、规则、情节、材料、动作、对白等展开协商、配合、分工等同伴交往行为。对于参与者而言，游戏是他们内在世界最

① 周兢．幼儿园语言文学教育活动 [M]．北京：中国广播电视出版社，1992:133.

② 曹中平．儿童游戏论——文化学、心理学和教育学三维视野 [M]．银川：宁夏人民出版社，1999:186-188.

“真实”的表现。而对于游戏情境框架之外的人而言，游戏的一切内容都是“假装”的，是一种非真实的状态。根据贝特森的“元交际”理论，在参与装扮游戏时，儿童会通过“后设沟通”（metacommunication）来实现合作性装扮游戏中交流互动意义呈现的多种层次。例如幼儿会跳出游戏的“假设”情境框架，和同伴说：“假装你是妈妈……”“假装这是装汤的碗……”等，这种以局外人的身份告知同伴游戏中发生的事件是对现实的模仿而不是现实本身，借以划分“真实世界”和“游戏的情境”的行为便是“后设沟通”。儿童能够利用“后设沟通”的方式来维持自己游戏中“假设的情境”，对游戏的角色、情节、情景、道具材料以及行为等进行游戏情境外的讨论与协商，从而使游戏顺利展开。他们也会在游戏情景框架中，以所扮演的角色身份直接进行协商。通过此类游戏开始角色之间的对话，协助玩伴遵循彼此认定的角色和剧情的发展。刘焱等人在表演游戏的指导原则中也曾指出，表演游戏的游戏性与表演性要统一，认为幼儿表演游戏的表现水平是通过幼儿伙伴之间的相互作用，通过讨论、提议、采纳他人建议而获得的①。

（五）角色游戏、表演游戏和戏剧教育活动三者的关系

从游戏和教学的关系角度看，角色游戏是最纯粹、最典型的自发性的游戏，比如女孩子喜欢玩“过家家”游戏，男孩子喜欢玩“打仗”游戏。在幼儿园中，表演游戏常被应用于文学活动的延伸，处于游戏和教学之间，它既有游戏性，又具有教学性，它并不是为观众表演的，而是充满了游戏的愉悦性和情感的发泄②。目的是用来帮助幼儿体验角色心理，加深对作品内容的理解，学习文学作品中精彩的语言。它同时具备了戏剧的诸种元素：角色认知，分配和扮演，道具选择、运用和制作，并且讲究一定的表演技巧、有文本基础等。张金梅认为表演游戏就是幼儿园的一种戏剧教育活动。她在其博士论文中辨析了表演游戏和她倡导的戏剧综合活动二者的本质区别，以强调戏剧综合性活动的教育活动（对教师而言）和剧场工作（对儿童而言）的双属性，“剧场教育”的概念也被融入“戏剧综合活动”，并通过图 3-4 描绘了三者的关系③。

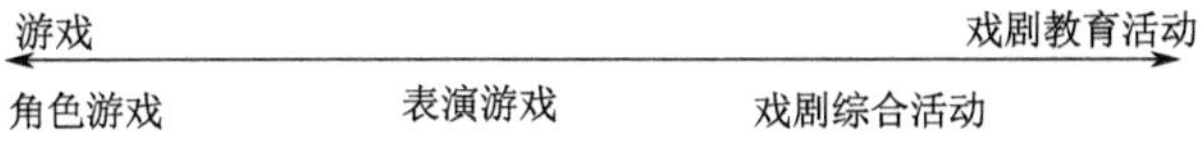

图 3-4

① 刘焱. 儿童游戏通论 [M]. 北京：北京师范大学出版社 ,2004:514.

② 张金梅. 幼儿园戏剧综合活动研究 [D]. 南京：南京师范大学 ,2003:45.

③ 张金梅. 幼儿园戏剧综合活动研究 [D]. 南京：南京师范大学 ,2003:45.

从活动的生发源到教育的计划性，再到教师的介入程度，在其论文中描述了自发的角色游戏向有目的、有计划、有意识的教学活动的质变过程。三者都建立在游戏的基础之上，戏剧综合活动是从角色游戏、表演游戏一步步演变发展形成的，戏剧教育活动则从宏观上涵盖了表演游戏和戏剧综合活动。

第三节　儿童戏剧游戏和儿童戏剧教育

从广义上讲，戏剧游戏包括了学前儿童自发的戏剧性游戏（dramatic play）（类似于表演游戏、表演区游戏、扮演区游戏），以及教师指导的具有一定目的性的戏剧游戏（drama game）①。张金梅认为从游戏生成而言，学前儿童自发的戏剧性游戏强调的是儿童的自发性，后者戏剧游戏是教师有计划、有目的设计的，二者都属于戏剧游戏，并借鉴了芭芭拉·T. 莎里斯贝莉的“律动动作”“默剧活动”“感官认知”等创作性戏剧理论②，根据功能的不同将戏剧游戏（drama game）划分为放松游戏、感知游戏、模仿游戏、想象游戏、造型游戏、控制游戏、专注游戏七种类型③。她还认为，表演游戏是介于角色游戏和戏剧之间，可以是幼儿自发性的游戏活动，也可以发展其教育性，成为幼儿园的一种戏剧教育活动，“它已经具备了戏剧的诸种元素，有角色的认识、分配和扮演，有道具分配、运用、制作，也讲究一定的表演技巧（语言、动作、表情），都有童话、散文和诗歌等文本做基础。”④只是在具体的操作流程和灵活性上略有差异。林玫君则将自发性戏剧游戏界定为戏剧游戏（dramatic play）或社会戏剧游戏（sociodramatic play），将角色游戏（role-play）、主题游戏（thematic play）或幻想游戏（fantasy play）等这类幼儿运用想象，重新把生活或幻想中的人物事件，通过自己的肢体、口语和行动表现出来的游戏活动都归为儿童自发性戏剧游戏⑤。其中表演游戏在林玫君的分类中属于创造性戏剧的进阶——故事戏剧，其基本流程为故事导入、故事发展、戏剧分享、故事回顾、故事再创⑥。另

① 张金梅．学前儿童戏剧教育[M]．南京：南京师范大学出版社，2014:200.

② 芭芭拉·T. 莎里斯贝莉．创作性戏剧入门[M]. 林玫君，编译．台北：心理出版社，1994.

③ 张金梅．学前儿童戏剧教育[M]．南京：南京师范大学出版社，2014:200-205.

④ 张金梅．幼儿园戏剧综合活动研究[D]．南京：南京师范大学，2003:42.

⑤ 林玫君．儿童戏剧教育的理论与实务[M]. 上海：复旦大学出版社，2015:26.

⑥ 林玫君．儿童戏剧教育的理论与实务[M]. 上海：复旦大学出版社，2015:116-119.

黄人颂根据表演游戏指导的过程所归纳出的表演游戏流程为：选择故事、理解故事、表演故事。从戏剧排演角度来看，二者的流程十分相似。在保罗·罗雅克（Paul Rooyackers）所著的《101 *Drama Games for Children*》一书中，概括了由教师引导带领的与儿童自发的戏剧性游戏不同的十种戏剧游戏类型：介绍游戏（introductory games）、感官游戏（sensory games）、默剧游戏（pantomime games）、故事游戏（story games）、声音游戏（sound games）、道具游戏（games with props）、面具游戏（games with mask）、木偶游戏（games with puppets）、化妆游戏（games with costumes）、文本游戏（text games），并提出了实用的指导建议①。基于前人研究可知，无论是儿童自发的戏剧游戏还是成人引导的儿童戏剧教育，在本质上有许多相似之处：一是都具有"内在动机""内在现实"与"内在控制"等，只是儿童戏剧教育需要通过带领者的引导来引发参与者的内在动机、内在现实和内在控制②；二是都包含了实物转换、动作情境转换、角色转换、社会互动等戏剧元素；三是都需要儿童去看、去想、去做，用肢体动作与表情、感官想象、声音与言语等表达自我及对周围世界的思考和认识。

长期以来，相关的研究一直备受学者专家们的关注。下面将通过活动案例片段，讨论幼儿如何从"内在动机"出发，进行"生活观察—模拟"，然后通过道具的应用（游戏中的物体转换）、形体技巧（行动与角色的"假扮"）、团体配合度（社会互动）、持续性（时间与节奏）等戏剧元素的设置与发展，达成"自我概念""创意想象""沟通表达""社会互动"及"问题解决"等能力的发展，以便透析儿童戏剧性游戏向戏剧教育发展的过程，直观地为教师的游戏指导和戏剧教育活动的带领提供参考。

案例 1

冰雪奇缘

大班幼儿莉莉和雯雯来到表演区，表演区设在班级外的走廊里。莉莉打开收纳柜，从里面拿出装着"雪花"（白色纸片）的塑料袋，一边将"雪花"撒在地上，一边和旁边忙着套纱裙的雯雯说，"你快来帮帮我呀，要把雪花撒满地板，我们才能开始玩。"套好纱裙的雯雯跑过来说："我来吧，我是艾莎，我有魔力。"于是，两人一起把白色的、蓝色的"雪花"撒满走廊的每一个角落。

① ROOYACKERS P.101 Drama games for children:Fun and learning with acting and make-believe[M].Alameda:Hunter House,1997:3.

② 张金梅. 学前儿童戏剧教育[M]. 南京：南京师范大学出版社,2014:35.

之后，两个人商量起游戏玩法。

雯雯说："我是艾莎，你是妹妹，我们是好朋友，一起唱歌跳舞。"莉莉同意了，跟在雯雯身边翩翩起舞，嘴里边哼唱着不知名的曲调。跳了一会儿，莉莉拉着雯雯的纱裙说："现在轮到我当艾莎了。"雯雯不同意，说："你是安娜，我还没离开王国，我先躲起来，你来找我。"说完，拎起纱裙跑到走廊旁的楼梯口，假装躲起来。莉莉在撒满"雪花"的地板上跳着舞，口中喊着："姐姐，姐姐，你在哪里？"躲在楼梯口的雯雯一边整理缠成一团的纱裙，一边探出头说："你找不到姐姐，要哭啊！"于是莉莉蹲下来，做哭的动作。这时贝贝出现了，她站在边上看了一会儿，来到莉莉身边说："我也要玩。"莉莉站起身指了指雯雯，说："你去问她。"听到对话的雯雯走过来对贝贝说："你比较小，你当雪宝吧！"贝贝不愿意当雪宝，说自己也想当艾莎。雯雯说："我是艾莎。"然后不再搭理贝贝，拉起莉莉的手说："安娜，你找到姐姐了，让我们一起唱歌吧！"贝贝嘟着嘴跑进教室报告老师："老师，她们不和我玩。"老师鼓励贝贝："那你问问她们，为什么不和你玩呀？"看到老师拉着贝贝出来，雯雯大声说："你是后面才来的，只能先当雪宝，现在轮到莉莉当艾莎了。"边说边脱下纱裙给莉莉。莉莉接过纱裙对贝贝说："你先假装是雪宝，我当完艾莎就轮到你当。"虽然贝贝很想马上当艾莎，但也同意了莉莉的建议，陪着莉莉寻找雯雯。这时雯雯拖来一条红色的丝巾，对莉莉和贝贝喊道："森林着火了！"莉莉说："你现在是安娜，我会保护你和雪宝的！我来灭火！"莉莉和贝贝并没有马上加入"灭火行动"，两人小声地商量着什么。而雯雯继续舞动着红色的丝巾，一边扮演"火"，一边扮演"灭火"的安娜。过了一会儿，雯雯收起丝巾跑过来问："你们不玩了吗？"这时老师看见这情景，拖来一条红丝巾，围着雯雯、莉莉和贝贝说："又有一团火烧起来了，有什么办法把我这火灭了？""要怎么灭比较快？""灭火时要注意什么呀？"雯雯看到老师也加入，又兴奋地舞动起自己的红丝巾。贝贝说："我是雪宝，我可以用脚把火踩灭。"莉莉说："不行不行，你会融化的。我现在是艾莎，让我用魔法来灭火吧！"在"艾莎"的"魔法"中，老师这团"火"被扑灭了，退到了一边。雯雯、莉莉、贝贝继续努力地灭火……

《冰雪奇缘》是由克里斯·巴克、珍妮弗·李执导的3D动画电影，2013年首映后，于2019年推出续集《冰雪奇缘2》。故事讲述了生活在阿伦黛尔王国的两位可爱美丽的小公主——艾莎和安娜。艾莎因为拥有难以控制的制造冰雪的强大魔力而选择封闭心扉，远离家园。在妹妹安娜公主以及他们的好友雪宝、克里斯托夫、驯鹿斯文等的帮助鼓舞下，艾莎终于鼓起勇气拥抱真我。姐妹俩在探寻阿伦黛尔王国、艾莎的魔法来源和父母丧生的秘密等一系列真相的旅程中历尽磨难。最后不会魔法的安娜凭借着无尽的勇气与智慧，在姐姐艾莎的帮助下完成了她们共同的使命。姐姐艾莎也用充盈的爱与安全感守护了她们的城堡与人民，成长为一位真正的女王。

演员和观众的分离、演员和剧作家的分离是戏剧从原始的低级阶段向高级阶段发展的必然结果。案例 1 中虽然角色、情境、情节这些戏剧要素在戏剧性游戏中都已显现，但是“观众”还没有出现，即儿童还没有被观看的需要和观众意识，因而还是一种游戏，不能称之为“戏剧”。张金梅认为这类游戏属于戏剧性游戏，在假装游戏（或者象征性游戏）中是最为复杂、高级的①。史密兰斯基也曾将这类具有“持续性”“社会互动”与“口语沟通”等特质的游戏称为“社会戏剧游戏”（sociodramatic play）②。

一、戏剧游戏生发的内在动机与主题的呈现分析

莉莉、雯雯和贝贝在游戏中明显是以影片《冰雪奇缘》的内容作为脚本展开游戏的。影片和传统童话故事集中、连贯的叙事格局不同，事件背景广阔，叙事风格更具有跳跃性，而且主题层次与内在关系包含了种种隐喻和伏线，并不是幼儿能够全然认识和理解的。所以，在游戏主题的展现上，孩子们并不是完全再现影片的情节内容，而是凭借自我经验和自己对影片内容的理解，进行情节、角色对话和动作的增减，创造性地再现影片的场景。依据本章第一节中对游戏本质的分析，“儿童内在的焦虑与冲突”，对“长大”“主动承担角色”“对负面情绪如害怕、生气的控制”以及“对友谊的渴望”等心理需求都是引发儿童游戏的内在动机的外源。虽然孩子们未必能够完全感知和理解影片所要表达的，由爱情转为亲情，并在此基础上进一步将亲情扩大为对自然、对全人类以及对自身和内心的更广阔的爱的主旨，但其中艾莎与安娜的亲情及与雪宝等朋友的友情是幼儿能理解与共情的爱，这种情感深深打动了幼儿的心。而另一条线索——艾莎神奇的魔力和她击败自己内心恐惧的顽强毅力，以及安娜英勇无畏的精神，这种能战胜世间一切丑恶与黑暗的张扬与自由的力量之美，更是令幼儿着迷。在这个虚构的情境里，幼儿能体验影片中角色的心理，用适当的语言、动作、表情等将这些认识表现出来。

---

① 张金梅．学前儿童戏剧教育[M]．南京：南京师范大学出版社，2014:200-205.

② 林玫君．儿童戏剧教育的理论与实务[M]．上海：复旦大学出版社，2015:32.

二、角色选择与社会互动的紧密联系

角色的选择是正式进入游戏的前奏，它是象征性游戏、儿童戏剧与戏剧教育活动的一个重要的组成部分。幼儿在正式进入游戏之前，首先要选择自己扮演的角色，这是幼儿自主选择意愿的体现。角色选择的方式、选择的类型、动机与幼儿的兴趣、角色意识、自身的发展和角色扮演水平均有关系。按照社会化程度划分，大班幼儿的游戏水平处于由联合游戏向合作性游戏过渡阶段，幼儿游戏由玩同样的游戏但没有明确的分工和组织逐渐发展为有明确目标、有领导、有组织、有分工的游戏。随着游戏经验的丰富，幼儿对游戏主题以及角色分配的方式也更加熟练，能够有目的、持久地担任某个角色，角色意识增强，在角色类型的选择上产生了明显的偏好。孩子们非常清楚自己想干什么，而且选择直截了当。

假装游戏是幼儿同伴文化的重要载体，幼儿在假装游戏中表现出控制同伴的倾向，表达出他们与成人一样拥有控制的能力。科萨罗（W. A.Corsaro）认为幼儿同伴文化有两个核心主题会一直出现：一个是幼儿坚持不懈地试图掌控自己的生活，另一个是他们试图相互控制。2~5 岁孩子的多数角色扮演是关于权力的表达[①]。儿童文学家斑马也指出，儿童是“反儿童化”的[②]。他们本身的“幼稚”使他们对成人化产生向往，他们渴望自己能够拥有事情的决定权。孩子们这种内在的“长大需求”，使他们喜欢扮演比自己真实身份年纪大的角色，得以补偿他们在现实生活中与成人相比总是处于被动、无能的地位，满足他们在环境中占主导地位的愿望。除了“长大的需求”外，幼儿还喜欢将现实中的“无助”与“心里害怕的事”重复演出来。通过扮演具有超能力的幻想角色，“在角色中感觉自己”“在自己心中感觉角色”，自由地在角色与自己之间来回切换。通过这种安全的方式，减轻心理焦虑，缓解和满足自己对周遭世界的不安与好奇。从案例 1 可以看出莉莉和雯雯在进入游戏前就已经进行过角色分配及轮流扮演规则的商讨。影片中艾莎是安娜的姐姐，在家庭关系中，姐姐是“高于”妹妹的角色，况且还是个具有神奇魔力的公主。艾莎这个角色对于女孩来说，包含了多重的诱惑：主角、美貌、超能力、公主（社会地位）、姐姐（家庭地位），是每一个女性幼儿都想扮演的角色。在游戏中我们可以观察

① 威廉·A. 科萨罗 . 童年社会学 [M]. 张蓝予，译 . 哈尔滨：黑龙江教育出版社 ,2016:121;133.

② 郑素华 . 儿童文化引论 [M]. 北京：社会科学文献出版社 ,2015:164.

到，雯雯的角色就是个“领导”，常以“导演”的身份指导计划游戏的进行，对游戏有较多的控制权。例如莉莉说：“现在轮到我当艾莎了。”但雯雯觉得剧情还没发展完，应该在安娜找到姐姐后才进行角色更换，所以她说：“你是安娜，你还没离开王国，我先躲起来，你来找我。”而当贝贝想进入游戏立即扮演主角艾莎时，莉莉让她去征求雯雯的同意，不仅因为贝贝的行为打破了玩伴原有的搭配和游戏原定的规则，还因为莉莉对自我扮演角色的认知，是作为“妹妹”对“姐姐”权威的依从表现。刚开始雯雯并没同意，但当她看到贝贝求助老师后，立即转变了态度，但同时申明了游戏规则：“你比较小，你当雪宝吧！”“你是后面才来的，只能先当雪宝，现在轮到莉莉当艾莎了。”原本不愿意扮演雪宝的贝贝为了加入同伴的扮演游戏，最后接受安排，甘愿担任“雪宝”角色，并如同影片中的雪宝一样跟随在安娜身边。依据萨顿－史密斯（Sutton-Smith）的诠释，当幼儿进行戏剧游戏时牵涉到四组角色——游戏者与同伴、导演、制作者和观众的互动时，反映的便是一个多重因子的阶段性事件①。孩子的社会技巧与自我概念将在这一过程中愈发增进。有时幼儿也会以“制作者”的身份安排场景道具，运作互动。比如游戏一开始，“莉莉打开收纳柜，从里面拿出装着‘雪花’（白色纸片）的塑料袋，一边将‘雪花’撒在地上，一边和旁边忙着套纱裙的雯雯说：‘你快来帮帮我呀，要把雪花撒满地板，我们才能开始玩。’”“雯雯拖来一条红色的丝巾，对莉莉和贝贝喊道：‘森林着火了！’”由以上分析可以得知，角色的选择与社会互动的关系极为密切，而且幼儿的“社会性自发性”和“认知自发性”的发展具有差异性。例如，贝贝在处理游戏冲突时，是通过求助教师介入的消极方式来解决，游戏中并不都能通过积极的方式（协商、轮流等）自行解决游戏中的冲突现象。莉莉则更能够耐心等待，且能建立沟通。另外，虽然幼儿的自我角色意识普遍比较强，能明确自己在游戏中扮演的角色，但是对角色的理解比较表浅，对角色的语言、动作和角色间的分工不太明确，游戏情节较为单一，较少进行变换或生成。游戏的情节发展和内定的规则都相当弹性，在短暂的时间内，随时会因参与者的改变而改变。

① SUTTON-SMITH B.Epilogue:play as performance[J].Play and Learning,1979:295-320.

三、“物体”与“角色”的转换与替代

（一）“物体”的转换与替代

物体的转换与替代指的是儿童用一件物体，如玩具、材料或动作口语的描述来代替另一件物体。“一个物体”是指被纳入认知主体的认知结构中被认知高度同化的物体，这样的物体对认知主体而言，大多数情况下是已知的、熟悉的物体；从物体的属性而言，往往是具体的、有形的，也是最容易为认知主体认识和把握的，因此构成了“理解”另一物体的基础，连接两者的是相似性。Ortony认为，所谓相似性，就是两个事物具有相同的属性①。谢之君认为，相似性就是认知主体在事物之间所发现的共有特征②。由于雪花与白纸片、火与红丝巾在颜色和运动形态上均具有相似性，所以案例中孩子们用白纸片替代雪花、红色丝巾象征火，可以看出幼儿在“物体”的转换与替代中，偏向于选择与被替代物特质相似的物体。幼儿对于事物之间的相似属性的认知判断，一方面基于人的视觉、嗅觉、听觉、味觉和触觉等感官所获得的事物与现象之间的物理属性方面的相似性。如雪花与白纸片都是白色的，能够在空中飘扬。而火的颜色与红丝巾的颜色都是火红色，且火焰视觉上的运动形态和飞扬起来的丝巾极为相似。幼儿能够在功能等方面对物体做出某些转换以及使用假想，之前，我们例举过的把香蕉当电话也是一个典型的例子。另一方面还可以是来自心理作用才有可能产生的心理相似性。比如“慈祥的妈妈”与“围巾”，两者之间是以“给人以温暖”的心灵感受为相似点而建立起来的相似性，属于心理相似性。

在物体的转换与替代中，竹棍常被当作马匹，拼插花片被当作饼干，板凳被当作小汽车。对于竹棍并不是马匹、拼插花片也不是饼干、板凳更不是小汽车的事实，孩子们并不在意。竹棍、拼插花片、板凳超越了其现有的存在状态与意义，而成为另一种事物及其意义的“化身”。在杜威的游戏意向说中，游戏者的主观意向或态度决定了游戏的行为，包括物体的转换与替代。“游戏的态度就是一种自由的态度。有了这一态度，人们就不必再拘泥于事物的物质特性，也无须关心一件事情是否真正‘意味着’他所比拟的东西了。”“决定哪一件事是属于功利的，哪一件事是不受约束而有创造性价值的，不是所做的事，而是做事时的主观愿望的特性。”③ 在这个转化和超越的过程中，儿童感受到了

① ORTONY I A.Metaphor and thought[M].Cambridge:Cambridge University Press,1993:342.

② 谢之君．隐喻认知功能探索[M].上海：复旦大学出版社,2007:75.

③ 杜威．我们怎样思维·经验与教育[M].姜文闵，译．北京：人民教育出版社,2005.

一种自由，体验到了主体力量的增长，更看到了一个神秘莫测、丰富多彩的世界。

（二）“角色”的转换与替代

儿童的“角色”转换与替代，经历了由“指向自己”的无转换阶段，向“以自我为中心”的象征游戏阶段发展的过程。1926 年在皮亚杰《儿童的语言和思维》一书中，最先提出了“自我中心”理论，即儿童不能区分自己和他人的观点，不能区分自己的活动与对象的变化，而是把一切都看作他自己的一部分，都与他有关。该理论至今仍然是儿童认知发展领域里的重要研究课题之一。皮亚杰提出，儿童思维认知和行为方式逐步摆脱自我中心倾向的发展过程，也就是实现从极度自我中心、完全不能站在他人的角度看问题，逐渐向能够采择别人观点过渡的过程。只有在儿童发展出一定的角色采择能力以后，才能真正完成以自我为中心。皮亚杰在其儿童认知发展研究和发生认识论中借用了“角色采择”这一概念，来描述儿童思维认知从“自我中心主义”朝可以理解他人观点的方向发展。“角色采择”的含义指的是儿童通过别人的态度来认识自己，从而产生“自我概念”，并根据他人的期望与要求不断调整自己的行为，重塑自己的形象的过程。它强调的是站在别人的角度看问题。例如，刚开始时，幼儿用杯子自己假装喝水，这个阶段幼儿并未做任何角色上的转换，自己仍然是行为的接受者。到了三四岁，幼儿开始与洋娃娃或假想伙伴进行对话互动，比如边喂自己的洋娃娃喝水，边说多喝水才不会生病。这时，她已经跳出自己的角色情境，出现了戏剧游戏中角色扮演与转换的萌芽。之后，幼儿开始利用角色履行（role enactment）的方式，扮演自己以外的人物。这些角色大致可以分为五类：功能性角色、关系性角色、职业性角色、幻想性角色和边缘角色。功能性角色指的是一些无名的角色且通过行动与“玩物”的关系引发（如开车动作代表司机、煮饭动作代表煮饭的人等）；关系性角色主要指的是家庭关系的成员；职业性角色侧重于社会性关系的成员；幻想性角色则来自电视、故事或想象世界中的虚构人物；边缘角色指的是在游戏中提到但不一定真正出现的人物[①]。幼儿在扮演这些角色时，其扮演行为不单单是无体验地模仿角色的外部形态，而是通过对角色的认同，以及对角色性格特征、人物关系和行为模式的了解，做出合乎所扮演角色的一连串行为举止。随着幼儿年龄的增长，生活体验越来越丰富，便能够通过自己对生活的理解来加深对角色的理

① 林玫君．儿童戏剧教育的理论与实务 [M]. 上海：复旦大学出版社 ,2015:32.

解，能以自己的生活经验赋予角色以一定的心理内涵。

在案例 1 中，雯雯和莉莉先后扮演了艾莎，只要一套上艾莎的纱裙，俨然就变成了有魔力、有担当、勇敢美丽的公主。所以当需要安排场景道具时，艾莎（雯雯）说："我来吧，我是艾莎，我有魔力。"轮到莉莉扮演艾莎时，当森林着火了，她也自动承担起保护安娜（雯雯）和雪宝（贝贝）的责任："你现在是安娜，我会保护你和雪宝的！我来灭火！"从发展的观点分析，角色转换还会由单一角色至同时扮演数种角色发展。例如"雯雯舞动着红色的纱巾，一边扮演'火'，一边扮演'灭火'的安娜"。

四、元交际中信息的交换与理解

20 世纪 50 年代，人类学家贝特森（G.Bateson）通过观察猴类游戏最早提出了元交际概念，并运用这一概念创立了游戏的元交际理论。元交际（metacommunication），也称作元交流或元沟通、"共生交流"。贝特森认为元交际是关于"交际的交际"，是一种互动调节的能力。有关研究将元交际的定义分为元交际的具体定义和元交际的多类型定义。元交际的具体定义指的是元交际是任何对游戏扮演的语言或非语言形式的评论，是对游戏扮演交流的交流，即"游戏框架外的交流"。元交际的多类型定义认为，元交际包含了交流游戏框架、界定游戏情景、接受界定、协商界定以及打破游戏框架，其中界定游戏情景包含了物品、角色以及计划的界定①。刘焱（2008）认为，元交际是一种抽象的交际，是处于元交际过程中的交际双方对对方真正的交际意图或所传递的信息的"意义"辨识与理解②。米歇尔（R.Mitchell）则将元交际分解为主体的模拟、主体交流自己有意模拟的意图、同伴对模拟的识别、同伴对有意模拟的识别四个标准③。

贝特森认为所有动物在游戏的时候都会发出某种适应性的信号来让同伴明白所发生的动作的"目的"是什么。游戏中的所有活动并不代表真实生活的活动，元交际作为一种仿真的交际性行为，是模仿者本人对自己仿真事实的识别，并将这些信息与同伴进行交换。游戏发起者通常会用一个

① BOYD B-J.Metacommunication in young children's pretend play:an instrument development study[D].The University of Georgia,1991.

② 刘焱．儿童游戏通论 [M]. 北京：北京师范大学出版社 ,2004:133.

③ MITCHELL R W.Bateson's concept of metacommunication in play[J].New Ideas in Psychology,1991,9(1):75,79-82.

包含着否定的表述“这不是……”作为游戏信号，或者用所谓“后设沟通”（metacommunication）的方式让别人知道“这只是游戏”。例如：“假装这是……”“假装你当……我当……”等。“假如”“假装”这些词是明确的元交际在游戏的框架之外对意义进行转换所伴有的特定的语言标志。“后设沟通”可分为情境内和情境外两种沟通方式。情景外的沟通指的是游戏者在游戏脚本外对规则或信息的沟通。如案例1中，莉莉对雯雯说的话：“你快来帮帮我呀，要把雪花撒满地板，我们才能开始玩。”“你是安娜，我还没离开王国，我先躲起来，你来找我。”“你找不到姐姐，要哭啊！”另外，从功能上元交际可划分为表达式元交际和调整式元交际。儿童运用表达式元交际在下一步游戏进行之前对行动、操作对象、计划、角色、规则以及情景等进行装扮定义；之后在游戏进行的过程中，当有人对之前的装扮转换产生异议，并与同伴进行协商时，此时的元交际为调整式元交际。例如雯雯对贝贝说的话：“你比较小，你当雪宝吧！”莉莉对贝贝说：“你先假装是雪宝，我当完艾莎就轮到你当。”等。上述两种情况都是孩子利用“后设沟通”的方式，在“假装”框架之外，以局外人的身份进行协商、沟通、重构，借以维持游戏的进行。

情境内的沟通则是以所扮演的角色直接协议沟通。例如：在案例中，艾莎（雯雯）对安娜（莉莉）说：“安娜，你找到姐姐了，让我们一起唱歌吧！”“‘森林着火了！’”“莉莉说：‘你现在是安娜，我会保护你和雪宝的！我来灭火！’”在这些片段中，雯雯都是通过所扮演的角色“艾莎”与角色所处的情境把共同的“内在现实”表达出来。这个“内在现实”就是通过“假装”的框架转换了的时间、地点、人物、物体、事件等。在案例中游戏双方对于游戏信号已达成一致，共同推动了剧情的发展。游戏者在游戏的框架内对意义进行转换，说话者通过直接的表演或对话表明装扮的意义，以使沟通保持在游戏的框架之内。

案例2

林星尝试将积木搭高，郭涛来到林星身旁，拿起一块积木，将积木伸向前方，一起双手呈十字穿插，嘴里发出“Biu-biu”的声音，然后把积木高举头顶对着林星喊：“迪迦！”林星没有理会郭涛，他继续小心翼翼地将积木搭高。郭涛又重复了一遍动作，对着林星喊：“迪迦！”林星拿起了一块积木走到别处，郭涛也跟了过去，又对林星喊：“迪迦！”林星没有反应，郭涛握着手里的积木，走开。

奥特曼可以说是很多人小时候的偶像，因为他们经常会变身打怪兽，保护地球使人不受伤害。看过奥特曼的人都知道，奥特曼用人间体在地球上生活，当要战斗时，人间体就要变身。奥特曼在变身的时候，都会大喊自己的名字，类似是变身口号，然后做一套自己专属的动作。“迪迦”是其中一位奥特曼，他在变身时会先将火花棱镜（神光棒）伸向前方，双手呈十字穿插，当变身器闪烁出光辉后，便会把变身器高举头顶，然后完成迪迦奥特曼的变身。

案例 2 既不属于情境内沟通，也不属于情境外沟通，因为“假设”的情境框架并未成功建立。郭涛想要和林星一起玩奥特曼的假想游戏，可是林星的注意力一直在积木上，无论郭涛发出几次信号，都不能引起林星的注意。信息加工理论认为幼儿对发起者的社会信息进行回应有五个步骤：①编码；②解释；③搜寻反应；④评价反应；⑤执行反应。首先，郭涛对材料进行了符号的意义转换，而且他还用“迪迦”这一明确的言语形式向同伴表达自己的目的，但是林星并没有注意到发起者的这一信息，发起者不断重复自己的行为，想要使同伴注意到自己的行为，林星依然没有反应。这是个游戏发起失败的案例。我们通过分析这个案例可知，无论游戏的成功发起还是游戏的维持，信息的交换和理解都很重要。此案例中游戏发起失败有多种的原因，可能是在“编码”这一步出现了中断。林星的目的在于对积木进行探究，而郭涛的目的在于想和林星玩“奥特曼”的游戏。也有可能游戏信号的接收者不能够正确理解发起者的意图。虽然游戏的发起者郭涛使用了显性的信号，采用明确的言语或动作示范来表达想要玩游戏和玩什么游戏的目的。但由于游戏双方对于信号没有做出一致的理解，游戏发起最终失败。

由于不同年龄儿童的认知、语言发展水平和交流策略的成熟度的不同，所采用的元交际的形式也会不同。但元交际所包含的游戏双方对信息的交换和理解，却始终贯穿游戏从发起到结束的整个过程。

五、儿童戏剧教育与儿童戏剧游戏机制

欧美儿童戏剧教育的发展始于 20 世纪初，受进步主义的启示而将其运用到学校中。在百年历程中都经历了“工具论”的学习之媒介和“艺术教育”的戏剧学科本质内涵的二元争议与发展演变。其中“工具论”有两条发展线：一是在学校内因“戏剧 / 剧场”所具备的统整跨领域的多元特质及创意发想、具体参与和行动实作等现代教育特色，而作为整合各类学科与主题的媒介；二是在学校外与美术馆、博物馆、社区及企业结合，朝应用戏剧及剧场方向发展。林玫

君在《儿童戏剧教育的理论与实务》一书中，梳理了欧美戏剧教育发展历程中不同戏剧教育学者不同的教育理念、多元的课程系统、各异的教学目标与教学方法，总结出戏剧教育最具代表性的三种课程模式：模式一，学习有关戏剧的概念；模式二，通过戏剧认识自我；模式三，通过戏剧来探讨相关议题①。这三种课程模式分别反映了戏剧课程发展的三种取向：以"科目教材"为中心；以"学习者"为中心及以"问题"为中心②。在课程内容和戏剧创作来源、教学流程与引导方式、教师角色与带领技巧，以及评价内容等方面三者各有不同。

模式一的代表人物是美国西北大学戏剧系教授温妮弗蕾德及其两位弟子乔瑞丁·喜克丝（Geraldine Siks）和楠妮·马凯萨林（Nellie McCaslin）。此类戏剧课程以故事为创作蓝本，通过三个阶段的课程架构，即为"戏剧的呈现"做的暖身"准备"——从肢体感官想象开始，到以"文学作品"的戏剧化呈现方式——课程统整，再到引导儿童对刚才演出优缺点进行"回顾"的讨论与反省，实现由浅入深、循序渐进的"戏剧"艺术概念、戏剧知识的学习和戏剧经验的发展。而在模式二和模式三的课程中，课程不以学科知识为内容，"戏剧"是作为媒介的方式存在的，目标是非"戏剧"表达性的，评价的焦点在于强调领导者与参与者在学习过程中的收获与成长，都是盛行于英国后流传至美国而大受欢迎的。模式二和模式三的代表人物分别是英国儿童剧场导演兼戏剧教育家布莱恩·魏（Brian Way）和英国戏剧教学泰斗桃乐丝·希斯考特（Dorothy Heathcote）。布莱恩·魏受英国剧场教育家彼得·史雷（Peter Slade）人本教育哲学观的启发，在其《由戏剧而成长》（*Development through Drama*）一书中论述了他的戏剧教育理论和实践：他提出以"人"为核心的戏剧课程，将正式剧场和创造性戏剧结合起来，发展出参与剧场，那就是向儿童观众开放，使儿童观众成为参与者。他认为戏剧是用来发现内在自我的媒介，强调以学习者的兴趣或生活经验为教学题材，把戏剧教育的重点放在以过程为主的"即兴戏剧活动"上。虽然布莱恩·魏的课程内容中有许多传统的戏剧游戏或活动，但他通过戏剧活动框架发展的是参与者和领导者个体的自我概念、自我实现及自我体认，目的是为参与者提供一个值得信赖且彼此愿意相互合作的环境，以供参与者在这个虚构的世界中探索和检验想法、问题、各种关系和有趣的议题，觉察、体验、快乐和满足，而非戏剧的成果如何表现，这点与模式一的课程截然不同。以温妮弗蕾德为代表的模式一课程极为重视律动与哑剧、敏感度练习、人物刻画及对白和故

① 林玫君．儿童戏剧教育的理论与实务[M].上海：复旦大学出版社,2015:46.

② 林玫君．儿童戏剧教育的理论与实务[M].上海：复旦大学出版社,2015:46.

事戏剧等活动，注重将戏剧艺术的内涵和戏剧技巧运用于课程中，评价聚焦于戏剧技巧的表达和戏剧知识与概念的形成过程。而在模式三的课程中，虽然和模式二的课程一样，戏剧也是被当作“媒介”，在“内容”上也强调参与者的旧有经验，但它多以生活议题为主。桃乐丝·希斯考特将旧有经验通过戏剧情境唤回到当下意识形态中，借由“同理主题”（brotherhood）的方式，在不同的戏剧情境中带领参与者即兴参与和解决问题。而布莱恩·魏则是利用“音乐”“历时时事”或“日常生活事件”唤起“参与者原有的经验”，将其作为活动的基础。

另外，模式二的课程和模式一的课程流程一样，包括准备、呈现和回顾三个部分，但具体内容又各不相同。在模式二的课程中，“准备阶段”做的是回想个人的经验及想象各种可能解决问题的方法，比如在《小红帽》剧本中，“准备阶段”准备的不是记忆台词，而是根据所扮演的角色，揣摩当下情境中角色的心理，自发地编说对白，“想象”是该阶段重要的工作。“回顾阶段”则强调的是参与者对当下自身经历的戏剧活动的反省和应用到现实生活情景中的经验迁移与类推能力。而模式三与模式二的课程流程有些类似，都以“全面直观”的方式进行，但少了暖身、准备的第一个阶段，领导者直接以“剧中人”的身份，运用发问技巧，控制处理戏剧的过程，以“问题为中心”促发参与者在不同的戏剧情境中做出反应，对“议题”做深层探讨，提出解决之道。

从结构主义看，儿童戏剧游戏机制是游戏机制、儿童特性及儿童戏剧教育特性的复合物。上述三种戏剧课程模式，在运作中都内嵌着儿童戏剧游戏的内部机制，即都具有“内在动机”“内在现实”“内在控制”等游戏机制的核心成分及各要素之间相互联系和作用的关系，且包含了诸多戏剧要素。它们是活动运作的内在结构，而形态与现象则是游戏机制运作的外部表现。如表 3-2 所示，首先，在自发性戏剧游戏中，引发儿童游戏的动机是“内在需求”，游戏的发起是自发的。儿童通过游戏这一安全的方式不断地表达、练习、试验、建构和巩固，当心理获得安抚和现实“认知矛盾”获得“解决”时，将获得满足并觉得快乐。快乐机制是游戏的最基本机制，所有的游戏均以游戏过程中的正向情绪体验为特征，其是影响游戏持续性的关键因素。其次，在自发性戏剧游戏中，角色和剧情的发展都是儿童自己设定的，所以“内在现实”是儿童自创的架构。在这个“假装”的框架中，儿童根据自己的想法与做法去建构自己的游戏，无特定的目的与结果，“内在控制”是弹性的、自主的。但在儿童戏剧教育不同模式的戏剧课程中，参与者的内在动机是由带领者运用“转换”，包括实物的转换（道具的应用）、动作与情景的转换、角色的转换（角色扮演）等戏剧元素激发的，领导者创设“替代情境”，并引领参与者去完成经验的统整与自我的探索。

而且，儿童对假装世界的相信与投入，即他们“内在现实”的架构，主要靠带领者的一系列带领技巧来维持。教师在其中的角色定位不同，指导的主要内容和所采用的指导技巧也相应各异。例如，领导者可以“教师”的角色主导活动的过程。萝拉·莫根（Norah Morgan）和朱莉安娜·沙克斯顿（Juliana Soxton）指出，教师的这种角色身份有三种：操控者、促成者和激发者[①]。其主要的工作是带领参与者对剧情、人物及戏剧相关内容做计划、练习、讨论与反省，常用的技巧有“引导问话”“引导想象”和“旁述指导”等方式。“引导问话”是教师用以提升教学品质、推动剧情发展、促进深层讨论的重要工具，被灵活运用于计划、演练与评价等任何一个戏剧教育活动的流程中。通过良好的发问技巧，领导者可以了解参与者的认知程度、兴趣倾向、问题聚焦情况、内容反应判断，从而有针对性地给予协助，推动群体互动。“引导想象”则是教师在戏剧情境中激发参与者回想旧经验，引导参与者通过内在过程的假设或想象和外在过程的模仿或扮演，更加自在、自发地从事戏剧性活动，去探寻“当下”各种可能解决问题的方法。“旁述指导”则是教师在学生需要鼓励或建议时，以督导者的身份，在同样的时空关系和同样的目标下，针对参与者群体给予或下达即时的协助或指示。这种对焦点的适时维系，提升、促进并控制了戏剧活动的发展与进行。

表3-2　儿童戏剧教育和自发性戏剧游戏的机制比较

本质	自发性戏剧游戏	儿童戏剧教育
内在动机	自发的	由带领者引发
内在现实	游戏者自创架构	靠领导者的带领技巧维持
内在控制	“弹性”与“自主”	基于领导者计划和组织下的“弹性”与“自主”

除了这些“情境外”的组织、协助与管理，以“教师入戏”的方式进行“情境内”的沟通也是常用的维持“假装”架构的有效方式。美国戏剧教育学者托耶和普安狄维（Toye and Prendiville）在解释戏剧活动与角色游戏的联系与区别时采用的一张图可以帮我们直观地了解戏剧教育活动中，在计划阶段“教师入戏”的时机，如图3-5所示[②]。另一方面从图3-5也可看出，戏剧教育

① MORGAN N,SAXTON J.Teaching drama:a mind for many wonder[J].Post A Comment,1987(2):40.

② 张金梅.幼儿园戏剧综合活动研究[D].南京：南京师范大学,2003.

活动与角色游戏和未出现在图中的戏剧表演的诸多区别：教育目的不同、表现形式不同、教师指导与介入程度不同、与学习领域及课程的关联度不同、儿童具身状态不同等。戏剧教育活动意味着教师将儿童的游戏自觉地和有计划地与教育目的结合，教师的有效介入使儿童的游戏发生了质变，从自发性的、随意的娱乐和玩耍，转变为一种教育活动。

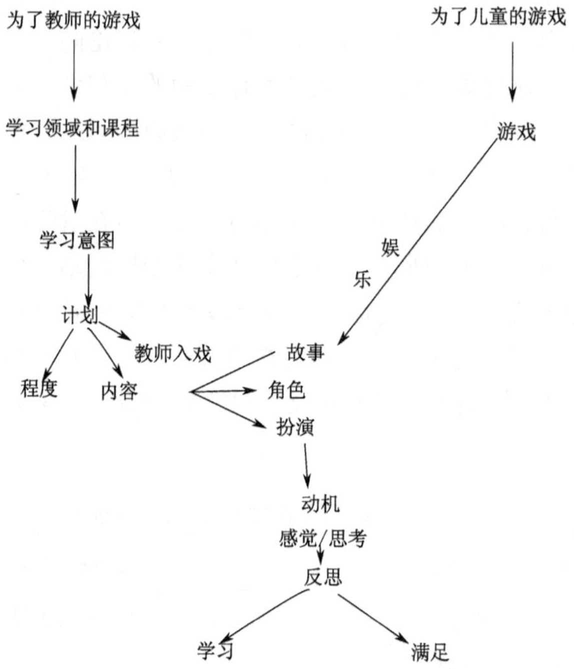

图 3-5　戏剧活动与角色游戏示意图

（资料来源：Nigel Toy and Francia Prendiville. Drama and Traditional Story for the Early Years[M]. London and New York RoutledgeFalmer, 2000, P14）

事实上，在课程进行中，因各种戏剧情况的不同，教师可依角色的性质，采取适切的技巧进入、停止或离开角色。“教师入戏”的时机可在活动的任何程序中开始，如说明规范、讨论或排练时。而停止或离开角色则一般在结束、维持秩序或转换身份的时候，必须有其意义和目的，时机的掌握可视活动进行的需要而定。“教师入戏”的目的不在于寻找答案，更不是为了表演技巧，而在于帮助儿童觉察、发现自己的问题。总之，在儿童戏剧教育活动中，教师的角色是多元的，应因教学效果依情况所需而灵活切换。对于教师而言，每一次经历都是一次新的挑战与考验。

综上所述，游戏是儿童戏剧教育的载体和重要手段，儿童戏剧游戏和儿童戏剧教育都包含了丰富的戏剧元素，内嵌着游戏的本质和机制。作为教师，越能了解儿童戏剧游戏机制，把握幼儿游戏所具有的自主性、趣味性和虚构性等特点，明确“儿童中心”和戏剧的“自我表达”、戏剧活动与经验改造之间的联系，就越能掌握戏剧教育活动的带领技巧，更好地实现儿童戏剧教育课程的“统整”内涵和“全人教育”的核心目标。

第四章　幼儿园戏剧课程与教学

第一节　幼儿园戏剧课程的内涵

一、课程与课程内涵

在教育领域中，课程是一个存在众多歧义的复杂概念之一。许多教学和课程理论研究者从不同的角度给出不同的定义。一方面它伴随着教育实践形成与变迁，另一方面教育实践常以课程为轴心展开。对课程概念的基本认识是深化课程与教学论的理论研究与实践探索不可或缺的重要部分。

（一）课程的词源

根据语言学的基本理论，一般来说，一个词最初的本义往往决定了其后可能衍生或引申出来的派生之义。从汉语词源学角度分析，“课程”的词源丰富，且出现甚早。中国文字学开拓者、东汉著名经学家、文字学家和语言学家许慎在其《说文解字》中指出：“课，试也。从言果声。”[①]其乃形声兼会意字。“课”从言，表示与人的语言有关；“果”作这个字的声旁，指示读音，“果”有成果之义，兼有表义作用，表示经过实践检验，已经被人们认可的成效[②]。本义是考核，引申为检测、征收赋税、差派劳役、学习、作业等义。“课程”的“课”也是由其初义逐渐引申而来的，只是引申的环节太多，不易被认识到罢了[③]。“程”字初文也始见于《说文解字》：“程，品也。十发为程，十程为分，

① 说文解字 最新整理全注译本编委会．说文解字 最新整理全注全译本 第 1 卷 [M]. 北京：中国书店，2010.

② 李土生．土生说字 第 1 部 教育篇 [M]. 北京：人民日报出版社，2006:118.

③ 李学勤．字源 [M]. 天津：天津古籍出版社，2013:177.

十分为寸。从禾呈声。”[①]小篆，形声字，本义就是一种长度单位，为一寸的百分之一，也即一厘。引申义就是度量衡的标准规格，还可引申为“过程”“期限”等义。至于“工程”之“程”，又引申出“方程”“课程”等义[②]。有学者考证，“课”一词所具有的“按规定的内容和分量讲授或学习”的意义最早出现在南北朝时期翻译的佛经中。联合式名词“课程”一词也最早出现在此时期北魏凉州沙门慧觉等翻译的《贤愚经》之《阿难总持品第三十八》中：“尔时有一比丘，畜一沙弥，恒以严敕，教令诵经，日日课程。”[③]佛教自东汉明帝时传入我国，随后逐渐向知识分子和统治阶层浸润，最初出现在佛经中的“课程”一词到唐代也就自然体现在诸儒家学者的著作中[④]。唐朝孔颖达在《五经正义》里为《诗·小雅·巧言》中的“奕奕寝庙，君子作之”一句所作注解为“以教护课程，必君子监之，乃得依法制也。”意思是，修造宗庙有法度，有工作规程，一定要由懂得这些法度和规程的君子来监督修造工作。此处的“课程”指有规定数量和内容的工作规程。而用“课程”指功课及其进程大约至宋代，朱熹在《朱子全书·论学》中频频提及“课程”，如：“宽着期限，紧着课程。”“小立课程，大作功夫。”南宋陈鹄《耆旧续闻》卷二也说：“后生为学，必须严定课程，必须数年劳苦。”这几处“课程”的意义与今天日常语言中的“课程”的意义已极为相近。

在西方，最早提出“curriculum”（课程）一词的是19世纪英国著名哲学家、教育家斯宾塞（H.Spencer）。他在1859年发表的文章《什么知识最有价值》（*What Knowledge is of Most Worth*）一文中，用“curriculum”一词指称“教学内容的系统组织”。该词源于拉丁语“currere”，“currere”是动词，意为“跑；跑的过程与经历”。“curriculum”是名词，原意为“跑道”（racecourse）。根据这个词源，西方最常见的课程定义是“学习的进程”（course of study），简称“学程”[⑤]，运用“隐喻”（metaphor）的手法将之理解为“一段教育进程”[⑥]，即“跑道有起点和终点，所以课程可以被看作一条教育之路，它引领学生走向

① 许慎．说文解字今释[M]．汤可敬，撰．长沙：岳麓书社，1997:966.

② 李学勤．字源[M]．天津：天津古籍出版社，2013:641.

③ 姜国钧．“课程”与“教学”词源小考：兼与章小谦先生讨论[J]．华东师范大学学报（教育科学版），2006(4):69.

④ 姜国钧．“课程”与“教学”词源小考：兼与章小谦先生讨论[J]．华东师范大学学报（教育科学版），2006(4):69.

⑤ 钟启泉，张华．课程与教学论[M]．沈阳：辽宁大学出版社，2007:53.

⑥ 黄甫泉，吴建明．课程与教学论[M]．北京：中国人民大学出版社，2019:4.

一种特别构想的美好生活”①。

（二）课程的概念

“课程”的概念界定众多，含义各异。泰罗（Taylor P.H）和理查兹（Richards C .M ）在《课程研究导论》（*An Introduction to Curriculum Studies*）一书中指出，课程是“教育事业的核心，是教育运行的手段，没有课程，教育就没有了用以传达信息、表达意义和说明价值的媒介”②。美国著名教育学者博比特（Bobbitt J.F）1918年出版《课程》（*The Curriculum*）一书，一般被认为是课程作为独立研究领域诞生的标志。在博比特看来，课程是“儿童及青年获得这种目标所必须具有的一系列经验”③。美国学者奥利弗（Albert I.Oliver）把对课程的不同理解按照从广义到狭义的顺序，列出了7种代表性解释：学生具有的所有经历的全部经验；在学校当局指导下学生所经历的全部经验；学校提供的全部学程（course of study）；某种特定学程的系统安排，这些学程旨在达到一定目的；特定的学科领域内所提供的学程；某个专业学校的教学计划；个体所修习的科目④。利威（Lewy）主编的《国际课程百科全书》（*The International Encyclopedia of Curriculum*）列出“课程”的七种典型定义：课程是学校为了训练团体中儿童和青年思维及行动方式而组织的一系列可能的经验（Smith，1957）；课程是在学校指导下学习者所获得的所有经验（Foshay，1969）；课程是为了使学生取得毕业资格、获取证书及进入职业领域，学校应提供给学生的教学内容及特定材料的总体计划（Good，1959）；课程是一种方法论的探究（Westbury &Steimer，1971）；课程是学校的生活和计划——一种有指导的生活事业；课程成为构成人类生活能动活动的长河（Rugg，1947）；课程是一种学习计划（Taba，1962）；课程是在学校指导下，为了使学习者在个人的、社会的能力方面获得不断的、有意识的发展，通过对知识和经验的系统改造而形成的有计划和有指导的学习经验及预期的学习结果（Tanner，

① 詹姆士·G.亨德林，理查德·D.霍索恩.革新的课程领导[M].2版.杭州：浙江教育出版社，2005.

② TAYLOR P H.An introduction to curriculum studies[M].Swindon:NFER Publishing Company,1979:11.

③ BOBBITT F.The curriculum[M].New York:Houghton Mifflin,1981.

④ OLIVER A I.Curriculum improvement[M].New York:Harper & Row.1977.

1975）[1]。

美国另一名学者奥利瓦（Peter F.Oliva）在其《课程：理论维度》（*The Curriculum：Theoretical Dimensions*）一书中也对课程定义进行了归纳与总结，列举了13种较有代表性的课程解释[2]。我国学者钟启泉和张华在《课程与教学论》中，将课程的定义归纳为三大类：一是把课程作为学科；二是把课程作为目标或计划；三是把课程作为经验或体验[3]。在黄甫全和吴建明主编的《课程与教学论》中，也对其进行了7种类型的梳理：描述性理解、课程即教学科目、课程即有计划的教学活动、课程即预期的学习结果、课程即学习经验、课程即社会文化的再生产、课程即社会改造[4]。据美国学者鲁尔的统计，课程这种术语至少有119种定义[5]。不论课程概念的界定有多繁杂，其本质内涵旨在使学生在学校教育教学环境中获得促进其全面发展的教育性的经验，是学校借以实现其教育目标的主要手段和媒介。它是经过特殊选择，并加以组织化的社会共同经验。从文化学的角度看，课程应该是过去的文化、现在的文化和改造后的文化的融合物。它除了继承、传授的性质外，还具有批判、改革与发展的性质[6]。从广义上而言，课程是指学校为实现培养目标而选择的教育内容及其进程的综合体，它包括学校所教的各门学科和有目的、有计划的教育活动。狭义的课程是指某一门学科[7]。

（三）课程内涵的发展

不同的学者有不同的课程观，对“课程”内涵的界定就往往不同。同时，随着课程理论与实践的发展，课程概念的内涵也相应发生着重要的变化。首先儿童的发展逐渐成为课程关注的核心，课程从强调学科内容逐渐向重视个体认识的独特性和经验的自我建构上转变。其次，随着西方近代哲学本体论和认识论关系的考察与研究的深入，课程从强调目标、计划转向强调教育教学过程本身的价值，特定教学情境中教师和学生的双主体性关系被提出和广泛讨论。此外，

---

① LEWY A .The international encyclopedia of curriculum[M].Oxford:Pergamum Press,1991:15.

② OLIVA P.The curriculum:theoretical dimensions[M].New York:Longman,1997:4.

③ 钟启泉，张华．课程与教学论[M].沈阳：辽宁大学出版社，2007:53.

④ 黄甫泉，吴建明．课程与教学论[M].北京：中国人民大学出版社，2019:5.

⑤ 乔治·A.比彻姆．课程理论[M].黄明皖，译．北京：人民教育出版社，1989:169.

⑥ 胡弼成．高等学校课程体系现代化研究[D].厦门：厦门大学，2004:18-19.

⑦ 中国大百科全书总编辑委员会《教育》编辑委员会，中国大百科全书出版社编辑部．中国大百科全书[M].北京：中国大百科全书出版社，1985:207.

生态课程观的发展、显性与隐性课程的并重、实际课程与“虚无课程”的同行、校内外课程的整合等课程意识与课程实践的变革不断推动着课程内涵的扩展。

二、幼儿园戏剧课程的内涵

幼儿园中各种类型的教育活动组成了幼儿园课程[①]。因为“在儿童早期，儿童发展的速率比任何时期都大，也因为儿童学习的能力极大地有赖于其自身的发展。因此，以幼儿为教育对象的幼儿园课程的决策应该充分考虑每个幼儿的发展水平。几乎所有的早期教育工作者都会认为，对早期儿童的教育应该是适宜儿童发展的，尽管他们对儿童发展理论持有不同的看法，导致他们对适宜儿童发展也有不同的理解。幼儿教育的方法和材料也不同于其他各级各类教育，在儿童早期，更多采用的是具体的材料和活动，课程较多的是采用活动而不是上课的形式加以组织”[②]。依据杜威“课程即经验”的观点，幼儿园中包括游戏活动、教学活动、生活活动、运动在内的所有教育活动都属于幼儿园的课程范畴。

综合上述课程概念与幼儿园课程的界定，幼儿园戏剧课程的内涵应该既符合“课程是有目的、有计划的教育活动，是一门学科”的要求，又要遵循“课程即经验”和“幼儿”为中心的幼儿园课程观，则可能包含“幼儿戏剧游戏”和不同类型的“幼儿戏剧教育活动”两大发展方向。林玫君以“课程组织与发展”为纵轴，“课程的观点”为横轴，归纳出的幼儿园的四种戏剧课程形态：形态一是“随机性的幼儿戏剧扮演游戏”，其课程发展是全面直观、即兴萌发且片段零碎的；形态二是主题性戏剧扮演活动，仍是来自幼儿戏剧游戏经验，但通过教师的刻意指导，让课程的发展导向特定的方向，进行的方式也比较有计划、有组织；形态三类似英国 D-I-E 议题性教育戏剧，也采用即兴萌发、全面直观的方式；形态四则属于循序渐进的线性组织方式的美式创造性戏剧[③]。根据裴雷格勒尼（Pellegrini A.D.）的观点，幼儿园的各种活动都可视为游戏和非游戏不同程度的结合。“儿童的行为不应被界定为‘游戏或非游戏’，而应被看作是与一个从‘纯游戏’到‘非游戏’的连续体相关联的

① 朱家雄．幼儿园教育活动设计与实施 [M]．北京：高等教育出版社，2008:1.

② SPODEK B,Saracho O N.Contemporary perspectives on early childhood curriculum[M]. Information Age Publishing,2002.

③ 林玫君．儿童戏剧教育的理论与实务 [M]．上海：复旦大学出版社，2015:52.

位置。”[1] 笔者在林玫君归纳出的四种戏剧课程形态和裴雷格勒尼对幼儿园教育活动性质分析的基础上，除了幼儿的“自发性戏剧游戏”，将教师提供的鹰架的“随机性的幼儿戏剧扮演游戏”和教师引导幼儿运用肢体与表情、声音与语言，进行的感知、想象和表达的“幼儿戏剧教学游戏”[2] 都纳入“幼儿戏剧游戏”，将“议题性教育戏剧 D-I-E”和“线性组织的创造性戏剧”这两种强调“戏剧导教”（ATOR）核心作用的幼儿戏剧教育活动统合进幼儿园戏剧综合课程。

幼儿园戏剧综合课程立足于大戏剧观与大教育观交汇视域下，以整合取向为依归。从内涵的角度来看，是通过戏剧建构的幼儿园综合课程，其围绕儿童戏剧经验的建构与成长而生发戏剧的、艺术内部的、学科之间的多层次综合，并通过儿童戏剧工作的综合，发挥综合课程社会性学习作用[3]，以培养全面和谐发展的个体为目的。从概念流派逻辑的角度来看，幼儿园戏剧综合课程包含 DIE（Drama in Education）、TIE（Theatre in Education）与 CD（Creative Drama）等概念。这些概念流派虽然在具体的操作流程与方式上存在一定差异，但其本质上都是利用戏剧作为教育手段而实现教育的目的。在此逻辑下，“幼儿自发性戏剧游戏”“随机性幼儿戏剧扮演游戏”“戏剧教学游戏”“幼儿园戏剧综合课程”每一类活动便在这一连续体横轴上找到相应的位置，均是这一连续体上的某种状态，反映了“无结构”的纯戏剧游戏活动一步步向结构化的戏剧教育活动发展的向度（图 4-1）。

幼儿园戏剧课程既提供了幼儿戏剧学科的知识和经验，又具备个体经验、学科领域内部和跨学科的统整特质，契合以人为核心的全人教育观与幼儿园课程动态生成性、生态统整性、理解体验性和自然游戏性的发展取向，是幼儿园课程的重要组成部分。

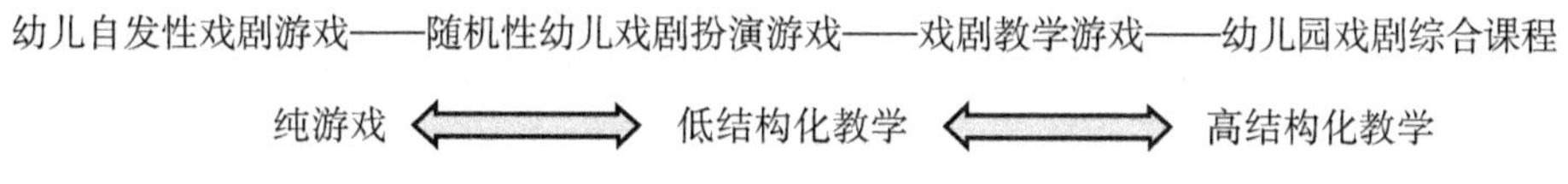

图 4-1　幼儿园戏剧活动结构化程度

① PELLEGRINI A D.Applied child study:a developmental approach[M].New Jersey:Lawrence Erlbaum,1991:215.

② 张金梅 . 幼儿园戏剧教育课程 大班 [M]. 南京：南京大学出版社 ,2014:273.

③ 张金梅 . 幼儿园戏剧综合课程研究 [M]. 南京：江苏教育出版社 ,2005:6.

第二节 幼儿园戏剧课程的课程目标

一、幼儿园戏剧课程目标在教育目标层级结构中的位置

在教育领域的目标层级中，自上而下，“教育目的”（educational aims）是最宏观的教育价值，是教育过程的长期目标。具体体现在国家、地方、学校的教育哲学、宪法、教育基本法和教育方针之中，指的是教育的总体方向，体现了普遍的、总体的、终极的教育价值。“教育目的”的下位概念是“教育目标”（educational goals），体现的是不同性质的教育和不同阶段的教育的价值。教育目标需要通过课程教学来落实，所以“教育目标”的下位概念是“课程目标”（curricular objectives）。课程目标是课程专家根据时代、社会及学习者的发展需要制定的课程学习应该达到的要求①。所以除了国家对各门学科课程提出共性要求的“课程总目标”——国家课程标准之外，“课程目标”还包括在课程总目标指导下研制的学科课程目标和依据课程总目标与学科特点，针对不同学段学习者的发展需求，设计的学段课程目标。各“学段课程目标”必须通过一系列具体的、各种类型的教育活动的设计和持续的实施得以实现，所以其下位概念是“单元教学目标”和“课时教学目标”。

我国幼儿园教育目标是我国教育目的在幼儿教育阶段的体现，幼儿园教育目标的下位概念是幼儿园课程目标，在我国以领域目标的形态出现。幼儿园课程内容从幼儿学习的视角，根据教育领域的不同特点有五大领域和七大领域两种分类，五大领域划分为健康、语言、科学、社会、艺术等五大学习领域。所以，幼儿园课程目标具体表现为健康课程目标、语言课程目标、科学课程目标、社会课程目标和艺术课程目标。幼儿园艺术课程目标再继续分为音乐、美术、戏剧等学科目标。幼儿园戏剧课程作为幼儿园艺术领域课程的一个组成部分，也是幼儿园课程的组成部分，其课程目标对应教育目标层级结构，纵轴上属于学科课程目标的位置，具体上位目标为艺术领域目标和幼儿园课程总目标。从宏观、中观和微观的角度还可具体分解出幼儿园戏剧课程总目标、大中小班“学段戏剧课程目标”、某一学段的“单元教学目标”和某一单元中的某一次具体戏剧教育活动的“教育活动目标”。其中，“单元”可以是主题活动单

① 黄甫泉，吴建明．课程与教学论[M]．北京：中国人民大学出版社，2019:136.

元，也可以是教材单元；“教育活动目标”即“课时教学目标”，体现某一次幼儿园戏剧教育活动预期结果的标准和期盼。

二、幼儿园戏剧课程与教学目标

要确定课程与教学目标一般先确定教育目的、课程与教学目标的基本来源、课程与教学目标的基本取向，最后在课程与教学目标的基本内容和陈述方式确定的基础上，确定各层次明确而具体的课程与教学目标。

第一，确定教育目的。《中华人民共和国教育法》是中国教育工作的根本大法，是依法治教的根本大法，1995 年 3 月颁布。当前对教育目的的规定是 2015 年 12 月 27 日第十二届全国人民代表大会常务委员会第十八次会议通过的对其总则中第五条的修改：“教育必须为社会主义现代化建设服务、为人民服务，必须与生产劳动和社会实践相结合，培养德、智、体、美等方面全面发展的社会主义建设者和接班人。”2016 年 6 月 1 日起施行。我国幼儿园教育目标在 1996 年国家教育委员会颁布的《幼儿园工作规程》的第三条明确规定为：“按照保育与教育相结合的原则，遵循幼儿身心发展特点和规律，实施体、智、德、美等方面全面发展的教育，促进幼儿身心和谐发展。”第五条又具体规定了幼儿园保育和教育的主要目标：“促进幼儿身体正常发育和技能的协调发展，增强体质，培养良好的生活习惯、卫生习惯和参加体育活动的兴趣。”“发展幼儿智力，培养正确运用感官和运用语言交往的基本能力，增进对环境的认识，培养有益的兴趣和求知欲望，培养初步的动手能力。”“萌发幼儿爱家乡、爱祖国、爱集体、爱劳动、爱科学的情感，培养诚实、自信、勇敢、好问、勤学、爱护公物、克服困难、讲礼貌、守纪律等良好的品德行为和习惯，以及活泼开朗的性格。”“培养幼儿初步感受美和表现美的情趣和能力。”而规定了幼儿园课程总目标和艺术领域教育目标的指导性文件是 2001 年的《幼儿园教育指导纲要（试行）》（以下简称《纲要》）和 2012 年的《3–6 岁儿童学习与发展指南》（以下简称《指南》）。《纲要》指出艺术领域的教育目标在于幼儿“能初步感受并喜欢环境、生活和艺术中的美；喜欢参加艺术活动，并能大胆地表现自己的情感和体验；能用自己喜欢的方式进行艺术表现活动。”《指南》进一步提出：“幼儿艺术领域学习的关键在于充分创造条件和机会，在大自然和社会文化生活中萌发幼儿对美的感受和体验，丰富其想象力和创造力，引导幼儿学会用心灵去感受和发现美，用自己的方式去表现和创造美。”并分别从感受与欣赏、表现与创造两个方面阐述了 3~6 岁儿童各年龄段在艺术教育领域应达到的目标。

第二，确定课程与教学目标的基本来源。杜威在其《学校与社会》(1900)、《儿童与课程》(1902)两部著作中系统论述了教育与社会、儿童与科学的关系。泰勒在《课程与教学的基本原理》(1949)中将学习者的需要、当代社会生活的需求、学科的发展并列为课程目标的三个来源，人们已取得对这点的共识。首先，教育是培养人、促进人发展的活动。关注并满足特定时期、特定年龄段学习者的身心健康、和谐、可持续发展需要，是当代人本主义经验课程论的核心观点。同时，从个体作为能动性主体的生长看，儿童的发展需要是不断变化、不断生成、不断提升的动态的身心发展需要，具有年龄阶段的差异性和个体间的差异性。其次，儿童的成长是一个不断社会化的过程。在新的历史时期，人类进入国际化时代和信息时代，当代社会生活的需求无论从时间维度或空间维度分析，都应兼顾当下现实需求、社会生活变迁趋势和未来发展需求。最后，时至今日，时代精神的发展趋势是，把知识的价值指向于理解世界以与世界更好地和谐共存，指向于提升生活的意义而非仅限于功利追求。儿童由自然人发展为文化人、社会人的基本途径就是通过学校课程学习学科知识、继承文化遗产[①]。因此，学科知识及其发展自然成为课程与教学目标的基本来源之一。

第三，确定课程与教学目标的基本取向。任何课程目标都有一定的价值取向，“普遍性目标”取向、“行为目标”取向、“生成性目标”取向、“表现性目标”取向是四种典型的课程与教学目标的基本取向。“普遍性目标”取向是最古老的课程与教学目标取向，所体现的是“普遍主义”的价值观，认为任何课程与教学目标都能够并应当运用于所有教育情境。由于它给出的不是具体的目标菜单，所以教育工作者可以对这些目标创造性地做出解释，以适应各具体教育实践情境的特殊需要。其存在的缺陷主要体现在缺乏充分的科学依据，受日常经验所局限，在逻辑上不够完善，含义尚不够清晰、明确等方面。20 世纪已进入科学的时代，科学的时代要求精确性和具体性。由于“行为目标”取向具体化、标准化和可操作性特点适应了课程领域科学化的需求，加上大行其道的行为主义心理学基础，在整个 20 世纪“行为目标”取向都处于“显学”的位置，一直居于课程领域的主导地位。“行为目标”的确立始于课程开发科学化的早期倡导者博比特。在他看来，教育是为学生将来的成人生活做准备的，所以课程目标应来自对广泛的人类经验和现有社会职业的分析。他在 1924 年出版的《怎样编制课程》一书中用“活动分析法”对人类经验和职业进行了系统

① 钟启泉，张华．课程与教学论[M]．沈阳：辽宁大学出版社，2007:174.

的分析，提出 10 个领域中的 800 多个目标。后来查特斯的“工作分析法”发展了他的课程目标观，而泰勒又在博比特和查特斯“行为目标”理念的基础上上，提出前述的课程目标的三种来源，并将课程与教学目标分解为“行为侧面”和“内容侧面”，改进了目标的陈述方式，主张应在课程目标概括化和具体化之间找到一个“度”，指出“目标应该是清楚的，但不一定是具体的”。泰勒的这一主张克服了课程与教学目标无限具体化的局限，对“行为目标”的健康发展具有重要指导意义[①]。之后布鲁姆（B.S.Bloom）、克拉斯沃尔（D.R.Krathwohl）、梅森（R.F.Mager）、波法姆（W.J.Popham）等人继承并发展了泰勒的“行为目标”理念。虽然“行为目标”取向具有精确性、具体性和可操作性等优点，但由于人的学习行为的主体性、创造性、很大程度的不可预知性和不应控制性，以及作为一个“完整的人”，其人格发展的整体不可分割性和显隐性并存等特点，均不是“行为目标”取向所能预先设定的，其“唯科学主义”的教育价值观控制本位核心的缺陷不容忽视。“生成性目标”取向指的是在教育情境之中随着教育过程的展开而自然生成的课程与教学目标，它是问题解决的结果，是人的经验生长的内在要求[②]。其渊源可上溯到杜威的“教育即生长”的命题和英国著名课程论专家斯腾豪斯的“过程模式”。“生成性目标”取向认为教育是一个有机的演进的过程，强调的是学生、教师与教育情境的交互作用，其根本特点是过程性，表现出对“实践理性”的追求。“生成性目标”取向消除了“行为目标”取向所存在的过程与结果、手段与目的之间的二元对立，但却因为过于开放，被批评过于理想化。因为幼儿生成的活动是随机发生的，兴趣和需要是动态的，教育活动的生成性目标取向往往会使教育活动的目标导向缺乏科学性、计划性和系统性[③]。“表现性目标”取向是美国课程学者艾斯纳（E.W.Eisner）提出的，他认为课程中存在“教学性目标”和“表现性目标”两种活动目标。“教学性目标”是对儿童在完成学习活动后应习得的知识与技能等的预先规定，适合于表述文化中已有的规范和技能。“表现性目标”则指向每一个学生个体在与具体教育情境的种种“际遇”中所产生的个性化的创造性表现。追求的是儿童的反应或结果的多元性而非同质性，强调儿童解决问题或完成任务的过程。“生成性目标”和“表现性目标”作为从对“行为目标”的批判中成长起来的目标模式，虽然在课程观上存在重要的区别，但

① 钟启泉，张华．课程与教学论[M].沈阳：辽宁大学出版社，2007:150-151.

② 钟启泉，张华．课程与教学论[M].沈阳：辽宁大学出版社，2007:164.

③ 朱家雄．幼儿园教育活动设计与实施[M].北京：高等教育出版社，2008:26.

都以人的自主发展作为课程目标取向的根本，注重人的自主性、创造性、个体性，注重课程情境的具体性；都强调个人接受既有文化时的个性化及对文化的创造性发展；在目标表述上都采取开放式的形态，强调用高层次的“生成性目标”或“表现性目标”整合“行为目标”；在课程评价上都主张批评、鉴别式方式。二者与行为目标相对，更具有超越性、发展性的价值取向。

四种类型的课程目标取向各具优劣，都有其存在的价值，体现了课程编制对人的主体价值和个性解放的追求，反映了时代精神的发展方向。幼儿园戏剧课程的目标取向，将反映幼儿园戏剧教育活动的基本价值和性质，同时也表明其在幼儿园课程中的作用。在确定课程和教学目标时，应兼容并蓄各种目标取向，达到课程整体平衡的目的。

第四，确定幼儿园戏剧课程与教学目标。诚如上述，幼儿园戏剧课程总目标应在国家教育目的、幼儿园教育目标、幼儿园课程总目标和艺术领域教育目标的指导下，根据学前儿童发展特点、学前儿童戏剧教育的价值取向与内涵、戏剧艺术的特性和社会需要来制定。首先，从教育功能上，其目的不是培养专业演员、导演、舞美师等戏剧艺术家的专门的戏剧教育，而是从统整课程的精神出发，以人文精神的追求为依托的全人教育。自由精神、游戏精神、创生精神和审美精神的学前儿童戏剧教育取向规定了幼儿园戏剧课程目标的“人文精神追求”导向①。其次，从艺术内涵上，学前儿童戏剧教育以人类生活或社会议题的想法、概念或感受为内容来源，以人物、情节、主题、对话、特效等“戏剧艺术架构”作为艺术表达媒介的审美教育，是关乎戏剧艺术素养的启蒙。再次，在教学上，强调教师与学生在具体教育情境中的内容创造与意义建构的动态生成过程。苏联心理学家维果斯基（Lev Vygotsky）在其“文化 - 历史心理理论”基础上提出的“最近发展区”的理论假设认为，教学应当先于发展、引导发展，其实质在于创造最近发展区，并促使最近发展区转化到现有发展水平的范围之中。幼儿园戏剧课程正是注重过程的引导、体验、探索及与结果的对话和反思的过程性教育。最后，在内容上，通常依据布鲁姆（Benjamin Bloom）的“教育目标分类学”，分为“认知”“情感态度”“动作技能”三大领域。

在以上理解的前提下，幼儿园戏剧课程目标在目标层级的纵向结构上分为幼儿园戏剧课程总目标、大中小班“学段戏剧课程目标”、某一学段的“单元教学目标”和某一单元中的某一次具体戏剧教育活动的“教育活动目标”四个层级。横向结构上涵盖了“认知”“情感态度”“动作技能”三大领域内容。我

① 张金梅．学前儿童戏剧教育[M]．南京：南京大学出版社，2015:188.

国学者张金梅在其《学前儿童戏剧教育》和《幼儿园戏剧教育课程》丛书中，将学前儿童戏剧教育的总目标表述为：培养学前儿童乐于并善于运用戏剧符号表达自我、思考和认识周围世界，从而成为开放、合作和有创造力的人①。在她的《幼儿园戏剧教育课程》丛书中对各层级目标维度及其内容做出详细的论述（详见表 4-1；表 4-2）。表 4-1 对幼儿戏剧教育目标内容具体说明如下：在认知领域，幼儿园戏剧教育的目标应包括各种相关知识的掌握以及与理解戏剧话题相关的知识两个方面；在技能（能力）领域，幼儿园戏剧教育的目标包括思考能力、表达能力、表演能力和合作能力四个方面；在情感态度领域，幼儿园戏剧教育的目标包括参与角色和角色情感两个方面。②

表4-1　幼儿园戏剧教育目标的内容③

认知	技能（能力）	情感态度
（1）角色——能够理解角色的典型特征 （2）情节——知道戏剧是有情节的、理解情节是有开端、发展、高潮和结局的 （3）场景——知道戏剧是在一定场景中发生的 （4）装扮——知道运用小道具、服装等进行装扮	**思考能力** （1）想象与描画——想象与描画角色各种可能的外貌、行为特征、心理活动等 （2）情节创编——大胆创编戏剧情节，合理解决戏剧冲突，在教师的帮助下创编剧本 （3）价值判断——尝试对戏剧主题做出自己的价值判断和思考 **表达能力** （4）媒介——能够运用肢体与表情、言语和声音进行戏剧表达 （5）要素——尝试运用模仿、造型、控制的方式进行戏剧表达，并以强大的情感融入其中 （6）延伸性——能够运用美术、音乐等材料分别进行装扮、音效等方面的延伸性表达	（1）兴趣——对戏剧活动感兴趣 （2）开放性——在活动中大胆表现自己

① 张金梅 . 学前儿童戏剧教育 [M]. 南京：南京大学出版社 ,2015:194.

② 张金梅 . 幼儿园戏剧教育课程 大班 [M]. 南京：南京大学出版社 ,2014:12.

③ 张金梅 . 幼儿园戏剧教育课程 大班 [M]. 南京：南京大学出版社 ,2014:13.

（续表）

认知	技能（能力）	情感态度
（5）剧本——知道表演需要剧本，剧本由若干幕组成。 （6）剧场——知道剧场有观众区、表演区和后台，指导舞台有不同的位置 （7）戏剧样式——知道戏剧有话剧、音乐剧、偶剧、皮影戏等戏剧样式 （8）戏剧话题——了解与戏剧话题相关的知识	**表演能力** （7）意义交流——动作鲜明，声音清楚，能够让其他角色或观众所理解 （8）舞台行动——能根据情节发展，明确角色上下场的顺序，在教师帮助下知道自己所扮演角色的站位 **合作能力** （9）想法协商——能够与其他角色协商各种表现想法 （10）角色配合——能够两人或多人进行合作性表达或表演 （11）分工与合作——在剧场活动中能够根据自己的任务与同伴进行分工合作	（3）责任感——有一定的角色意识，能专注于戏剧活动 （4）习惯——养成遵守剧场规则的良好习惯 （5）角色感情——体验与表现角色特有的情感

表 4-2 为幼儿园戏剧教育课程的年龄阶段目标，即大、中、小班戏剧课程的学段目标。年龄阶段目标是课程总目标的具体化，是实现课程总目标的重要环节。张金梅将生态式教育观中融合、创生、体验的精神作为课程核心理论，提出“幼儿园综合课程的戏剧综合范式”，通过课程内容三个层面的综合：一是儿童戏剧经验成长的综合；二是戏剧、艺术、多学科多层面的跨学科综合；三是儿童戏剧工作的综合，旨在解决戏剧运用于教育之“工具论”和“本质论”两种取向的二元分立，体现了一定的“价值中立”的取向追求。

表4-2　幼儿园戏剧教育课程的年龄阶段目标①

	小班	中班	大班
认知	（1）角色——知道戏剧是有角色的 （2）情节——知道戏剧是有故事情节的	（1）角色——知道戏剧中的角色可以是多个的 （2）情节——知道戏剧的情节有开端、发展和结局	（1）角色——知道多种角色及其关联

① 张金梅．幼儿园戏剧教育课程 大班［M］．南京：南京大学出版社，2014:15-16.

（续表）

	小班	中班	大班
认知	（3）场景——知道戏剧是在一定的场景下发生的 （4）装扮——知道能用多种材料进行装扮 （5）戏剧样式——初步认识音乐剧这一戏剧样式 （6）戏剧话题——初步了解自己较为熟悉的戏剧话题的相关知识	（3）场景——知道不同场景的空间位置 （4）装扮——知道能用服装、道具等进行简单装扮 （5）剧本——知道戏剧表演需要剧本 （6）剧场——知道剧场是有表演区和观众区的，知道剧场有一定的规则和礼仪，初步了解上下场的位置 （7）戏剧样式——初步认识偶剧这一戏剧样式 （8）戏剧话题——初步了解戏剧话题的相关知识	（2）情节——知道戏剧的情节有开端、发展、高潮和结局，高潮是围绕戏剧冲突展开的 （3）场景——理解故事发生的多个场景的空间位置以及内容 （4）装扮——知道使用服装、道具可以使自己的形象更生动，并选择合适的材料进行创造性的装扮 （5）剧本——知道戏剧表演需要剧本，剧本由若干幕组成 （6）剧场——知道剧场有表演区、后台和观众区，知道剧场规则和礼仪制订的缘由，了解舞台的不同位置 （7）戏剧样式——进一步认识戏剧不同的样式，包括音乐剧、偶剧、哑剧和话剧等 （8）戏剧话题——较为深入地了解戏剧话题的相关知识
技能（能力）	**思考能力** （1）角色的想象——在教师的提示下，能够简单想象与描画角色的外貌和行动特征 （2）情节的创编——在教师的提示下，能够尝试创编简单的情节 （3）价值的判断——在教师的引导下，能够对戏剧主题做出初步的价值判断	**思考能力** （1）角色的想象——在教师的提示下，想象与描画角色的外貌和行动特征 （2）情节的创编——能够想象情节的发生与发展，理解戏剧冲突，并尝试思考解决戏剧冲突的办法，创编情节的高潮和结局，能在教师的帮助下创编部分剧本 （3）价值的判断——能够对戏剧主题做出自己的判断，并有初步的解释	**思考能力** （1）角色的想象——大胆想象与描画角色各种可能的外貌、行动特征、心理活动等 （2）情节的创编——能够想象情节的发生、发展、高潮与结局，创编完整的情节，积极参与戏剧冲突的讨论，寻求戏剧冲突的解决办法，能在教师的帮助下创编完整剧本 （3）价值的判断——能够对戏剧主题做出合理的判断，并有一定的解释

（续表）

	小班	中班	大班
技能（能力）	**表达能力** （4）模仿——尝试用肢体和声音模仿熟悉的人和动物的典型形象或行为 （5）造型——能用简单的肢体动作做出简单的造型 （6）控制——能在教师的提示下，用动作来表现速度（快中等慢），质量（轻、重），空间（高、低），大小，长短，以及用声音表现音量（大、小） （7）延伸性表达——能根据教师提供的材料积极参与角色装扮或场景布置，或在适合的音乐中跟随教师律动 **合作能力** （8）角色配合——能在教师的提示下进行两两角色的呼应	**表达能力** （4）模仿——尝试用肢体和表情，语言和声音模仿常见的人和动物的形态或行为 （5）造型——能用较为丰富的肢体动作，单人或两两合作做出造型 （6）控制： ①动作——在教师的提示下，能用动作表现速度（快、慢），质量（轻、重），空间（高、低），大小，长短 ②声音——在教师的提示下，能表现声音的大小、粗细 （7）延伸性表达——能在教师的带领下选用合适的材料（服装、道具、布景等）进行角色装扮或场景布置，或在适合的音乐中跟随教师创作简单的舞蹈动作 **表演能力** （8）动作较为鲜明，声音较清晰，能够让其他角色理解 （9）在教师的帮助下，能按合理顺序上下场 **合作能力** （10）想法协商——大胆表达自己的想法，能够在教师的指导下与同伴协商想法 （11）角色配合——在教师提示下，能够进行多个角色的呼应 （12）分工与合作——能按自己的意愿选择剧场工作，并努力与同伴合作完成剧场活动	**表达能力** （4）模仿——能够用肢体和表情，语言和声音模仿事物的动态过程，较为细腻地把握动作、表情的细节 （5）造型——用肢体、表情即辅助材料进行多人合作造型 （6）控制： ①动作——在教师的提示下，能用动作表现速度（快、慢），质量（轻、重），空间（高、低），大小，长短，距离 ②声音——在教师的提示下，能表现声音的大小、粗细、快慢、远近 （7）延伸性表达—根据自己的想法，选用合适的材料（服装、道具、布景等）进行角色装扮或场景布置，或在适合的音乐中跟随教师创作简单的舞蹈动作 **表演能力** （8）动作鲜明，声音清晰，能够让其他角色或观众理解 （9）能按合理顺序上下场，在教师的提示下合理站位 **合作能力** （10）想法协商——耐心倾听同伴的想法、积极参与讨论，友好地与同伴协商各种想法 （11）能够较为自主地进行多个角色的呼应 （12）分工与合作——能根据活动的需要分工、合作完成剧场活动

(续表)

	小班	中班	大班
情感态度	（1）兴趣——初步体验扮演的快乐 （2）开放性——愿意表达自己 （3）责任感——能在教师的指导下明确自己的角色 （4）角色情感——能够体验并初步表现角色的情感，比如高兴、生气、伤心等	（1）兴趣——乐于参与戏剧活动 （2）开放性——敢于在集体面前表现自己 （3）责任感——在教师的指导下，明确并初步坚持自己的角色 （4）习惯——能够初步遵守简单的剧场规则 （5）角色情感——能够较为深入地体验和表现角色较复杂的情感	（1）兴趣——喜欢参与戏剧活动，产生主动创作戏剧的愿望 （2）开放性——能够在活动中大胆表达自己的想法，表现得大方而自信 （3）责任感——能够明确自己和同伴的角色，并坚持做好自己的戏剧工作 （4）习惯——初步养成遵守剧场规则的良好习惯 （5）角色情感——能够较为深入地体验和表现角色复杂的情感及其情感变化

分析表4-2，可以为我们在指导幼儿戏剧教育活动时提供诸多思考与借鉴。首先，幼儿戏剧课程的目标制定应遵循儿童认知发展规律。布鲁姆在皮亚杰学派的观点上，提出了自己的认知发展论，即用“表征”或“表征系统”的概念来表述儿童认知发展的特征。他认为儿童的认知发展是行为表征、图像表征和符号表征这三种结构迥异的表征系统及其相互作用构成的质的飞跃的过程。人类凭借着这三种信息处理系统来认知世界。以技能（能力）目标中幼儿在角色想象能力上的发展为例，从“在教师的提示下，能够简单想象与描画角色的外貌和行动特征”，到中班“在教师的提示下，想象与描画角色的外貌和行动特征”，再到大班“大胆想象与描画角色的外貌、行动特征、心理活动等各种可能”。这其中的表述有几处不同：一是到了大班，幼儿随着戏剧经验的增长，在角色想象时完全脱离了教师的提示；二是能力程度限定语的使用上，从“能够简单想象与描画”到“大胆想象与描画”；三是大班幼儿对于角色“心理活动”的“大胆”想象，说明幼儿已经从完全采用行为表征过渡到能够使用“心理映像”的图像表征和符号表征阶段。同时，“大胆”二字体现了任意性和创造性，指向幼儿扩展推理能力的发展。其次，幼儿戏剧教育活动是幼儿有意义的经验性的学习。美国当代著名心理学家、教学设计专家加涅的学习层级理论的基本论点是，学习任何一种新的知识技能，都是以已经习得的、从属于它们的知识技能为基础的，即较为复杂、抽象的知识技能是以较为简单、具体的知

识技能为基础的。虽然他在引起学习的条件、对教学方法的重视和对教师指导作用的强调等方面与奥苏伯尔不同，但二者在认知结构发展途径的主张上有相通之处。奥苏伯尔学习论指出学生运用认知结构中的已有知识吸收并固定新学习的知识的同化过程，是意义学习的过程。即新学习的知识与学生的已有知识建立起一种有意义的联系，新知识在学生的认知结构中获得了一种意义性的存在和位置。同时，学生的认知结构也因为同化了新知识而获得相应的发展。我们可以在表 4–2 中的横向并列目标体系中看到，后面的目标内容是在前面目标内容的基础上的不断扩充、巩固和分化，体现出学习层级递进形态和意义学习中的新旧知识之间的联系。最后，体现了多元戏剧范式的综合。虽然张金梅一再强调，儿童戏剧经验的建构并不是其研究的最终目的，只是一种手段或者戏剧综合范式的形态，但就其目标架构的显性情况而言，她特别重视以循序渐进的方式系统性地发展幼儿对戏剧知识与概念的了解。同时，她又不局限于此，从对如何解决戏剧性冲突的思考、讨论的目标要求和对戏剧主题的价值判断与解释及对完整剧本的创作、合作协商分工工作的要求等，均显示其通过戏剧活动架构实现“全人发展”的戏剧教育观，是对不同戏剧课程范式的统整与综合，体现出经验本位的综合课程取向。

某一学段的幼儿园戏剧教育课程主题（单元）目标和具体戏剧教育活动的“教育活动目标”一般要依据年龄阶段目标和具体的主题内容和活动内容而制定。其中主题（单元）目标又可分解为两个维度：第一是指以戏剧活动主题内容为单元的目标；第二是以时间为单位的目标。此类目标是年龄阶段目标或学年阶段目标的逐层具体化，表现为学期计划、月计划、周计划三种形式。在一个学科课程中，一般没有周计划[①]。

第三节　幼儿园戏剧课程内容的选择与活动的组织

美国戏剧教育家乔瑞丁·西克丝（Geraldine Brain Siks）继承温妮·伍尔德女士以儿童学习者为中心，强调“戏剧本质”的理念，从儿童在戏剧活动中作为戏剧参与者、戏剧制作者和戏剧欣赏者三个不同角色的角度，提出其课程架构，通过三个交错的网状概念图来呈现这一教学结构（图 4–2）。第一个角度是儿童作为“戏剧参与者”，课程内容包括肢体放松、集中注意力、信赖感，

① 许卓娅．学前儿童音乐教育 [M]. 北京：中央广播电视大学出版社，2008:121.

身体动作，五官感受，想象情境，即兴口语和人物刻画六个方面；第二个角度是儿童作为“戏剧制作者”，课程内容包括剧情、人物、主题、对话、声音旋律及其他特殊剧场效果六个方面；第三个角度是儿童作为“戏剧欣赏者”，主要进行的是感受、反应及反省评价三种能力的培养。另一位美国戏剧教育家奈莉与戏剧学家芭芭拉也提出相同的理念和观点。提出戏剧课程的三项要素：第一为“身体与声音的表达性运用”，第二为“创造性戏剧（戏剧创作）”，第三为“通过戏剧的欣赏来增进审美的能力”①。

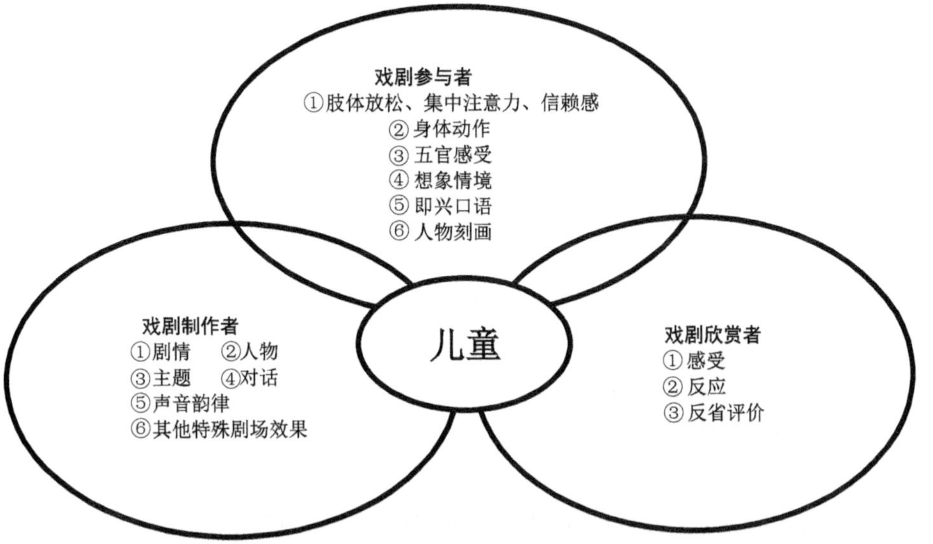

图 4-2　戏剧概念架构图（Sils,1983）

林玫君将幼儿自发性戏剧游戏纳入戏剧活动的范畴，提出一个课程框架，进而发展出四种可行的幼儿戏剧教育形态：形态一，随机性的幼儿戏剧扮演游戏；形态二，主题性的戏剧扮演活动；形态三，议题性的教育戏剧；形态四，创造性戏剧（图 4-3）。张金梅则突破传统儿童戏剧教育仅以“戏剧表演”为内容的狭隘观点，顺从儿童的戏剧天性，遵循儿童创作戏剧的规律，提出学前戏剧教育的内容由戏剧表达、戏剧创作和戏剧表演三个部分构成，且三个部分是互相依存、相互影响的关系，共同支撑起儿童的“戏剧素养启蒙”②。

① 林玫君．儿童戏剧教育的理论与实务[M]．上海：复旦大学出版社，2015:43.

② 张金梅．学前儿童戏剧教育[M]．南京：南京大学出版社，2015:150.

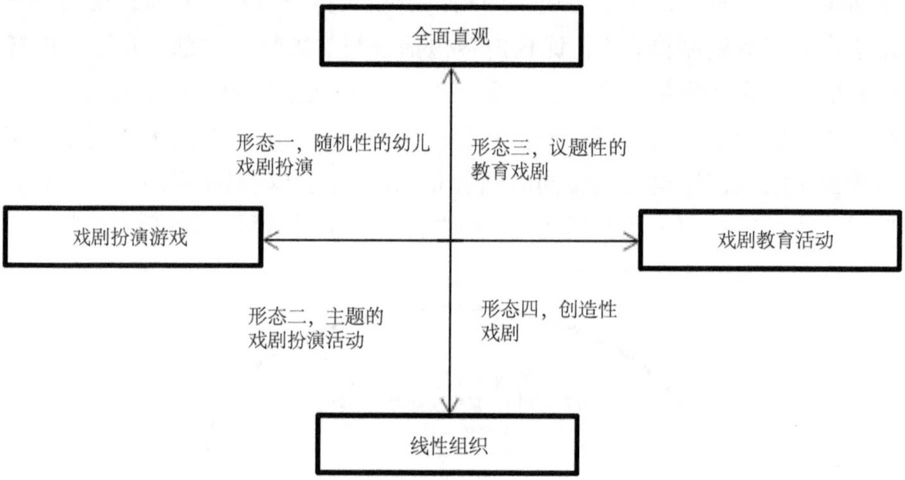

图 4-3 幼儿园可能发展的四种戏剧课程形态

资料来源：林玫君．儿童戏剧教育的理论与实务[M].上海：复旦大学出版社，2015：52.

可见，不同模式的戏剧课程和不同结构化程度的戏剧教育活动，其教学内容的选择侧重有所不同。而且，不同年龄阶段的儿童心理发展水平和能力不同，所适应的戏剧课程内容和形式也存在不同之处。

课程内容是实现课程目标的载体，课程的类型和组织结构是活动组织的核心，幼儿园戏剧课程的内容选择、活动类型、组织框架三者环环相扣、互为关系。本书将依照幼儿园戏剧课程结构化程度由低至高的顺序，基于前述研究的基础之上，分析不同类型幼儿园戏剧活动和课程的内容选择和活动组织。

一、随机性的幼儿戏剧扮演游戏

随机性的幼儿戏剧扮演游戏的课程主题萌发于“幼儿游戏”。此类课程的内容以儿童的兴趣、动机和经验作为基本内容，情节和内定规则较简单。林玫君在其《儿童戏剧教育的理论与实务》中列举了此类课程的范例“怪兽与魔术师”。在范例中，教师在户外游戏场看到幼儿在进行怪兽的游戏。于是，她接近游戏群体并观察、了解游戏的主题内容。之后，教师先是通过非正式提问的方式尝试去扩展人物及剧情的内涵，发现情境外的引导没有成功，于是便改用教师入戏的技巧，通过假演其中的角色，以参与的方式在情境内进行游戏内容的扩展和加深，并根据幼儿戏剧主题的改变，即兴、灵活地为游戏提供鹰架。

这类戏剧扮演游戏大多发生在非事先安排的时间或非正式的教学场域中，例如娃娃家或户外游戏场。课程的发展相当弹性、即兴自发。可能间歇性延续多日，也可能随玩者的需要而马上变更或结束。每次游戏时间的持续性较短，在5~20分钟。具有社会互动性，游戏的幼儿数以若干名幼儿组成的小组形式展开，有同伴、导演和制作者等不同角色的互动。在口语沟通方面，具有与戏剧情境相关的交谈对话及建立、维持游戏的后设沟通。教师的指导以非正式的提问或即兴参与为主。

二、幼儿戏剧教育活动

（一）幼儿戏剧教学游戏

戏剧游戏（Theatre game）原本是训练演员的活动，通过集体游戏的形式与氛围，锻炼参与者的表演技巧与能力，使参与者的感官反应更敏锐，并且建立其主动、自觉、积极、合群、流畅与独特的表演能力，是演员训练及排练热身常用的有效方法①。很多人对戏剧活动的认识存在一定的局限，其实，戏剧不止是在舞台上的表演，还可以通过戏剧教育训练一般人都应该具备“七力四感”——感受力（打开各个感官，感知外界的人、物、事）、想象力（脑洞大开）、观察力（比别人看得更多）、注意力（专注地做事）、表现力（包括语言和肢体）、适应力（人际交往、陌生环境的应对）、思考判断力（独立思考，有自己的态度）、真实感、形象感、幽默感（让大家都喜欢）、节奏感（身体协调）。幼儿戏剧教学游戏便是教师引导幼儿运用肢体与表情、声音与语言，进行感知、想象和表达的戏剧教学游戏活动。与幼儿自发性戏剧游戏和随机性的幼儿戏剧扮演游戏不同的是，幼儿戏剧教学游戏是由教师作为游戏的引导者，带领幼儿进入一种真实或虚构的戏剧情境中，充分运用各种感官感受周围世界，并在这些已有经验基础上加以想象、创造，以模仿、造型、控制等方式表达对周围世界的认识和思考。幼儿在戏剧游戏中是快乐的，也是有规则的、自由的②。

幼儿戏剧教学游戏可以作为戏剧活动开始部分的“暖身游戏”；也可以渗透到幼儿园不同领域活动中，作为教学活动的某一个环节；还可以融入幼儿园一日生活中，作为过渡环节等。它所具有的简单、短小、灵活的特点，既有利

① 王添强．活泼学习：学前教师教育戏剧起步期教学实务指导手册[M]．北京：北京语言大学出版社，2019:6.

② 张金梅．幼儿园戏剧教育课程 大班[M]．南京：南京大学出版社，2014:273.

于幼儿散点式地获得戏剧经验的积累，提高幼儿戏剧表达能力，又可作为一种有趣的教学手段，运用于幼儿园不同领域、不同主题活动课程之中。

幼儿戏剧教学游戏从类型上可以分成身心放松游戏、五官感知游戏、专注力游戏、模仿游戏、想象游戏、造型游戏、控制游戏和空间与彼此等不同类型。每种类型的幼儿戏剧教学游戏从活动的难易程度又可以分成初级、中级、高级三个层次。教师在游戏引导时，可依据幼儿戏剧经验的多寡和活动主题的需要，选择合适的戏剧游戏类型与层次，而且同一类型系列的戏剧游戏活动，在层次上可以灵活串联、组合，使幼儿有更加深入、丰富的体验。

1.身心放松游戏和控制游戏

放松练习旨在克服演员的怯场（stage fright）心理，对释放情绪、精神与身体紧张有正面效应（a positive condition），用以认知情况（the conscious state），加强知觉、思考、身体活动及情绪上的稳定[①]。在戏剧表演训练中，“真、松、活”的生理状态是演员所需的创作状态，心理上的紧张必然导致身体上的失控。虽然幼儿戏剧教育活动不同于专业的戏剧表演活动，但身心放松的训练同样可以帮孩子们从紧张或亢奋的状态恢复到平稳的状态，平缓过于兴奋的情绪，使肌肉得到放松、肌体变得灵活、反应更加灵敏，这将更有利于孩子们以一个和谐平衡的心理状态进入或走出戏剧的情境。所以，放松游戏可作为戏剧活动的暖身游戏，也可作为戏剧活动的结束游戏。例如，在中班戏剧游戏“我是一个小雪人”中，儿童从头、腰、腿到全身逐步放松。大班戏剧游戏“白云飘飘”让儿童全身处于放松状态，并在教师语言提示下做动作[②]，平稳地从暖身活动过渡到用肢体表达的戏剧状态中。

另外，因为放松，达到松弛的第一步是辨认、确定和消除所有不必要的紧张，所以身体的紧张感知与控制和放松的游戏也常结合在一起进行。控制游戏即在虚构的情境中，对身体运动的大小、轻重、速度、空间（高低、上下、内外等）的把握，可增强儿童对身体相对性地控制。例如“大象和蚂蚁”（“踩脚印”有关轻重的控制）、“跷跷板”（有关高低的控制）、“慢镜头”（对身体运动速度的控制）[③]，此外还有“回音谷”和“声音的故事”（对声音的控制）、“吹泡泡”（对身体延展性的控制）等。“小木偶”是一项常见的身体紧张与放松结合的游戏，兹介绍如下。

① CRAWFORD J L.Acting,in person and in style[M].Dubuque:Waveland Press,1991,7.

② 张金梅.学前儿童戏剧教育[M].南京：南京大学出版社,2015:202.

③ 张金梅.学前儿童戏剧教育[M].南京：南京大学出版社,2015:205.

“我变成小木偶了”①

目标：（1）提高自我控制能力。

（2）探索身体紧张与放松的动作。

准备：铃鼓、流畅性音乐、悬丝偶、纸箱

流程：

（1）介绍悬丝偶（小驼），引导讨论悬丝偶的特点。

“今天要介绍新朋友给你们认识！”（从纸箱中拿出小驼）

“偶上有线连接，如果把线放掉，小驼会怎样？”

（2）练习悬丝偶身体关节部位的分节动作。

“假装大家都是木偶，有一条线在你的‘头顶’上拉，线越拉越高……越拉越高，放松！”

（3）创造一个戏剧情境，配合口述，将分解动作以一个主题连贯起来，如魔法师（老师扮演）趁主人不在时，让木偶复活，并操纵他们，直到主人回来。

“……主人出去了，木偶的头慢慢地从桌子上抬起，向右、向左、向前、向后、转一圈；两边手肘慢慢拉高，手腕接着拉高，拉到最高，放松！……哎哟！主人回来了！赶快恢复成木偶的样子。”

（4）讨论分职扮演小木偶的想法。

“拉紧放松的感觉如何？拉紧时像什么？放松呢？”

定点全体同时

➢悬丝偶易打结，操作前可整理好放于箱中。

➢边讨论边示范悬丝偶的特点，加强印象。通过口述以体验每个身体关节的摆动动作（头顶、肩膀、手肘、手腕、手指、腰、膝盖、脚踝、脚趾等）。

➢如果人数众多，建议可以两大组分别进行，由其中一组先活动，另一组当观众。

➢建议可以加入其他自编动作。

延伸

（1）搭配音乐，让悬丝偶自由配合音乐（可更改为节奏性强的音乐）跳舞。

（2）两两一组，一人担任操偶人，一人担任悬丝偶，配合音乐进行活动。

“小木偶”游戏可以借鉴上述范例根据实际的活动需要进行不同的改编。

另外，在做放松游戏时，要注意活动的全班适宜性；动作程序设计要以由大变小、由强转弱、由紧而松、由重而轻、由热而冷、由动变静的原则来实施②。同时注意松弛不是松懈，松弛是一种积极、有效的体验与表现的状态，而松懈则是缺失了创作积极性的懈怠与散漫。教师在戏剧游戏活动的指导过程中，应观察与辨认幼儿的表现，区分二者的不同。如若发现幼儿有松懈的表现，教师可采用动作模式变换速率的方式，重新调整活动，集中参与者的注意力。

① 林玫君．儿童戏剧教育活动指导[M]．上海：复旦大学出版社，2018:77.

② 张晓华．创造性戏剧教学原理与实作[M]．上海：上海书店出版社，2011:107.

2. 五官感知游戏

在心理学中，感知即意识对内外界信息的觉察、感觉、注意、知觉的一系列过程。感知可分为感觉过程和知觉过程。感觉（sensation）是大脑对直接作用于感觉器官的客观事物的个别属性的反应①。人的感觉通过五觉——视觉、听觉、嗅觉、味觉、触觉综合传递。感觉作为人类最初级的认识活动，是知觉、记忆、思维等复杂的认识活动的基础，也是人的全部心理现象的基础，是最简单、最基本的心理活动②。即当刺激物对感觉器官产生作用，器官就能将其接收，并转换成为感觉信号，再经由自身的神经网络传输到我们思维的中心——“头脑”，通过神经系统的处理进而产生对这些事物部分属性的整体反应，这种反应便是感知。

吃，这件事对于幼儿而言是不可或缺甚至是最重要的事。一说到吃人们自然会想到味觉和嗅觉。但事实上，吃这个动作不仅包含了味觉和嗅觉，还包括嘴唇、牙齿、舌头、口腔、咽喉等身体部位的触觉反应。例如在味、嗅觉游戏“冰激凌”中，孩子们在分享吃冰激凌时这样表述感受：“甜甜的”“很香”“冰冰的”“软软的”“吃得太大口嘴巴会麻麻的”……另外，在回忆吃冰激凌的经历时，他们这样描述自己的经验：“很开心”“融化了，流到手上黏黏的、滑滑的”“弄到衣服上妈妈会很生气”“有一次不小心掉在地上，很难过”……可见，无论是在生活中还是戏剧活动中，五觉是并进的。所有感官都是外在世界信号的“接收器”，相关联地统一于生命的整体感知之中。幼儿看到冰激凌，是视觉，同时他的味觉和嗅觉马上产生作用，嘴里好像会有甜甜的、冰冰的感觉，鼻子会闻到香味。

知觉的发生依赖于过去的经验，所以此类游戏的内容与经验、交流、规定情境、想象有着密切的关联。幼儿通过五官感知游戏，唤起、回忆、重复着各种不同的感知觉，在真实或虚构的情境里，能调动幼儿的感官、唤起人物的心理与情感感受，增强儿童的感官意识、挖掘自然真实的感知反应，能促进其感知能力的发展。类似的游戏还有触觉游戏“我把球变成了狗”，游戏运用想象，通过触觉感官的回忆和觉知，以哑剧动作创造互动的情节；听觉游戏“音乐的联想与变奏”，可以提高听觉感官的敏锐度；视觉游戏“眼神杀手”，以传递眼神的方式增进观察力和专注力，发展团队默契等③。

① 梁宁建．心理学导论[M]．上海：上海教育出版社，2006:117-129.

② 彭聃龄．普通心理学[M]．北京：北京师范大学出版社，2016:83-93.

③ 林玫君．儿童戏剧教育活动指导[M]．上海：复旦大学出版社，2018:140-166.

3. 专注力游戏

专注是指集中个人的注意力于一个目标上，以期紧密地形成一种小而强的量能（smaller but stronger quantity）的能力[①]。心理学指出，它是心理活动或意识对一定事物的指向和集中，这种能力可以使人们更精确地观察各种情况。注意的过程并不是一种独立的心理过程，而是感觉、知觉、记忆、思维等多种心理活动的开始，是认识世界的起点。幼儿从原始的注意行为过渡到有意注意，注意力通常会伴随着幼儿成长而不断发展。例如，幼儿之所以会对事物产生不同的看法，主要是因为幼儿对所观察的事物的细致程度不同，注意力集中的幼儿对事物的观察更为仔细，他们的认知水平和层次也更高，事物在其头脑中的印象也会加深。注意力集中的幼儿的认知和记忆能力得到了充分的发展，对新知识、新事物的接受能力也随之增强。在幼儿园中，不同年龄段的幼儿的注意力有较大差距，它的发展与幼儿年龄有密切关联。例如，小班阶段是幼儿注意力形成的萌芽时期。这个时期以无意注意为显著特点。无意注意的源泉主要是幼儿的兴趣和喜好，他们容易受习惯和熟悉等内外因素的干扰和影响。中班幼儿的有意注意力得到加强，通常可以将注意力集中时间保持在十分钟左右。有意注意指的是自觉的，有预定目标的注意。在有意注意时，往往需要一定的努力，积极主动地去观察某种事物和某种任务，是一种有意地集中和保持注意的能力，对幼儿所具有的性格、认知和社会适应能力都将产生深远影响。到了大班阶段，幼儿基本都能够按照教师指令集中注意力，注意力会明显提高。

注意力集中的幼儿更容易实现自我管理，他们对事物的坚持也是自身毅力的一种表现。幼儿园中那些专注力不强且经常乱动乱跑的幼儿，自我管理和约束能力明显较差，在遇到困难或挫折时通常选择放弃。因此教师通过专注力游戏，可以将心理学这些抽象的概念转化为具体可行的训练，从而影响幼儿注意力的发展。

常见的一些专注游戏如下。小班戏剧游戏“网中鱼”需要儿童对渔网的视觉关注；戏剧游戏“水果蹲”则是儿童对指令的听觉关注。中班戏剧游戏“传球接龙”“姓名游戏”和“复读机”是对同伴话语的注意倾听。大班戏剧游戏“西瓜苹果梨”是对指令的关注；戏剧游戏“对不对”是对人物和故事情节的关注[②]。

---

① EASTY E D.On method acting,stanislavsky,and practice[M].Orlando:House of Collectibles,1978:63.

② 张金梅.学前儿童戏剧教育[M].南京：南京大学出版社,2015:205.

在进行专注游戏时，我们还应注意到注意力所具有的广度、稳定性、转移和分配四种品质。心理学专家指出，在同时进行两种或集中活动时，把注意指向不同的对象，叫作注意的分配。集中注意去观察与思考的活动，成为注意的中心，而其余的动作都已达到相对“自动化”的程度，在进行时无须紧张注意。一个人越是熟练地掌握这些动作，他进行逐一分配也就越容易。当教师理解戏剧教育活动中注意力也存在这些问题，就能懂得注意中心和注意分配之间的关系，就能更有意识地去运用它更好地引导幼儿。另外，注意是五觉的注意，注意到就要感知到。我们常常发现幼儿在看，但是他们并没有真正地看，因为没有“看见”。例如，桌子上放一个苹果，他只看见一个苹果，至于苹果的颜色、大小、质量、气味、触感、味道等特点他们都没有注意到。通过专注游戏，打开并丰富宫感体验，培养幼儿生活中“注意”的习惯，提升对世界的观察力、感受力，进而提高注意的质量，更好地认知世界。

4.模仿游戏和想象游戏

首先，在演员的表演训练中，模仿是属于观察与模拟训练的范畴。演员在运用生活素材进行创作时，生活的积累首先是从观察生活开始的，往往是通过模仿把自己所观察的人物“速写”在自己身上，最终保留在自己的记忆中。但是，由于演员在模拟时，实际上不可能不加入自己的主观臆测和主观态度，所以，应该说演员在进行模仿时就不完全是那个被模仿的对象本身了。因此，从这个意义上说，应该是一种“模拟”①。对于幼儿而言情况则不同，他们的动作、语言、技能以及行为习惯、品质等的形成和发展都离不开模仿。模仿游戏是假装游戏得以产生的条件，在戏剧游戏中，幼儿通过观察和仿效其他个体或物的特性、运动过程及行为，从而提高观察能力、改进自身技能和学会新技能，当然，同时也提高了戏剧表达能力。

模仿游戏常见的内容有对声音的模仿，如小班戏剧游戏“我学动物叫一叫”；有对静物的模仿，如“我变，我变，我变变变”，用身体造型表现出物体或植物的基本特征；有动态的模仿游戏，如“种子的故事”，通过身体的定点动作，如利用推、挤、扭、转、伸展等动作，模仿小种子成长的过程；还有对人物的模仿，如“洗车师傅”“我是售货员阿姨”等，表现出不同人物行为方式的特点和区别。

如果说模仿游戏是外显的表达，那么想象则是内在的体验。几乎人人都有想象的经验，但它却不是人人都会运用的技能。首先，艺术就其本质来说就是

① 梁伯龙，李月．戏剧表演艺术[M]．北京：高等教育出版社，2004:75.

想象的虚构。斯坦尼斯拉夫斯基认为“以假当真，假戏真做”，最重要的是要有信念，即对虚构事物的相信。对于成人演员而言，这是一种态度，亦是一种素质和技巧，需要训练和培养。在斯坦尼斯拉夫斯基的论著中曾明确指出：“舞台上的真实是想象的真实，态度的真实。可是我说的不是这种真实，而是另一种真实——是想象的真实，我的情感和感觉的真实……是自身以内的真实，这就是我对舞台上的某一现象，对道具、布景、扮演剧中角色的对手及思想情感等等所持的态度的真实。”①

但有趣的是，虽然这种信念感是与生俱来的，但年长以后这种能力却会因各种主客观原因而逐渐减退。想象力的重要性在此不做赘述，但有一点应当知道，首先当儿童的想象力具体物化在某一项事物中时，就是创新的开始，故弥足珍贵。其次，想象不是空想、冥想，是对头脑中已有的形象进行加工，需要一定的训练方法与步骤。为了证明幼儿的想象水平有高低之分，心理学家纳塔杰于 1978 年做了定式想象实验。实验分为四个方案，实验范围在 4 ~ 6 岁的儿童之间进行。结果表明，不能形成想象定式的婴幼儿数随年龄增长而减少；形成想象定式的儿童数量随年龄增长而增加。儿童的想象力发展大致分为以下三个阶段。第一阶段，2 ~ 3 岁的儿童，这是形象力发展的最初阶段。这个阶段的儿童还没有形成完整的生活意识，没有稳固的想象参考模式，所以想象的进程比较缓慢。第二阶段 3 ~ 4 岁的儿童，这个时期的儿童由于生活环境的变化，学习和模仿的能力逐渐增加，所以想象力的发展也变得迅猛。这个阶段的想象力主要表现在儿童无意识的联想，并不能达到合理性的目的。第三阶段 4 ~ 6 岁的儿童，这个时期的儿童想象力会含有一些有目的、有意图的感知成分，会因为外界的因素而形成有意识的联想和想象。想象的内容也是最丰富的，新颖程度也会逐渐增加。所以，教师必须了解幼儿想象力发展的特点与规律，学习如何选择游戏内容、引导想象，并将之运用到学习上。最后，想象与动作间有一种隐喻的关系（metaphoric relation），若以戏剧的动作为媒介将可实现我们内在与外在世界所隐含的关系②。因为想象本身是一个内在的心理活动，但它不光是游戏者心里所想，而是假装这一切是真的，我该怎么做。在幼儿的戏剧游戏中，假装我是谁、假装下雨了、假装我在给小狗洗澡、假装这一

① 斯坦尼斯拉夫斯基．斯坦尼斯拉夫斯基全集，第一卷 [M]. 北京：中国电影出版社，1958:358.

② MCCASLIN N.Creative drama in the classroom and beyond[M].New York:Longman Publishers,1996.

切是真的……戏剧的想象力表现在很多层面上，包括戏剧故事的创作背景、人物形象的塑造，或者语言、性格、道具等。其中，情境的假想，是幼儿进行此类游戏的基础。在一个“假设”的情境架构中，“做”的行动能带来真实感。正如模拟论代表人物 Harris 认为，儿童不需要用一种“理论”来理解他人的心理，但需要通过扮演和想象，来获得对心理状态的感受，从而对他人的行为进行推论，并用戏剧游戏中的角色去合理化地解释不同的人、事、物。

一般而言，孩子们在进行模仿游戏时，都会从单纯的外部模仿入手，即外在造型、动作、语言等。例如，穿上医生的白大褂自己就是医生；给娃娃喂饭自己就是妈妈；戴上漂亮的皇冠自己就是公主，这些角色对孩子们来说，都不是人生的直接经验，需要他们在自己已有经验的基础上，调动内心世界的直觉、想象与思考后，联结合新经验，进行重组、转换，创造出新的情境、角色和故事情节。在游戏的当下，体验与体现是密切联系在一起的。“想象”和“模仿”是幼儿戏剧游戏“内在现实”的两只脚，此类游戏将有效引导孩子们在“规定情境”中沟通彼此的想法与行为，孩子的社会技巧与自我概念也将在这个过程中获得增进。

5. 肢体动作游戏

在人际交流互动当中，形体动作是传递信息的重要方式，同时也在表达情感方面发挥积极作用。形体动作可以有效弥补口头语言表达当中存在的词不达意的缺陷，让人的个性特征以及风度气质得到真实生动的体现。从幼儿戏剧教育的角度看，“肢体动作”游戏一般分为：身体觉察与控制、空间位移、空间关系、韵律动作四大类型①。肢体动作游戏不仅能够塑造形体，提升身体的柔韧度与力量，增强表现力，还可以促进幼儿对身体的感知和掌控能力，包括身体的重心、运动、呼吸、能量等。当孩子们意识到自己具有可以控制自己身体的隐藏能力时，他们的自我存在感便会更加具体。日本“国宝级戏剧大师”铃木忠志认为，增强感知，不仅是感官或其他外部官能的感知，更重要的是心灵的感知。而要增强心灵的感知，就需要借助外在身体的感知去启发和诱导。肢体动作游戏让孩子们意识到，大脑对身体的掌控力，感受到身体的每一个部分都是“会说话”的。

肢体动作游戏是从身体的唤醒及身体与情感、心灵连接的觉醒开始的，除此之外，其内容还包括：身体的归零、解放等开发游戏；自然状态下的身体表达；基于身体感受力和想象力的大胆创作等。例如，“全身上下动一动”游戏

① 林玫君．儿童戏剧教育活动指导[M]．上海：复旦大学出版社，2018:51.

是通过观察并灵活运用身体各种不同的部位，增进自我控制力；“口香糖”游戏游戏是假装将口中咀嚼过的“口香糖”（假想的口香糖）黏在身体某个部位，发掘身体部位，练习身体的自我控制，并表现肢体的创意；“身体打招呼”游戏是跟随口令，在空间中用身体某个部位打招呼，在观察并练习运用身体不同的部位的同时，熟悉彼此，增强团体动力①。肢体的游戏非常丰富，都不同程度地关注了以下三个方面：一是学习连接“我”与我身体的各部分，让身体学会自由地说话。二是构成与动作同伴和周围环境之间真挚的形体交流形式。三是从表演意识产生的角度看，有利于“观众”意识的产生。事实上，孩子们和演员一样，一旦意识到自己以外的空间有“他人”的存在，就会产生一种欲望，尝试要用身体、语言来传达自己的观点。当这种尝试逐步积累，并且具体化成一种行动方式时，这就是表演。

我们的身体存在于空间之中，同时我们的身体又创造了一个空间。正如表演空间是戏剧行动的一部分，在肢体动作游戏中，儿童在学习如何使用及控制自己身体的同时，也离不开空间关系。空间关系包含了“个人与公共空间”“空间的高中低”“距离的远近”“路径”“合作”“状态”等项度。形体具有方向性，而空间没有方向性，空间是无限的。形体只有通过空间才能完美地表现出来，空间是形体的特殊载体。形体渗透于空间，并在自身的变化中不断创造着新的空间，使形体与空间成为一个不可分割的有机整体②。所以，儿童在游戏的过程中，除了自身对空间的积极探索和感知外，还需要学习如何与他人共享空间。此处“共享”之意为，能够在自己与他人的空间中取得平衡，灵活自如地表达心中的想法与感觉。具体表现在体验自己身体如何组合动作、如何在空间中移动、如何与他人保持身体动作上的关系等。此类游戏有：空间位移游戏系列“小狗狗长大”，是一只小狗狗从狗妈妈肚子里出生那刻开始，一直到小狗狗长大后的生活故事；空间关系感知游戏“镜子”，是关注自己与他人在空间中相对位置的变化；“影子”游戏则是探索肢体在远近、前后、高低等空间中移动的相对关系，可提升肢体在空间移动的敏锐度与儿童的观察力；“海底世界”游戏是通过练习海底动物不同的移动方式，探索空间中直行、回旋等较复杂的位移动作；还有“忽远忽近”“形状魔咒”等游戏③。

韵律动作则是将身体动作与时间或韵律的概念相结合，包含快慢的“速

① 林玫君．儿童戏剧教育活动指导[M]．上海：复旦大学出版社，2018:56-59.

② 林洪桐．表演训练法[M]．北京：北京联合出版社，2017:272.

③ 林玫君．儿童戏剧教育活动指导[M]．上海：复旦大学出版社，2018:84-95.

度”、切断或连续的“韵律”动作等。肢体动作游戏除了有动态的游戏，还有静态的游戏，称为“造型游戏”。即用肢体塑造人或物的静止形态，可以单人完成，也可以多人合作。例如游戏“照相馆”“我是一棵树”“小小雕塑家”等。

每位游戏的参与者，通过观察、感觉和表达来获得自己的存在，通过身体和世界建立一种交流关系。正如阿尔托在其《残酷戏剧：戏剧及其重影》里说：“你在体验着这个世界，这个世界也在体验着你。”

（二）幼儿戏剧教育课程

1. 主题性戏剧活动

林玫君在《儿童戏剧教育的理论与实务》中，提出的“主题性的戏剧扮演活动”是一种教师比较有组织及计划地引导幼儿进行戏剧扮演的幼儿戏剧课程[①]。张金梅在其《学前儿童戏剧教育》中提出的“戏剧主题活动”是教师带领儿童集体进行的戏剧表达、戏剧创作到戏剧表演的完整过程[②]。二者既有同质之处，又略有不同。

“主题性的戏剧扮演活动”和“戏剧主题活动”都是围绕某一主题，以“参与者已有的经验”[③]作为戏剧创作的基础，是关注儿童戏剧经验的，由师生共同建构的一系列戏剧活动。两种戏剧活动都是在一个主题统整下，需要若干次的专门的活动时间有计划地展开，活动具有相对的独立性和完整性。另外，从活动的幼儿自主性与教师指导性关系看，都体现了教师带领儿童决定这样一种“师生共建”的形态，而且都强调活动环境与材料的投放及教师的戏剧教育指导策略的运用。但二者在主题的具体来源、一次主题完整活动的组成环节和活动组织等方面，均存在一些不同。

“主题性的戏剧扮演活动”的主题内容来自幼儿偶发性游戏经验，课程的发展以主题为导向，教师在观察、了解的基础上进行计划，给予相关道具、材料、口语讨论等支持，有组织地引导幼儿更深入地投入戏剧扮演游戏中。在组织环节上，第一是观察，根据幼儿在戏剧游戏中的需要提供丰富的游戏材料；第二是以大组活动的形式进行集体戏剧游戏，了解幼儿经验、发展身体动作表达能力和加深对各类角色的了解；第三是组织讨论，教师进行情节初构和角色自主选择；第四是进行游戏材料和场地空间的分配；第五是分组游戏，教师视具体情况组织角色轮换。整个活动呈现层层叠加，螺旋发展深入的形态。“戏

① 林玫君．儿童戏剧教育活动指导 [M]．上海：复旦大学出版社，2018:55.

② 张金梅．学前儿童戏剧教育 [M]．南京：南京大学出版社，2015:223.

③ WAY B.Development through drama[M].London:Longman,1967:187-234.

剧主题活动”则更强调一系列戏剧创作活动的完整过程。首先，活动的主题来源于艺术作品、自然现象和社会现象三个方面，且不同年龄段的主题来源侧重有所区别，例如小班多将文学作品的内容作为主题来源，而中、大班则拓展其他艺术形式以及将自然现象和社会现象作为主题来源。其次，整个活动是一个由四个层次环环相扣，由浅入深的戏剧活动系列构成。组织环节从幼儿相关经验的回忆、再现，有目的地导入戏剧主题，到以角色体验、探索与表达为主的戏剧表达，再进入戏剧创作，最后是在戏剧表达、戏剧创作基础上，在观众面前进行戏剧表演。在戏剧创作的过程中，教师通过新增角色、设计戏剧冲突来引导儿童创作戏剧情节和解决问题。鼓励儿童大胆想象，在一定程度上对原有艺术作品进行改编，强调儿童的创造性。在戏剧表演形式上，小班以音乐剧和话剧为主，鼓励儿童以歌舞的方式、对话的方式表演；中班在小班的基础上增加了偶剧，大班增加了哑剧。

从本质而言，“戏剧主题活动”与前述林玫君在《儿童戏剧教育的理论与实务》一书中所介绍的三大课程模式之一“学习有关戏剧的概念”的课程模式有诸多相近之处（详见表 4-3）。它们均是通过系统的、有计划的、循序渐进的方式发展参与者系统性的、完整的戏剧经验。教师的“领导者”角色清晰，在活动过程中，教师运用戏剧指导策略对戏剧活动灵活进行指导、推进。相较于“主题性的戏剧扮演活动”与“学习有关戏剧的概念”“戏剧主题活动”主题来源更广，艺术创作空间更大，更强调活动的动态生成性和儿童戏剧经验的完整建构。

表4-3　学习有关戏剧的要领与戏剧主题活动的比较

<table>
<tr><th>课程形态</th><th>学习有关戏剧的概念</th><th>戏剧主题活动</th></tr>
<tr><td>教育目标</td><td>增进参与者对自我肢体与口语表达，对戏剧元素的呈现与制作及对戏剧艺术的审美能力。焦点在戏剧的知识及概念形成过程（目标性）</td><td>实现儿童戏剧经验的完整建构</td></tr>
<tr><td>主题来源</td><td>文学作品</td><td>艺术作品、自然现象和社会现象</td></tr>
<tr><td rowspan="2">课程计划</td><td colspan="2">活动层次</td></tr>
<tr><td>（1）儿童作为戏剧参与者：肢体放松、身体动作、五官感受、想象情境、人物刻画等活动；
（2）儿童作为戏剧制作者：剧情、人物、主题、对话等；
（3）儿童作为戏剧欣赏者：感受、反应及反省等</td><td>①戏剧表达
②戏剧创作
③戏剧表演</td></tr>
</table>

（续表）

课程形态	学习有关戏剧的概念	戏剧主题活动
课程计划	难易原则	
	通过系统、有计划地将戏剧的相关概念由简单到复杂的原则进行教学，以帮助参与者了解戏剧创作与剧场制作的过程与结果	课程的编排体现出由易入难，循序渐进的原则，且不同年龄段戏剧主题来源与表演形式不同
教师角色	事先组织课程内容，依计划和目标组织戏剧教育活动，并运用一定的戏剧指导策略，帮助参与者了解戏剧的元素，推动戏剧活动的开展	

2. 议题性教育戏剧 D-I-E

议题性教育戏剧 D-I-E 属于前述林玫君在《儿童戏剧教育的理论与实务》一书中所介绍的三大课程模式之一——“通过戏剧来学习相关议题”，是以英国教育戏剧 D-I-E 为发展模式的课程。教育戏剧活动中，戏剧主要的教学功能是它的媒介性质，主要目标是使参与者通过虚构的戏剧内容结合事实，达到艺术本体的学习目标与学科内涵的认知目标[①]。

议题性教育戏剧 D-I-E 的主题来源是教师在考虑幼儿原有经验和兴趣的前提下，事先设定“议题”“故事”或配合幼儿园课程的主题框架进行计划安排。此类课程形态的主题来源很广，任何故事、生活主题或社会事件都将是戏剧内容的主题来源。教师将主题中某些事实或现象的真实内容，与虚构的戏剧情节所创造出来的情况、事件或故事结合，作为课程的前置内容。例如，“猴子家族的命运”[②]，在儿童熟悉的“五只猴子”手指谣的基础上，以发展一群“猴子的命运”为主题，讨论当人类生存陷入困境时，是否考虑迁徙或抵抗的“议题”。从案例的组织与流程看，教师以剧中“猴王”的角色直接“入戏”，把“猴族成员们”直接带入一个预设的情境：森林中的鳄鱼又开始了一年一度的攻击行动，已经有五个猴子家族被吃掉了。参与者们通过讨论、辩论的方式决定如何面对死亡的威胁及找寻摆脱困境的方法。有的小组决定与鳄鱼对抗，有的小组准备逃亡，迁居他乡。教师根据孩子们的讨论，运用问话技巧和各种教

① 郭香妹，陈春利，陈惠芬．教育戏剧跨学科教学课程设计与实践 [M]. 北京：中国戏剧出版社，2017:3.

② 林玫君．儿童戏剧教育的理论与实务 [M]. 上海：复旦大学出版社，2015:57.

育戏剧带领技巧，聚焦学习内容，维持幼儿对“议题”的兴趣，推动主题或故事的发展与创作。然后视情况进一步创设不同的情境，每一个情境戏剧情节都不重复。作为整个活动过程的“领导者”，教师不仅要带领幼儿横跨时空，参与戏剧主题或故事的即兴发展与创作，还要能引导幼儿融入当下的情绪与思考，从而获得对“相关议题”的深层体验，探索问题的解决之道，并进行表达与讨论。最后，领导者带领大家复盘，反省、评量、总结经验教训。

3.线性组织的创造性戏剧

线性组织的创造性戏剧和议题性教育戏剧 D-I-E 在课程本质上是相似的。“组成成员”都包含一位领导者及一个团体。它们都是即兴、非正式表演且以过程而非事先演练的表演结果为主的戏剧课程形态。参与者既是戏剧制作者，也是观众。活动主题的来源也是由领导者，在参与者经验范围内设定。参与者为一组或若干组成员，在领导者的带领下，透过戏剧性实作，即运用假装的游戏本能，以即兴演出的动作与对话，共同去想象、拓展、发展、表达与交流彼此的理念与情感。但二者在教师的带领方式和活动流程等方面又不尽相同。在议题性教育戏剧 D-I-E 中，活动一开始教师就直接带领参与者跳入戏剧情境，而线性组织的创造性戏剧活动的流程通常沿着暖身、引起动机、说故事、讨论练习、戏剧呈现、反省检讨等环节以循序渐进的线性方式推进。

例如，在线性组织的创造性戏剧“五只猴子”①中，首先是引起动机。教师用猴子手偶引入猴子主题，采用“询问”的技巧，制造了“小猴要如何‘说服’猴妈妈让它看电视”的问题情境。引导幼儿结合自身旧有的生活经验积极参与讨论，从而了解戏剧名词“说服”的意义。教师提出的问题不仅建立了一个场景，也唤起了参与者与自身经验的关联回忆，引发了参与者们的讨论。其次，介绍手指谣“五只猴子”。在这个环节中，教师通过提出两个问题：“如果你是猴子，看到鳄鱼正向你走来，会用什么样的声音说话？”“如果你是鳄鱼，你会怎么做呢？”一方面初步设定了情节，促进了参与者讨论的意愿；另一方面激发想象，鼓励参与者练习童谣中的用词和语调的变化，增进了声音的表达能力。通过集体手指谣练习这一简单的暖身活动，使参与者的情绪能够很快进入课堂，并把注意力集中于将要进行的活动中。再次是“讨论与练习”环节。教师提出一系列问题，制造不同的问题情境，引导主题的深入与发展。在创造性戏剧活动中，讨论是非常重要的环节。通过讨论，参与者了解、构思主题中人物、情节、情感、如何扮演等问题。老师穿梭于各个讨论小组，耐心聆

① 林玫君.儿童戏剧教育的理论与实务[M].上海：复旦大学出版社,2015:61.

听与细致观察，可以获得对参与者经验的了解，对大家的讨论给予适当的提示和引导。参与者从集体讨论到分组讨论，随着讨论的深入，戏剧活动的内容将愈加具有实质上的意义。“讨论与练习”之后，便是“整体呈现”。这其中包括“角色的分配”“场地位置的设定与划分”“各组呈现的次序与流程”等环节。在这个部分，教师应对活动的程序与规则进行解说与规范，建立“戏剧默契”。一般而言，团体规范由教师或领导者来说明。诸如：“等下先播放一段音乐，等大家准备好，就一起朗诵童谣中的第一段，各家的猴子同时荡秋千，待念到‘鳄鱼来了’，老师（鳄鱼）就会出现，并随意走到其中一组‘猴子’前面，这时猴子就可以想办法对付‘鳄鱼’。表演完后，全组可以坐下，表示已经结束。”①其中“鳄鱼来了”便是这个戏剧活动的“控制器”，即“开始”及“结束”的信号。活动的最后一个环节是“反省检讨”，是对戏剧活动过程作回忆、分享、回馈与意见的整合，让参与者对整个活动有综合性的认知、理解及肯定②。教师引导孩子们回想刚才的活动，从过程与内容两方面提出建议。如：“记不记得他们做了什么事来对付鳄鱼？你觉得如何？如果你是他，你会怎么做？”“刚才第几组的‘猴子’很用力地抓扯老师的衣服，老师的衣服快被扯破了！若再玩一次，你们会采用怎样的假装动作可以不伤害演鳄鱼的人？”。有时在“反省检讨”之前，会有一个“复演”。复演除了能很快促进参与者深入剧情并做最佳之表现外，亦能因一个较成熟的作品呈现，使学习者消除不完备的忧虑，获得创作的信心与成就感，享受完整创作的快乐与满足。而且复演还可将各小组的创作注意力扩大到对其他小组呈现的细节部分的关注，既有趣又具有挑战性③。

“线性组织的创造性戏剧”为参与者提供了约制与合作的自由空间和机会，以团体互动的关系激发学习想象的经验与技巧，建立自我概念与价值观，增进思考、想象与创作能力，有效促进参与者人格的成长与有效的学习。

第四节　幼儿园戏剧课程的戏剧教学策略

“戏剧”一词在希腊文里的意思是“完成中的动作”，动作的主体是人，戏

① 林玫君．儿童戏剧教育的理论与实务[M].上海：复旦大学出版社,2015:63.

② 张晓华．创作性戏剧教学原理与实作[M].上海：上海书店出版社,2011:40.

③ 张晓华．创作性戏剧教学原理与实作[M].上海：上海书店出版社,2011:40.

剧是以人为中心的表演艺术，这个“人”是表现动作的人。其所表现的动作不仅是身体的动作，还包括思想与外在行为的心理动机①。动机推动动作的发展，一个情境便是由许多即将的动作合成的，一系列的动作再构成整体的行动。幼儿园戏剧课程同样具有一般戏剧的演绎辩证特质，是依据“动作中的人”（man in action）从开始、中间到结束的完整行动表现来安排教学过程的，这与其他学科领域的活动组织有很大的不同。在活动的引入、积极想象、反应、发展，至采取行动和反思等过程中，需要借助多种策略来达成。

“戏剧教学策略”一词包含了“戏剧”和“教学策略”两个部分，将“戏剧”一词置于“教学策略”之前，指明了“教学策略”的一般性和特殊性。戏剧教学策略是指在戏剧课程与教学目标确立以后，依据幼儿的学习规律和特定的教学条件，有针对性地进行教学内容、方法、组织形式、评价技术的选择、组合、操作使用和步骤程序的设计等，形成解决戏剧教学问题的、具有效率意义的特定的方案。它是通过戏剧习式，以实作模块的历程结构来完成的课程教学，包含参与者戏剧学习策略“习式”与戏剧教学活动的程序结构策略“模块”两个方面。作为连接戏剧教育理论与实践的桥梁，以及联系教师、幼儿和教学内容的中介，其运用使幼儿同步理解人类经验和戏剧艺术，从而产生戏剧教育的实质意义。了解戏剧教学策略，学习在课程议题的探讨与活动的进行中灵活运用相应的戏剧与剧场技巧，将有利于保持幼儿对议题的关切和参与的兴趣、推进探索的深化、戏剧的表达与创作能力的发展。

一、习式

习式是指运用于教学过程中的戏剧方法，它规定了戏剧活动的形式，也规定了参与者在特定的发展阶段如何表现自己②。课程教学的戏剧习式是按戏剧情节发展的四大建构部分来进行的，即说明、动作上升、高潮与结束③。Jonothan Neelands 与 Tony Goode 将戏剧教育家们常用的戏剧教学方法分为四类习式，代表四种不同的戏剧活动：建立情景活动（context-building action）、叙事性活动（narrative action）、诗化活动（poetic action）与反思活动（reflection action）。

① BROCKETT O G.The theatre and introduction [M].NY:Holt,Rinehard and Winston,1969:27.

② NEELANDS J,GOODE T. 建构戏剧——戏剧教学策略 70 式 [M]. 舒志义，李慧心，译. 台北：财团法人成长文教基金会，2016:35.

③ 郭香妹，陈春利，陈惠芬. 教育戏剧跨学科教学课程设计与实践 [M]. 北京：中国戏剧出版社，2017:14.

每项习式独自存在，都包含一系列不同的戏剧活动，以不同的方式传达和转化意思。但这几类习式并不分层次，亦没有先后次序，且种类的界限是宽松的，可以随时“变种”，方便选择①。学习者选择不同的戏剧习式，运用习式去体验、描述及转化个人和社群的意义。兹将幼儿园常运用的相关习式说明如下。

（一）建立情景活动

所有的表演都有一个基本情境作为出发点。在每一次即兴练习之前，都要对其进行清楚的解释，尝试把一种行为补充为一个情境，这是角色扮演的开端。为了达到形成情境的目的，就需要提供一些具体的道具。“建立情景的活动”主要用途在于协助创造戏剧活动所需要的情境，包括处境、人物、角色的具体细节。这些细节将提供资料，发展戏剧动作，比如设计房间、安排家具、交代故事发生的环境等，幼儿通过参与设定时间、地点、人物来理解戏剧情境中时间、空间及角色之间的关系，在各自的生活经验基础上自由想象，为戏剧活动寻找和创作象征意义与主题。建立情景活动主要通过团体或小组合作完成，每个参与者只需为将要进入的情境贡献一小部分意见，难度较低。

1.生活圈子（Circle of Life）

将一张大纸分成五个部分，中间圆圈部分写戏剧人物的名称和年龄，圈外均分的四部分分别标注住所、亲人、闲暇、工作 / 学习，四个标题尽量不含价值判断。操作上，将参与者分成四个小组，每组负责一个部分。每个幼儿在该部分选择一个相关的角色，创作一段与主角简短的对话，即表演训练中关于“W 问题”的回答：是谁在做，在做什么，在哪里做，什么时候做，这样做的目的何在，怎么做的，还有谁一起做，等这些问答。

个体与他人及社会的关系构成了人类生活的本质。幼儿在此类活动中通常以自身的生活经历与社会性发展经验架构想象的内容，从最少的资料一步步建构人物关系，推敲、分析角色行为，有利于幼儿认识自我、认识自己与家庭、社会和环境三者的关系，促进幼儿社会性经验的丰富与发展。

2.定镜（Tableau or Still Image）

“定镜”指运用肢体停止的姿势和形态、表情造型来展现整体想表达的某一时刻或概念。在情景创作活动中，常运用镜像画面策略将幼儿分组，运用肢体形态，集体建构一幅图画，具体呈现某一个视像画面，包含角色造型和场景

① 郭香妹，陈春利，陈惠芬．教育戏剧跨学科教学课程设计与实践 [M]. 北京：中国戏剧出版社，2017:56.

展现。比如儿童剧《小蝌蚪找妈妈》中，整部剧的场景是池塘，幼儿可以和同伴一起用肢体动作集体合作搭构情景，展示池塘中漂浮的水草、小石头、游来游去的小蝌蚪和小鱼等。这个活动需要较高的合作意识和一定的空间感，因此比较适合运用于中大班幼儿戏剧活动中。

3. 集体绘画（Collective Drawing）

全体幼儿集体或分组绘制一幅故事地图，将故事发生的脉络以线路图的形式画出来，包含每个情节发生的故事场景，是一幅图画符号的场景。为想象中的地方或人物创造一个共同的影像，作为随后即兴扮演中情节构想与发展的参考。

4. 集体角色（Collective Character）

集体角色是指由全班幼儿或分组后的幼儿，同时扮演一个角色，任何人都可以随时发言，或者选出一个代表扮演该角色，其他组员在一旁低声地发言，给角色对白建议或提示接下来的台词。集体感受角色能够在活动中鼓励幼儿各抒己见，充分表达对角色的认识与了解。例如在《小红帽》的故事中，全组学生集体扮演小红帽，跟扮演祖母的教师对话。教师任由学生发问，以取得故事情境的背景资料①。在儿童剧《三只小猪》中，教师可将幼儿分为猪大哥、猪二哥、猪小弟和大灰狼四个组，每组分别扮演一个角色。

（二）叙事性活动

在幼儿园戏剧活动中常用的“叙事性活动”有“教师入戏”“坐针毡”“会议或仪式典礼”“接力角色”等习式。这些习式的焦点主要在于引入和发展故事情节的关键事件或场面。

戏剧是强调创作性人际交流的群体性艺术，但戏剧中的交流和其他叙事形式不同，它不完全依赖语言来描述环境、关系或行为，还可以运用姿势和物件以表达象征意义，进行故事创作和经验表达。

1. 教师入戏（Teacher-in-Role）

“教师入戏”策略源于英国戏剧教育家多萝西·海兹考特（Dorothy · Heathcote）所创的领导者参与角色中的技巧，指的是教师扮演戏剧情境中的某个角色，并以角色的身份与儿童互动。教师一般以情境内第一人称的方式来引导，即协助参与者发展与呈现戏剧的想象情境。通常教师会完成剧

① NEELANDS J,GOODE T. 建构戏剧——戏剧教学策略 70 式 [M]. 舒志义，李慧心，译. 台北：财团法人成长文教基金会，2016:66.

中某些任务，利用戏剧中角色特质来吸引儿童参与，借此提出要求和建议，以达到发展剧情或探索重要议题的目的[①]。这一策略可以在不打断幼儿的前提下，使幼儿自然地加入活动中。教师入戏有多种方式，可以借助某种标志性的物品、行为或语言，辅以独白、叙述或描述进入戏剧活动。例如“我是个喜欢戴着毡帽的猎人”，或是“当我坐在宝座上，我就是国王”等。有“入戏”便有“出戏”，当剧情发展不需要这个角色时，便可以用适当的方式恢复教师的身份。“入戏”和“出戏”既要自然，又要明显。

2. 坐针毡（Hot-seatings）

这个策略是在场景布置完毕后，教师或孩子扮演故事中的角色，借由坐在特定的位置（“针毡”）、穿上某件衣服，或拿着某个物品来示意所扮演的角色[②]，接受其他人询问与角色相关的一些问题。从而在情节发展过程中探索这个角色的内心想法，拓展多层面的理解，从而推动戏剧情节的发展。由于这个策略以问答的形式为主，所以与幼儿的语言表达能力的发展紧密相关。一方面能够促进幼儿语言表达能力、问题解决能力的发展；另一方面也受到幼儿语言表达能力发展水平的限制，对于低龄幼儿或初次接触的幼儿而言有一定的难度，需要教师做有效的引导和反复练习。

3. 会议（Meetings）

小组成员集合在一起，以角色身份获取最新的消息，计划行动并共同决定，提出策略来解决眼前的问题。这一策略以不同仪式的特定程序带动情节的创作，可以由老师、组长或其他人来主持。如儿童绘本剧《小鳄鱼牙牙最棒的生日》，教师可以与幼儿一起讨论过生日都会做哪些事情，流程一般是怎样的，都会吃什么，气氛怎样，引导幼儿根据自己的生活经验和理解来创作情节，并将自己的想法用语言、动作等方式展现出来。

4. 接力角色（Tag Role）

参与“接力角色”的策略时，要求所有幼儿都加入这一活动。场内参与即兴表演的幼儿和观看席位上的幼儿都可以按照约定的信号，如手掌向上，向对方发出角色交换的信号，彼此回应换人要求。游戏的规则是集体承担创作故事的任务，不同的幼儿从自己理解的角度去探索角色，探讨尝试解决问题。要求保持即兴演出的一气呵成。

---

① 林玫君．创造性戏剧理论与实务——教室中的行动研究[M]．台北：心理出版社，2005:152.

② 乔·温斯顿，迈尔斯·坦迪．开始玩戏剧4-11岁：儿童戏剧课程教师手册[M]．陈韵文，张镫尹，译．台北：心理出版社，2008:179.

（三）诗化活动

诗化活动可让参与者超越戏剧的故事情节，转换惯用的现实主义的叙事手法，用不同的角度检视事件，进行活动，避免无新意的情节发展。在诸多类型的诗化活动中，“边做边讲”“变身”“默剧”和“角色互换”是比较适合幼儿的活动。

1. 边做边讲（Action Narration）

“边做边讲”也译为“动作叙述”，指的是戏剧的演出者每讲一句对白时，都加入叙述的字眼，用来形容或描述正在做的动作。其他人则从叙述或对话中，以动作表现出所叙述的情况。在此基础上，参与者可以进一步为所描述的每个动作加上一个适当的形容词，为动作做补充。这一技巧会加长完成动作的时间，鼓励深入和集中检视事情。尤其是在表现暴力事件的时候，减慢速度的动作能够让人以抽离的角度去观看事物。

2. 变身（Metamorphosis）

这个习式可以是个人活动，也可以是小组活动。在组织时，有的幼儿用身体尽量准确地模仿物件、布景，有的模仿神话、童话等故事里的动物，创作一个戏剧场景里的所有视觉元素。对于群体敏觉力和个体控制力都极为有益。

3. 默剧（Mimed Activity）

默剧活动强调运用动作、位置和身体反应等行为表达意思，少用语言描述行为，即便运用语言，也只是辅助作用。这类习式可以减轻对白的压力。

4. 角色互换（Role-Reversal）

角色互换是一种模拟假设性的人类行为和反应，指参与者在戏剧发展时，交换角色，去模仿、展示未来某种处境中某些角色想象中的对话或是反应。有助于为限期将面临的困难处境做准备，反思问题、找到解决方法的技巧。

（四）反思活动

反思活动的教学方式是抽离式表演。这类习式和“独白”“讲故事”等一样，主要目的是提供对角色做出“心理评价”的机会，反思习式对某些幼儿而言有些困难。常见的活动有“请你听我说”“讲故事”等。

1. 如果我是你（If I were You...）

“如果我是你”也被译为“请你听我说”，此习式主要是用于剧中某个角色面临生命中的某个需要做出重大决定的关键时刻，在排成两行的同学中间行走。两旁的同学以一个旁观者的角度来看待所面临的情境，提出意见、想法和忠告。所提的意见一般有两种：一种是对前述情节的回应；另一种是重复之前说过的内容。

能从他人的角度来看事情，是社会技巧发展的先决条件，称为社会观点取代（Perspective taking）。习式“如果我是你”帮助幼儿学会聆听意见或为需要帮助的人提供帮助。幼儿学习时常站在不同的角度看问题，通过“如果我是你，我会怎么行动？为什么这么做”“如何解决主角面临的问题”等问题，幼儿在不同的情境中，把自己想象成他人，依据对不同人物所具备的知识与经验来做判断。在与同伴的互动中，他们对人行为的观察、解释与体验能帮助其进一步了解他人的感觉、情绪、态度、意图及想法等重要信息。

2. 讲故事（Narration）

“讲故事”这个习式有助于学生想象、主构情节，在剧内剧外均可进行老师为故事设定表现的类型，以故事的内容和“讲故事”的形式交代事件的发展、营造气氛、说出想法、开展戏剧、推进戏剧、制造张力，使情境更加令人入信。这个习式常以“后设沟通”的方式开展。例如：我现在死了，但你来的时候我会复活，然后我们一起……

二、戏剧教学模块

无论是时间集中型还是时间延展型结构的戏剧活动，大多是按戏剧演绎辩证的四大建构发展历程来进行。教学中，以戏剧发展架构与过程为主轴的教学模块（approaches），是指教学进行的程序结构策略与计划。教学模块能让课程进行完整，也能使幼儿有一个有趣的学习经历[①]。教学模块承载着学习内容，在课程活动设计时，教师在确定采用某一种教学模块进行教学后，应以戏剧为核心，运用不同的教学习式，在戏剧主轴上推动不同深度的学习特色的发展。例如，台湾艺术大学戏剧系张晓华教授综观历年来的多位学者和专家的教学研究与发展，从他们的“程序结构策略与计划”（Approaches）归纳得出“教育戏剧的六种教学模块”，分别是：① Gavin Bolton，以解决问题来进行认知的“戏剧理解模块”（Learning through drama approaches）；② Carole Tarlington 与 Patrick Verriour，以设置想象情况进行学习的“角色戏剧模块”（Role drama approaches）；③ Cecily O’Neill，以扮演活动来发展历程的“程序戏剧模块”（Process drama approaches）；④ John Somers，以推论探究事实的“百宝箱模块”（Compound stimulus approaches）；⑤ Dorothy Heathcote，以信以为真的人物

① 郭香妹，陈春利，陈惠芬. 教育戏剧跨学科教学课程设计与实践 [M]. 北京：中国戏剧出版社，2017:5.

来参与教学的“专家的外衣模块”（Mantle of the expert approaches）；⑥ David Booth，以故事内容探索意义的“故事戏剧模块”（Story drama approaches）的教学[①]。这些戏剧模块有许多不同的面向，把认知、情感、技能的能力培养合为一体，把相关的不同类型的知识内容交织贯穿在一起，形成一个系统的知识体系，促进学生的全面发展。

不同的戏剧教学模块都具有与自身教学目标一致的特定的程序结构，每个程序之间会形成一种层层递进的关系。例如，“戏剧理解模块”的课程结构由决定行动、展开行动和结束行动三个层层递进的阶段构成；“角色戏剧模块”是依据故事情节的戏剧结构设计了五阶段课程架构，分别是一般说明、界定问题、发展问题、解决问题和复习。后面环节是对前面环节的发展与深入。再比如“程序戏剧模块”，其主要依事件发生与进行的情节序列将教学内容转化成可以开展活动的戏剧形式。教师从戏剧故事的“中段”开始介绍前情，吸引、带领幼儿共同构建“前段”的原因，发展“后段”的结果。这一模块不依赖剧本也不分辨观众与演员，是参与者共同感知、发展与呈现的一种表演学习的实作活动。“百宝箱模块”则是参与者经由找寻何人、何时、何地、因何、为何、如何等相关因素，通过对话与即兴创作发展，将可能的戏剧情节、事件重塑，以戏剧扮演的方式呈现。其包含了教师入戏引导情境、引导探索、即兴创作和分享建议四个阶段。由英国戏剧教育家多萝西所创的“专家的外衣”则是将戏剧虚构的过程作为学习的媒介，教师以“假设”的条件引导建立“信以为真”的情境，参与者经由引发兴趣、模拟情境、角色扮演和表演四个阶段，做探索性的小组演练。而“故事戏剧模块”是参与者通过了解故事、从故事中创作戏剧和分组表演三个阶段，具身体验角色，经历故事的主题、情绪、意义，交互式地拓展观点与感觉。

通常一个学习单元由一个学习主题构成，在设计时，第一步是为学习主题选定一种模块，之后根据所选模块的程序结构特点，进行该类型模块结构中不同阶段的习式设计。在同一模块的戏剧活动中，每个阶段所采用的习式可以是一种或多种，需要依据人物与情境做好规划和设计。无论是在同一个阶段中，还是在同一个学习单元中，习式与习式之间的关系既是一种平行的关系，又是一种相互递进的关系，也就是说一个模块中每个阶段各自的小教学目标和包含的知识点是相互独立的，是一种平行关系，但是位于后面习式中的内容会适当

① 郭香妹，陈春利，陈惠芬．教育戏剧跨学科教学课程设计与实践[M]．北京：中国戏剧出版社，2017:5-6.

地包含和涉及前面习式中的知识点，学习后面的知识也会对前面所学的知识有一定的复习和巩固，因此也是一种递进的关系。通过多种习式结合进行完整施教，对于幼儿的发展是全方位的、循序渐进的。

由戏剧教学模块和习式构成的戏剧教学策略，是进行戏剧教育活动教学设计的依据，均需全面了解，充分练习与灵活运用。

第五节　幼儿园戏剧课程的评价

基于20世纪课程与教学整合的实质，本章节采用“大课程”体系下的“课程评价”概念，即课程内包含教学。课程与教学评价是指以一定的方法对课程或教学的计划，活动以及结果等有关问题做出价值判断的过程[①]。在评价对象上一般包括对教师教学实施状况、学生学习状况与效果、教学内容的计划与设计、教学方法手段、教学环境、教学管理等诸多因素的全面评价，但主要是对学生学习状况和教师教学质量的评价。

课程评价作为一种价值判断活动，是根据价值取向做出的体现特定主体需要和意愿的价值判断，因此判断标准的产生就要以价值共识为前提。基于学前儿童戏剧游戏与活动的特点，以及幼儿园戏剧课程的非专业戏剧艺术教育的审美教育本质，从不同文化价值观支配下的课程评价取向分析，幼儿园戏剧课程评价集中体现了主体取向。既强调评价者与被评价者的交互作用，以及对评价情景的理解，更强调了双主体共同建构意义的过程。教师与学生在评价过程中的“交互主体”关系，使价值多元、尊重差异成为其基本特征。张晓华对此有详细的论述，他指出教育戏剧作为艺术与应用艺术之教育，评量策略除了传统的评量方式之外，必须以多元评量或称另类评量（alterative assessment）中的实作评量（performance assessment）、档案评量（portfolio assessment）与真实评量（authenic assessment）作为教学评量[②]。张金梅在其《学前儿童戏剧教育》一书中也指出学前儿童戏剧教育活动评价应该是“一种描写性的、邀请性的和唤起性的”[③]评估，而非做出等级或分数的单纯的量化评价。幼儿园戏剧课程的评价是基于幼儿行为观察记录的、量化和质性结合的整体性、持续性、真实性

① 钟启泉，张华．课程与教学论[M]．沈阳：辽宁大学出版社，2007:307.

② 张晓华．教育戏剧理论与发展[M]．台北：心理出版社，2004:288.

③ 张金梅．学前儿童戏剧教育[M]．南京：南京大学出版社，2015:268.

的科学分析。

观察不仅是人类认识周围世界的一个最基本的方法，也是从事科学研究（包括自然科学、社会科学和人文学科）的一个重要的手段。英国早期教师教育研究者伍德·比特在研究中发现，英国的早期儿童教师在收集和分析儿童游戏和教学实践的数据后，改变了他们已有的儿童观和教学理念，而教师专业理念的更新激发了他们的专业积极性，从而提升了教育质量①。彭兵指出，幼儿园初任教师（1~3 年）的专业发展重点之一就是要学会观察记录、学会教学设计与实施、学会家园共育②。莫秀峰指出，观察对接幼儿园教师的已有经验和日常保教工作，是研究型教师成长的基点③。许多国家都制定了早期儿童教师专业发展标准，并在标准中强调了幼儿行为观察作为教师应具备的儿童研究与支持能力的重要性。如新西兰对幼儿园新教师的专业标准界定中，要求新教师要以评估能力为核心，把握儿童发展和教育之间的关系④。我国的《幼儿园教师专业标准（试行）》中，强调幼儿教师了解 3~6 岁幼儿发展特点，能运用多种方法观察、了解和评估幼儿，并给予适宜的指导。同样，幼儿园戏剧课程评价一定是基于幼儿戏剧活动中的行为、语言的观察、记录、分析与反思，从而为幼儿提供合适的成长环境和教育支持。

笔者在本章第一节讨论幼儿园戏剧课程的内涵时提到幼儿园戏剧课程的内涵应该既符合“课程是有目的、有计划的教育活动，是一门学科”的要求，又要遵循以“课程即经验”和“幼儿”为中心的幼儿园课程观，则可能包含“幼儿戏剧游戏”和不同类型的“幼儿戏剧教育活动”两大方向。作为活动主体，幼儿在学习中表现出来的心智发展水平基本上处于自发性阶段，鉴于幼儿还不能进行有目的、有计划的自觉学习，因此《幼儿园工作规程》要求幼儿园的教育“以游戏为基本活动，寓教育于各项活动之中”。但学习的自发性向自觉性发展升级，不是“等出来的”，而是需要教师积极激发和引导。一旦教师有目

---

① 刘煜．日本幼儿教育质量政策及其研究动向 [J]. 陕西师范学前学院学报 ,2016(10).1-5.

② 彭兵．成就专业的幼儿教师：幼儿教师专业发展阶段研究 [M]. 北京：北京师范大学出版集团 ,2012:183.

③ 莫秀峰．有效观察：研究型幼儿教师成长的基点 [J]. 教育导刊 ,2015:67.

④ 25New Zealand Ministry of Education.Novice teachers’ professional standards[EB/OL]:[2016-06-03].http://www.education.govt.nz/school/running-a-school/employing-and-managing-staff/collective-agreements/kindergarten-teachers-head-teachers-and-senior-teachers-collective-agreement/appendix-b-national-professional-standards-for-kindergarten-teachers/.

的地介入到幼儿自发性的戏剧游戏中，幼儿戏剧活动的性质就发生了变化，演绎成有目的的戏剧教育活动。在这种戏剧教育活动中，教师将儿童的游戏自觉地和有计划的教学目的结合起来，通过有效介入使儿童的游戏发生质变，不再是随意的娱乐和玩耍，而是一种教育活动。幼儿所扮演的角色和运用象征性物体进行游戏的内容都来自真实的世界和他们心理活动的零散片段，在成人看来是缺乏逻辑的、无可供切分标志的、难以理解的①。但事实是儿童通过符号表征能力，实现了各自经验的统整，将自身投射到游戏中并解决问题，获得发展。符号表征能力作为儿童行为和活动中的一种智能表现，在幼儿自发性戏剧游戏中常表现为符号的创造、材料的使用、符号的数量，以及灵活水平。因此在对幼儿戏剧活动实施观察前，应对幼儿符号表征的形式与能力水平有基本的认识，在此基础上确定观察的内容、对象、范围、方法、设计和编制观察提纲，完成初步观察计划之后，进入现场并展开观察、记录、整理、分析、检验、反思与总结。

一、符号表征能力

幼儿符号表征能力的发展是早期认知发展的重要组成部分。符号表征能力是指用一种事物代表另一个事物的能力。而符号与符号的操作贯穿认知科学的主线。

19世纪末20世纪初美国哲学家、逻辑学家，实用主义的创始人查尔斯·桑德斯·皮尔士（Charles Sanders Peirce）提出了表征、对象及解释三位一体的符号观。他认为："符号就是某东西A，它指出某一事实或客体B，是为了对这一事实或客体赋予某种解释性的思想C。""符号或表征是某种对某人来说在某方面或以某种能力代表另一事物的东西。它向某人发出信息，也就是在其头脑中创建一个等同的符号，也可能是一个更加发展了的符号。我把它所创建的那个符号叫作第一个符号的解释。符号代表某物，代表它的对象。它并不是代表所有方面，而是就某种思想，来代表一个对象。"② 皮尔士在对符号定义进行界定时，将符号媒介、客体对象（不同于符号的他物）、解释项（主体人对符号所作的感知、解释或认知）这三个要素分别置于不同的存在等级：符号媒介处

---

① COHEN D H.,STERN V,BALABAN N,et al. 幼儿行为的观察与记录[M]. 5版. 马燕，马希武，译. 北京：中国轻工业出版社,2013:73.

② SANDERS P C.Collected papers of charles sanders peirce[M].MA:Harvard University Press,Belknap Press,1960:228.

于一级存在，客体对象处于二级存在，解释项处于三级存在。可以说，在解释符号意义时，最终的决定因素是符号使用者——人，人的感知方式决定了对符号的解释形式[①]。符号媒介和客体对象之间的这种关系存在于认知主体的主观意识中，而不是天生就具有的，也不是客观存在的，这是通过一种目的行为建立的。“同样的物体可以用不同的符号表示，而且同样的物体又可以成为不同所指物的符号”[②]。由于符号和其所指物的关系是由符号使用者主观规定的或者是社会成员共同规定的，往往这种关系是随意性的，而且没有什么物体，本质上就是符号，只要被人赋予这种主观关系性就可以作为符号。例如，当儿童将一根香蕉假装成手机打电话时，香蕉就是代表电话的符号媒介，电话就是客体对象，即所指事物。用香蕉代替手机打电话这一行为便是一种符号表征，香蕉进入被表征状态，经由幼儿感知，就获得了“电话”的意义。但在游戏过程中，幼儿可能因为材料中没有香蕉，而选择一块积木、一个汤匙，或是直接徒手做打电话的动作来代替那根香蕉。符号在解释者那里引起的实际效果关键在于儿童想要用这个事物或动作代表什么，即外在于符号自身的，因人因地因时而异的动态意义。不同年龄儿童的心理表征水平、游戏环境及儿童自身的意愿，都会影响符号意义的建立和操作。

对符号有双重表征是成功理解和使用符号的关键，因为符号具有双重特性。不仅要表征符号实体的本身属性，还要表征符号与所指物之间的抽象关系[③]。理解和使用符号就需要同时表征和掌握符号的具体性和抽象性，如果只注意符号本身所具有的自然特征，就不容易理解符号的抽象意义，也就不能成功使用这些符号。

以下这则游戏记录显示了5岁的萱萱和盈盈对符号的使用。

萱萱把洋娃娃放在自己的小板凳上推着前进，嘴里说：“宝贝，坐好，妈妈带你出去玩。”经过建构区时，她从材料框中拣出一个花片放在洋娃娃身上，说：“吃块糖吧，你一定饿了。”然后继续推着凳子前进。她推的力气有点大，洋娃娃俯身掉在了凳子前。萱萱惊呼：“宝贝，你没事吧？”正好经过的盈盈看见了这一幕，关心地问萱萱：“怎么了？”萱萱把洋娃娃捡起来，重新放到凳子

① 李瑾．感知：解读皮尔士符号理论的关键[J]．山东师范大学学报，2008(3):83-86.

② DELOACHE J S. Mindful of symbols[J].Scientific American,2005,293(2):72-77.

③ O'SULLIVAN L P,LAURA L,MITCHELL D. Representation and perseveration:influences on young children's representational insight[J].Journal of Cognition and Development,2001,4(2):339-365.

上，回答："我的宝宝摔倒了。"盈盈跑到表演区，拿来一条丝巾说："我们帮她系上安全带就不会摔倒了。"萱萱问："安全带怎么系？"盈盈拿着丝巾的一头，将另一头递给萱萱说："安全带要绑在凳子上，我绑这头你绑那头。"萱萱和盈盈一起用丝巾把洋娃娃绑在凳子上。

在这份自发性戏剧游戏的记录中，萱萱用小凳子代替婴儿推车，用花片代表糖果，自己代表妈妈，和盈盈一起用丝巾代表安全带，萱萱有意识地创造符号，而偶然经过的盈盈能瞬间理解这一"语言"，并自然地加入和共同参与游戏。我们看到萱萱还使用了动作创造符号——她将"宝宝"放入"婴儿车"，推着"婴儿车"出去玩，她还给宝宝喂了一块"糖"。通过推"婴儿车"和给宝宝喂"糖"的动作模拟，包括扮演时的语言，萱萱对自己和洋娃娃二者间的关系进行了解释。意识到符号的作用并能自己创造符号的能力是使用社交符号系统（如词语、数字、字母表中的字母）以及学习其他一系列符号（如交通信号灯和标志、数学和科学符号）的重要基础[①]。法国身体现象学的代表人物梅洛·庞蒂在其代表作《知觉现象学》一书中提出了具身哲学的思想。他认为知觉的主体是身体，而身体嵌入世界之中，就像心脏嵌入身体之中，即心智在大脑中、大脑在身体中、身体在环境中，知觉、身体和世界是一个统一体。在戏剧活动的过程中，幼儿通过大脑与身体的特殊通道模拟他人的感受，从而产生逼真的体验。这种模拟（simulation）是"身体、世界和心智互动过程中产生的知觉、运动和内省状态的复演"[②]。"许多工作提示我们，在表征环境时，我们至少部分地通过内隐的运动模拟，模拟我们在面临一个事物时执行的行动"[③]。在这一过程中，感觉和运动系统的特殊通道塑造了认知，发挥着关键作用[④]。内在表征能够很好地与外部世界联系在一起，完成知觉世界的"体认"过程。幼儿表征行为体现出具身性与情境性特征。

另外，符号表征水平与直接体验材料的机会也有着密切的关系。上述记录中，一开始在萱萱的符号运用之中，并没有"安全带"，而当盈盈引入了"安全带"这一符号时，萱萱并不知道如何使用"安全带"（材料），这表明萱萱缺乏使用安全带的经验，因此该符号表征能力是缺乏支持的。在与盈盈的互动

① COHEN D H,STERN V,BALABAN N,et al. 幼儿行为的观察与记录[M]. 5版. 马燕，马希武，译. 北京：中国轻工业出版社，2013:76.

② BARSALOU L W.Grounded cognition[J].Annual Review of Psychology,2008,59:618.

③ YANG S J,GALLO D A,BEILOCK S.Embodied memory judgments:a case of motor fluency[J].Journal of Experimental Psychology:Learning,Memory,and Cognition,2009,35(5):1359 - 1365.

④ 叶浩生. 有关具身认知思潮的理论心理学思考[J]. 心理学报，2011(5):589-598.

中，两人一起解决了这一问题，尽管她们的个人经验不同，但对游戏本身的兴趣让她们能够一起合作，新增的符号表征行为使戏剧游戏的细节更加丰富，并使独自游戏可能向合作游戏发展。

再则，幼儿符号表征存在发展性变化。3~4 岁幼儿具体的形象思维使其依赖与他们所假想的东西相像的道具，但随着年龄的增长和心理表征能力的成熟，5~6 岁幼儿进入了形象思维向逻辑思维转换的重要过渡阶段，他们便开始逐渐远离自己的符号，符号媒介与客体对象之间不再需要密切的相关性。幼儿在戏剧活动中的材料使用，从寻找功能、外形都相似的替代物向能够使用与“在形式和（或）功能上同他们所表征的事物出入更大的东西”（Monighan Nourot & Van Hoorn，1991）① 发展。例如，中班幼儿模拟晚会场景时，小朋友们当主持人进行报幕，在下面当观众的小朋友提到需要用话筒，他们才能听到声音，中班幼儿就会寻找一个积木来代替，把其想象成话筒。游戏中所有的幼儿都会不约而同地把积木当成话筒，“积木”此刻成了通用表征符号。虽然积木与话筒在功能和外形上均没有相似性，但它是幼儿在游戏过程中，根据自己的需要寻找的，他们认为想要的是，能够完整表达自己想法、能够达到自己想要效果的事物。可能这个事物与现实生活中的事物在外表和功能上都没有相似性，但是这个事物是其想象和情境表达中不可缺少的事物。

了解幼儿符号表征能力的发展规律和特点，有利于理解幼儿在符号表征领域的灵活水平，解读幼儿的表征行为和一段时间内的行为变化，为评估提供更全面和整体的考量。

二、幼儿园戏剧课程的观察实施与评价

评价什么，取决于观察者要“看”什么“看到”了什么。幼儿园戏剧教育课程的评价材料，主要依托于活动过程中的观察，需要教师掌握科学的幼儿行为观察技术，能依据实践需求开展科学系统的幼儿观察记录，并结合工作实践实施观察记录，捕捉有意义的信息；学会科学的行为观察分析方法，整体客观地分析幼儿行为观察记录；学会系统深入地理解幼儿的心理发展现状、特点、趋势和学习特点，尊重个体差异；在观察分析理解幼儿的基础上为其提供适宜的教育支持和引导；同时，在幼儿观察分析与教育支持的循环互动中发展反思

---

① COKEN D H,STERN V,BALABAN N, et.al. 幼儿行为的观察与记录[M]. 5 版 . 马燕，马希武，译 . 北京：中国轻工业出版社 ,2013:79.

意识和能力。

（一）观察实施的基本步骤与关键问题

幼儿园戏剧活动的观察实施包含观察问题的确定、观察计划的制订、提纲的设计、实施观察、资料记录、整理分析、检验结果和撰写报告等观察的一般流程。一方面，从步骤和程序而言，这些环节在研究中可以相对独立，但在实际操作中也常有不同程度的交叉与融合，以螺旋上升的方式发展。通常从开放的、整体的、全方位的观察，逐步到细部的、单一现象或行为的聚焦观察。例如，当我们进入现场的那一刻对现场的整体的感受有：这是个怎样的戏剧活动场景？故事有谁？故事发生在森林、池塘、家里、幼儿园，还是其他什么地方，有了初步判断之后才会观察这个场景中具体有哪些摆设？空间是如何安排的，这些角色和材料之间的状态和相互关系是怎样的，发生了什么，接着思考为什么会是这样的，我有什么感觉，为什么我会有这样的感觉，所以作为观察者，对周围事物的敏感性和反思能力是极其重要的，是需要训练的。当然，从宽到窄的焦点移动并不是固定和唯一的选择，在实际的观察中，亦可反之，从局部到整体，或是来回转换。难度并不在于选择哪种观察的方式，而是能够根据实际观察情境的需要灵活选择观察的角度、视野、方位、主次等项度。另一方面，每个环节所包含的具体工作也各异。例如要确定观察的问题，就必须先厘清研究的问题、观察的问题和观察的内容三者之间的关系。“研究的问题”是研究者在所探究的研究现象中提炼出来的、学术界或实践界尚有疑问的、研究者个人认为有必要回答的问题。“研究的问题”决定了“观察的问题”。“观察的问题”是研究者在确定了“研究的问题”后决定选择的，根据观察的需要而设计的，具体回答“研究的问题”的问题①。而为了回答“观察的问题”，我们需要选择更为具体的“观察的内容”。教育观察的内容一般包括教师如何有目的、有计划地组织、实施、指导戏剧教育活动和幼儿在戏剧活动中的行为表现解读，以及教师与幼儿间的互动情况等方面资料的搜集与记录。那么我们要观察什么呢，在详尽的观察记录中，我们能分析出什么呢。我们常说依据幼儿的学习与发展特点进行有针对性的学习支持。真正的观察是为了幼儿的学习与发展而进行的，要实现这一目标，在幼儿的诸多学习与发展特点中，最核心的便是要着眼于观察、了解每一个孩子的生长特点，只有在此基础上，才会有提供差异化教育

① 陈向明．质的研究方法与社会科学研究[M]．北京：教育科学出版社，2000:236.

支持的后续之说。研究的问题、观察的问题和观察的内容三者之间除了问题层级关系之外，还具有相互影响的关系。观察的内容虽然可以预设计，但也会遇到观察到的内容与预设的内容不同的情况。所以观察的内容不仅需要选择，有时还需要根据实际情况反向调整研究的问题。另外，每位观察者的观察风格和习惯不同，在观察内容的选择上难免受到自身生活习惯、职业、所受教育、个性等因素的影响。这也是为何不同观察者对同一观察对象在同一活动中的同一现象，观察到的具体内容存在差异的原因。而在观察计划的制订环节则需要确定观察的对象、地点、内容、时长、次数、方式等一系列具体的问题，观察提纲的编制需要将观察计划中的内容分类与提炼，做出一个方向性的框架。这些都是在进入观察前观察者需要提前考虑和准备做的必要的工作。

（二）常用的观察方法与策略

在进入观察后，观察的方式会因实地观察的过程、参与程度、观察本身的结构化特质以及观察者与观察现象的接触方式和观察时长的不同而采取不同类型的观察方法。例如，在对自发性戏剧游戏过程进行观察时，通常会采用开放式观察的方法，对游戏现场做全方位的、整体的、感受性的观察。观察的内容通常包含游戏是如何开始的，发起者是谁，发生在什么地点，游戏结束的方式是什么，游戏过程有其他幼儿进入或离开吗，她们是如何进入和离开的，情节是如何发展的（游戏过程发生了哪些事件以及时间的顺序），是否有象征性物品和行为（以物代物、假装行为），游戏材料的使用情况如何（服装、道具、场景布置），语言互动的具体内容、游戏持续的时长等。开放式观察法也常被使用于观察的初期，待研究者对观察的整体现场有一定感性认识后，便会根据需要选用主次程序法、方位程序法、动静结合法、时间抽样法、场面抽样法、追踪法等不同聚焦方式进行细部观察[①]。另外，因戏剧教育活动的结构化程度与戏剧教育活动类型的不同，所适宜的观察方法也不同。一般而言，在低结构化的“幼儿自发性戏剧游戏”中，教师既可以作为“完全的观察者”（R.Gold，1958），采用非参与型的观察方式，保持一定的距离对幼儿这类无预先目的、无计划的，在本能的支持下，在环境刺激作用下自然产生的戏剧游戏进行比较“客观”的观察。也可以作为“观察者的参与者”，在观察的同时，利用戏剧技巧，通过非正式的问题或即兴参与的方式为幼儿提供情境、道具及语言的

① 陈向明．质的研究方法与社会科学研究 [M]. 北京：教育科学出版社，2000:227-242.

支持。而在结构化程度相对较高一些的戏剧教育活动中，则大多采用参与型观察。例如，“教师入戏”时的教师便是作为“参与者的观察者”①，“旁述指导”时的教师则是作为“观察者的参与者”在活动中进行观察。基于建构主义理论，所有的社会科学研究都是一种“参与型观察”，强调了主体对自身行为的“反省意识和能力”。“只有作为被研究者文化群体中的一个‘成员’（虽然涉入程度有所不同），参加到他们的生活中去，才可能真正理解他们”②。在这个过程中，教师对幼儿的心理发展特点、学习特点、个体差异等会有深入的认知。对幼儿成长过程的重视，将有利于形成 儿童的整体发展观、科学教育观，以及专业反思能力。

（三）观察记录的方式

观察与记录在教育实践中既可同时进行，亦可分开进行。现场观察并记录的方式是教师在教育活动现场，通过感观有目的、有计划地搜集信息，并当场通过各类媒介（笔录、口头录入录音机等），将所见、所闻、所思保留下来的过程。事后记录是指教师在教育活动结束后，通过回忆或整合多类媒介，将所见、所闻、所思以更完整的形式保留下来的过程。无论是质化还是量化的系统观察，都需要进入教育实际情境，针对评价的对象加以观察记录，并据此做出分析和判断。陈向明强调了记录的重要性。一是时间先后和地点差异都会影响回忆的“重构”质量，记录可以为研究者事后分析提供基本文本。二是记录实际上是一个将现象变成文字的编码过程，被用文字符号编码过的现象有利于教师在记忆中进行归类和存储。三是记录本身便是一个澄清事实、思考筛选、组织思路的过程。此外，记录是自我反思，以及记忆力和关注力的训练③。因此，实施观察，记录是必不可少的步骤。

在本研究中，观察记录的主体为幼儿教师，将观察记录定义为：制定观察目标、拟订观察计划、实施观察与记录、完成观察报告、反思观察结果、形成教学调整等一整套的行为路径。

国外的不少学者在研究中给出了观察记录方法的详细分类和界定。观察方法决定了观察记录要以怎样的方式展开与实施，方法不同，观察与结果的呈现也不同。不同类型的观察法因各自不同的特点、不同的技术性运用要求，记录方式也各不相同。根据观察过程的结构与控制程度，观察法被分为正式观察法

① 陈向明 . 质的研究方法与社会科学研究 [M]. 北京：教育科学出版社 ,2000:62.
② 陈向明 . 质的研究方法与社会科学研究 [M]. 北京：教育科学出版社 ,2000:230.
③ 陈向明 . 质的研究方法与社会科学研究 [M]. 北京：教育科学出版社 ,2000:245.

与非正式观察法。古德温和德里斯科尔（Goodwin & Driscoll，1980）将正式观察法又细分为日记描述法、轶事记录法、频率计数图示法、事件取样法、特性等级评定法等不同类别。并从正式观察法的开放性与闭锁性、选择性程度、观察者推论的必要性三个方面对其相异性进行区分。M.C. Wittrock 认为，记录的主要方式是叙述，主要包括以下四种方法：日记、样本记录、轶事记录和实地笔记，这些记录方式呈现出来的信息基本上是相同的，都主要是以文字的形式呈现，但在抽样、叙述的侧重点等一些具体的方面有些不同①。Carole Sharman 等人将观察方法大致分为自由描述、检查清单、结构化描述三种，其中，结构化描述又可分为饼图、直方图描述、时间抽样和追踪三种②。美国学者 Warren R. Bentzen 在《观察儿童——儿童行为观察记录指南》一书中介绍了八种观察和记录的方法：叙述性描述、事件抽样、时间抽样、日记记录、轶事记录、频次统计、等级评定量表、检核表③。此八种观察记录方法常作为国内教科书中规范化的观察分类。表 4-4 总结了八种观察记录的方法的特点。R. Bentzen 则指出使用摄像、拍照、录音法时存在的优点和弊端，建议将其作为观察记录的辅助方法来使用。

国内关于观察记录方法的阐述，多集中于结合幼儿园的实践对观察方法的灵活运用方面。记录的方法主要归纳为文字记录形式、表格记录形式、图示法、多媒体综合运用法（摄影机、照相机、录音机）等。在幼儿园的观察记录中，经常采用文字记录形式的轶事记录法或日记记录法，要求教师对观察到的现象，如幼儿自然流露的行为进行完整且真实的原始记录，并对此进行思考。表格记录形式法，通常用于封闭性和选择性的观察法中，如对幼儿反复出现行为的观察记录。选择性程度与开放性和封闭性的关系密切，它决定了一个观察法中观察者所要观察和记录行为的多少。选择性和封闭性越高，记录的行为越少。反之，记录的行为越多。此外，根据观察记录的时间点和观察对象，教师观察记录还可根据需要采用栾德青④提到的随机观察记录、跟踪观察记录、个体观察记录、整体观察记录，以及丁海东⑤建议的环视式扫描观察、定点蹲守

① WITTROCK M C.Handbook of Research on Teaching:A Project of the American Educational Research Association[M].1986.

② SHARMAN C,CROSS W,VENNIS D. 观察儿童实践操作指南 [M]3 版 . 单敏月 , 王晓平 , 译 . 上海 : 华东师范大学大学出版社 ,2007:8-20

③ BENTZEN W R. 观察儿童——儿童行为观察记录指南 [M]. 北京 : 人民教育出版社 ,2008.

④ 栾德青 . 有效的观察记录方式 [J]. 教育导刊 ,2012(1):75-76.

⑤ 丁海东 . 区域活动现场中幼儿行为的观察与评价 [J]. 教育导刊 ,2011(10):47-49.

观察和重点跟踪式观察等。

表4–4 Warren R. Bentzen八种观察方法的分类与特点

方式	种类	正式 / 非正式	封闭 / 开放	选择度	推论程度	简便性
定性记录	叙事性描述	正式	开放	低	观察时低	低
	事件抽样	正式	开放或封闭	高	高	中
	日记记录	非正式	开放	高	高	中
	轶事记录	非正式	开放	高	高	中
定量记录	时间抽样	非正式	封闭	高	高	高
	频次计数	非正式	封闭	高	高	高
	间记抽样					
	检核表	非正式	封闭	高	高	非常高
	等级评定表	非正式	封闭	高	高	高

1.场景观察图

幼儿园戏剧活动和戏剧表演艺术一样是在场景中展开的，虽然与戏剧表演舞台场景大不相同，但同样包括物质环境要素和人文环境要素。依据活动理论，人类的心理是作为与环境互动的一个特殊的要素而产生和存在的，幼儿戏剧活动作为幼儿在场景中进行学与作不分割的过程性活动，场景是其不可缺少的重要组成部分。观察前绘制场景观察图，可以将观察现场的物质环境（使用的道具、空间的安排等）和人文环境（同伴群体、空间密度、活动范围等）直观呈现。例如，图 4–4“小吃店”场景观察图呈现了参加游戏的幼儿人数、位置、活动的范围、小吃店的摆设等要素。在观察的过程中，如果角色数量发生增减，角色位置或道具材料发生变动，可以随时更新观察图。也可以根据需要在观察图的上面做必要的标注，或是在下方附上关于场景变动的详细说明。

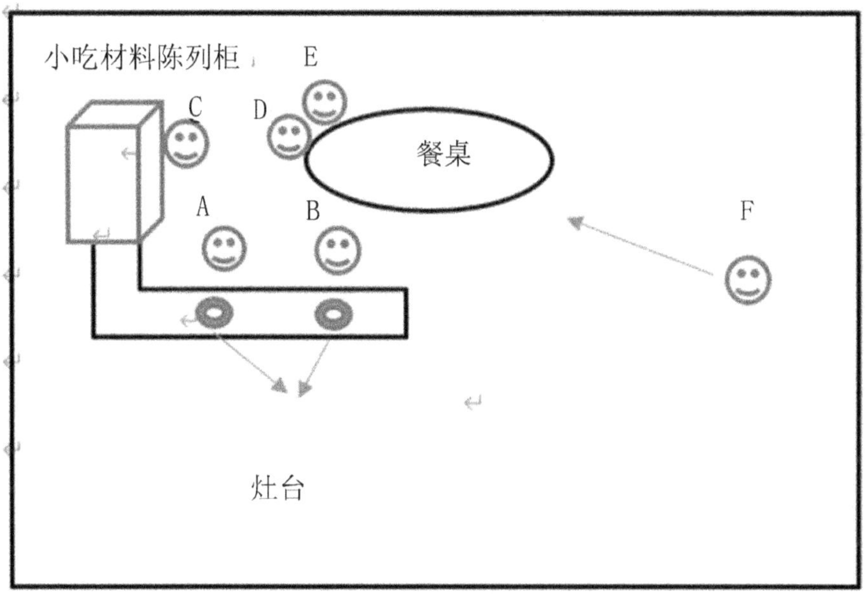

图 4-4　“小吃店”场景观察图

说明：幼儿 A 和幼儿 B 在灶台前炒菜，幼儿 C 在陈列柜前指着柜子里的“食材”问幼儿 D 和幼儿 E 想吃什么。幼儿 D 和幼儿 E 扮演顾客，幼儿 D 说自己喜欢吃牛排，幼儿 E 她想吃面条。幼儿 F 听到 C、D、E 三人的对话，也向餐桌走过来。

2. 观察记录表

观察记录表的格式并没有固定统一的模板，往往因人或因研究的具体情境而异。在版面设计上分为格式和内容两部分。格式上由表格主题、表区（表格范围）、记录表的标号或页码三部分构成，内容从大的方面分为主题的内容、表区的观察笔录项。依据具体内容，详细分则可分为基本信息维度、儿童维度的观察要点、个人思考（实地观察时的感受和想法、方法反思、理论思考）三大部分。

基本信息维度主要记录关于本次观察的属性信息，一般为观察内容的标题、观察时间、记录者、活动组织教师姓名、游戏人数、儿童姓名（编号）、班级和所在区域等项。这些信息可以设计在表外（表 4-5[①]），也可融入表中。

① 张金梅 . 学前儿童戏剧教育 [M]. 南京：南京大学出版社 ,2015:270.

表4-5 表演区游戏过程评价记录表

班 级： 时 间：
游戏人数： 儿童姓名（编号）：
教 师： 记录人：

序号	项目	描述
1	游戏开始	发起者： 游戏者： 游戏方式：
2	游戏中的角色	
3	游戏中情节（事件）的顺序	（1） （2） ……
4	象征	象征性物品（以物代物）： 象征性行为（假装动作）：
5	使用真实的资源	服装： 道具： 场景：
6	游戏结束	结束者： 游戏者： 结束方式：

儿童维度的观察要点主要包括戏剧活动过程、行为类型、游戏状态等。其中，戏剧活动过程可将典型行为的检核、事实记录（活动过程的叙事性描述）设计在一起，进行比对参照（表4-6①、表4-7②）。也可根据观察评价内容进行框架设计。

① 徐旸．幼儿教师区域活动观察记录的现状与支持策略研究[D]．上海：华东师范大学，2019.
② 张金梅．学前儿童戏剧教育[M]．南京：南京大学出版社，2015:287.

图4-6　角色游戏过程维度细分及理论参照

序号	观察维度	记录方式	选项说明	理论参照
1	典型行为	检核（多选）	A. 共情　B. 协商　C. 合作　D. 工具性攻击　E. 敌意性攻击　F. 问题解决　G. 请求帮助	Russ 编制定的 APS 量表；WilliamH. 编制的 SOCSI 量表
2	活动过程	叙事性描述	由老师根据现场所观察的具体情形，自主记录	

表4-7　戏剧主题活动中儿童戏剧学习检核项目

姓　名：　　年　龄：　　班　别：　　编　号：

主题名称：　　主题日期：　年　月　日——　年　月　日

评价日期：

环节	检核项目	是否出现	描述
导入	能够探索戏剧主题来源的戏剧元素		
	了解与戏剧话题相关的知识		
	对导入活动感兴趣		
表达	在理解和思考角色的基础上，能够运用肢体和表情、言语和声音进行戏剧表达		
	运用模仿、造型、控制等适当的方式进行戏剧表达，并以强档的情感融入其中		
表达	知道并能够在需要的时候运用美术、音乐等材料进行装扮、音效等方面的延伸性表达		
	能够两人或多人合作进行戏剧表达		
创作	知道戏剧有情节、场景、道具		
	能够围绕戏剧冲突，合理思考问题，解决问题，做出自己的价值判断和思考		
	在老师的帮助下创作自己的剧本		
	能够专注于戏剧创作，并以适当的方式交流自己的思考		

(续表)

环节	检核项目	是否出现	描述
表演	知道剧场有观众区、表演区和后台，知道舞台有不同的位置		
	初步了解所采用的戏剧样式（话剧、音乐剧、偶剧、皮影戏）（比如哑剧是不能说话的）		
	与能够其他角色、观众进行良好的互动，让其理解自己扮演角色的动作、言语		
	通过协商明确自己所扮演角色的上下场的顺序、站位		
	在剧场活动中能够根据自己的任务与同伴进行分工合作		
	坚持自己所扮演的角色，并能体验和表达角色的情感		

说明：

（1）如果出现检核项目，请打“√”；

（2）在“描述”一栏中，请根据评价对象的典型行为加以描述；尤其针对没有出现的项目要加以客观描述。

“观察记录表”贯穿观察记录的始终，其具体编撰方式具有灵活性。徐旸在其硕士论文《幼儿教师区域活动观察记录的现状与支持策略研究》中，研发编订的角色游戏现场观察记录表（表 4-8[①] 至表 4-9）分为正反两面。正面为角色游戏现场观察记录表，编订了观察要点指标。反面是对角色游戏观察记录检核理论界定的相关说明，包含三部分内容：一是对正面观察记录表中部分关键概念的界定，便于教师与观察记录表的理论对应；二是对观察方法的说明，保证教师按照研究设定的观察方法进行；三是观察步骤列表，这部分罗列了观察记录的必经环节，要求教师对照列表依次进行，完成相应的实施步骤并打钩。正如作者所述，该记录表通过对角色游戏文献

① 徐旸．幼儿教师区域活动观察记录的现状与支持策略研究 [D]. 上海：华东师范大学 ,2019.

中观察评价指标进行梳理，形成聚焦核心经验观察的理论框架，可以弥补新教师缺少关于观察要点的陈述性知识的不足。通过将观察方法与操作步骤分条呈现，帮助教师明确观察计划、准备、资源调配、时间分配、交付结果的信息，弥补教师缺少关于观察记录的步骤方法程序性知识的问题，起到了鹰架的作用[①]，可资借鉴。

表4-8　角色游戏现场观察记录表（正面）

<table>
<tr><td>观察者</td><td></td><td>观察对象</td><td></td><td>观察时间</td><td></td></tr>
<tr><td>所在区域 / 主题</td><td></td><td>扮演角色</td><td></td><td>游戏时长</td><td></td></tr>
<tr><td colspan="4">行为检核</td><td colspan="2">补充描述</td></tr>
<tr><td>游戏社会性</td><td colspan="3">不游戏：□ 旁观 □ 无所事事 □ 频繁换场；正常游戏：□ 独自游戏 □ 平行游戏 □ 联合游戏 □ 合作游戏</td><td colspan="2" rowspan="4"></td></tr>
<tr><td>常规遵守</td><td colspan="3">□ 不能遵守活动区规则 □ 在提醒下遵守 □ 主动遵守活动区规则</td></tr>
<tr><td>情绪状态</td><td colspan="3">□ 兴奋 □ 愉悦 □ 平淡 □ 低落</td></tr>
<tr><td>游戏主题的选定</td><td colspan="3">□ 无主见，随大流 □ 能听从教师安排 □ 能模仿他人 □ 独立提出或与同伴商定游戏主题</td></tr>
<tr><td colspan="4">行为检核</td><td colspan="2">补充描述</td></tr>
<tr><td>对人的假想</td><td colspan="3">□ 无角色意识，只能重复角色的个别简单动作和语言
□ 有角色意识和角色系统动作模仿，但不稳定
□ 角色意识稳定，常有个性化的发挥</td><td colspan="2"></td></tr>
<tr><td>对情节的假想</td><td colspan="3">□ 情节简单，零星，无连续性
□ 情节内容一般
□ 情节有趣，内容丰富，有吸引力，有内在逻辑与合理性</td><td colspan="2"></td></tr>
</table>

① 徐旸．幼儿教师区域活动观察记录的现状与支持策略研究 [D]．上海：华东师范大学，2019.

（续表）

<table>
<tr><td>对物的假想</td><td colspan="3">☐ 能运用实物 / 仿真物模仿 ________________ ☐ 能使用单一替代物 ________________
☐ 运用材料组合替代物 ____________________ ☐ 利用动作语言无实物游戏 ________________</td></tr>
<tr><td>活动过程</td><td colspan="3">典型行为：☐ 计划 ☐ 协商 ☐ 合作 ☐ 冲突 ☐ 问题解决 ☐ 请求帮助
活动流程：（在此简单记录游戏流程）</td></tr>
<tr><td>教师介入</td><td colspan="3">原因：
描述：☐ 不介入 ☐ 参与式介入 ☐ 材料相引 ☐ 语言指导 ☐ 其他方法 __________

结果：</td></tr>
<tr><td>材料与环境</td><td>已有材料问题：
数量上是否适宜，有无闲置或过多争抢材料，难度上是否符合幼儿年龄特点，高、低结构材料的选取</td><td>缺少材料：
简要记录材料名称+背景原因</td><td>空间合理性：
请记录问题与后续调整；拥挤度，无安全隐患，动静分开；场地间的分隔与通道是否明晰</td></tr>
<tr><td>评价与分析</td><td colspan="3"></td></tr>
<tr><td>反思与调整策略</td><td></td><td>调整策略践行反馈</td><td></td></tr>
</table>

说明：用于教师现场观察使用，纸笔填写，可选取部分作为观察维度，删减部分维度后再打印。

表4-9　角色游戏现场观察记录表（反面）

概念界定		分析参考
对人的假想	“角色匹配性”，指的是幼儿是否有强而稳定的角色意识，能否履行角色的职责行动，情感态度和语言是否符合语言要求。 低：无角色意识，只能重复角色的个别简单动作和语言； 中：有角色意识和角色系列动作模仿，但不稳定； 高：角色意识稳定，行为、态度、语言符合角色要求	角色匹配性要结合幼儿年龄，以及多扮演角色与幼儿生活的关联程度分析 角色匹配性高，说明幼儿对角色的社会分工、角色特点有较好的把握。如果幼儿角色匹配性低，可试图丰富幼儿对角色的经验
对情节的假想	“情节丰富性”是指游戏情节是否丰富，能够反复反映家庭和日常生活中的经验。 低：游戏的情节内容简单、零星、单一； 中：情节与现实一致，基本能反映家庭或日常生活的现象； 高:情节丰富，符合日常现象，并能不断发展和延伸	角色游戏中，幼儿通过对情境的假想，推进游戏情节的发展。幼儿如果自我创设丰富的情节，制造新的故事矛盾点，主动安排人物，提出新的要求，说明幼儿创造性较高。 教师可通过参与介入或语言介入引发幼儿思考，拓展情节
游戏材料的假想	实物 / 仿真物模仿：运用实物或仿真玩具的固有功能游戏进行游戏。其是最简单、直观的一种替代类型，幼儿为具象思维 单一材料：强调的是替代的直观性和直接性，体现为替代物与被替代物	运用替代物，比如用积木当电话。幼儿已然摆脱了具体形象思维限制，是较好地发展了象征性思维的体现

观察方法

（1）一次只观察一个幼儿，追踪式观察；

（2）非参与式观察，即观察者不参与幼儿的活动中，以局外人身份观察；

（3）现场记录，事后补充；

（4）记录表用于现场观察，手写记录（勾选、文字、符合记录要点），辅助手机拍照

观察步骤（按如下步骤依次执行，完成打钩）

□熟悉观察方法、观察要点（教师对观察记录表及本页的界定进行熟悉）

□确定观察对象、时间、地点、目的（教师选定一观察对象或丰题区域，思考观察日的，并在记录表中填写或标注）

□准备观察工具和辅助材料（将观察记录表打印，准备垫板、笔等）

□与搭班老师协调分工，预留专心观察的时间

□实施观察，现场记录（依照记录表难度重点观察）

□补充完善客观记录（当天进行，打开电脑电了版记录表，传输图片文件，回忆细节，誊录并补充）

□撰写观察报告、评价与分析、反思与调整策略、部分（当天进行，结合指南、书籍等资料）

□撰写观察报告、反思与调整策略部分（当天进行，电子版）

□践行反思与调整策略（未来一周践行，并填写、调整策略践行反馈）

(续表)

	概念界定	分析参考
游戏材料的假想	组合材料：指将两种或两种以上的物品进行加工、改造、组合后，将形成的“整体”作为某物。幼儿具有一定的经验迁移能力、想象力、创造力以及一定的动手能力； 无尖物替化：指幼儿运用语言、动作、手势等非实物形式，表明幼儿的思维开始脱离对尖物的依附，更具有抽象性和概括性	一般小班提供供结构仿真物，到了幼儿园中大班，随着幼儿表征思维的发展，他们逐渐摆脱了具体实物的束缚，能够根据游戏情景的需要自由选择物品进行替代。因此在这一阶段，教师要适当减少高仿真材料的数量而增加操作性及可塑性强的半成品材料。低结构的半成品材料更能激发幼儿产生替代的愿望。 依据孩子的这一特点，教师可以有意识地将幼儿在游戏中的替代作品进行展示，并引导个别幼儿分享自己“以物代物”的经验
游戏状态	无所事事：幼儿进入游戏区域，但不进行游戏活动，而是东游西逛，注视与游戏无关的事情； 旁观：几乎在整个游戏期间关注着其他小朋友的活动，偶尔也搭几句话或是提些问题，但始终不加入游戏； 频繁换场：幼儿能进入游戏，但频繁转换区域； 独白游戏：专注玩自己的玩具，不和附近幼儿交谈； 平行游戏：和附近幼儿玩相近的玩具，但没有互动与交谈； 联合游戏：和其他幼儿一起玩，有所沟通与自发配合，但没有明确分工合作，缺乏对材料活动目的与活动结果的计划； 合作游戏：几个幼儿围绕一个共同的游戏主题，活动有组织与分工，角色是互补的	如果中班幼儿经常出现不游戏行为时，说明其社会性水平还不高。成人应当注意进行适当的引导和干预，培养幼儿与伙伴共同游戏的兴趣和技能。 当幼儿情绪不稳时可从幼儿身体原因、环境原因等多方面考虑

（续表）

概念界定	分析参考
已有材料问题	材料投放数量与难度存在的问题：某材料投放过少出现争抢，材料偏高幼儿经验无人使用，材料单一影响情节拓展
缺少材料	可考虑后续投放材料
空间合理性	空间分布合理性存在的问题：某角色空间过小，动静分布不合理，存在安全隐患等问题

游戏状态则可以参照不同的理论，根据社会性水平、游戏主题的选定、活动常规的遵守、情绪状态四个子维度设计等级评定和叙事性描述结合的观察记录表（表 4–10①）。

表4–10　角色区活动游戏状态维度细分及理论参照

序号	观察维度	记录方式	选项说明	理论参照
1	社会性水平	等级评定 + 叙事性描述	A. 不游戏（a. 旁观；b. 无所事事；c. 频繁换场） B. 正常游戏（a. 独自游戏；b. 平行游戏；c. 联合游戏；d. 合作游戏）	帕顿 / 皮亚杰量表
2	游戏主题的选定	等级评定 + 叙事性描述	A. 无主见，随大流； B. 能听从老师的指令； C. 能模仿他人； D. 能独立提出或与同伴商定游戏主题	王坚红、刘焱、姜浩等学者的研究
3	活动常规遵守	等级评定 + 叙事性描述	A. 不能遵守活动区规则 B. 在提示下遵守活动区规则 C. 主动遵守活动区规则 D. 能与同伴协商或制定游戏或活动区规则	丁海东观点：《指南》中社会领域 – 遵守基本行为规范；《上海市学前教育课程指南》

① 徐旸．幼儿教师区域活动观察记录的现状与支持策略研究 [D]．上海：华东师范大学，2019.

（续表）

序号	观察维度	记录方式	选项说明	理论参照
4	情绪积极性	等级评定＋叙事性描述	A. 兴奋 B. 愉悦 C. 平淡 D. 低落	Lieberman 的游戏兴趣量（Interest to play assessment）APS 量表；林丽娟等学者的论述

“个人思考”的部分可以是现场记录，主要记录研究者本人对观察内容的感受和解释。也可以是观察后的方法反思和理论思考。在记录格式上，现场记录的“个人思考”和事实笔记可以左右分设，而观察后的方法反思和理论思考则只需要在记录表的最下方留出空白，以便补充记录（表 4-11）。

表4-11　实地考察记录表

活动时间		观察者		班级		活动人数	
活动记录				个人思考			
方法反思							
理论思考							

第五章　学前师范生儿童戏剧创作的素质培养与训练

作为综合性艺术活动，儿童戏剧表演和儿童戏剧教育活动均需要指导者具备良好的综合素养和能力，其涵盖了儿童戏剧的剧本改编与创作能力、儿童戏剧的肢体与声音表达能力、儿童戏剧的音乐选择及歌舞编排能力，以及儿童戏剧的舞台美术等方面的知识。

儿童戏剧剧本的改编与创作，应将儿童戏剧的艺术内涵作为改编和创作时遵循的基本原则。在本书第一章第三节儿童戏剧艺术内涵的论述中，对儿童戏剧游戏精神的审美特征、鲜明积极的主题内涵要求、清晰紧凑的叙事结构，以及戏剧语言的韵文化与动作化特点等儿童戏剧之戏剧理论方面的内容均进行了详细的论述，在此不再赘述。本章节将从以下四个方面展开论述：一是按照儿童戏剧剧本创作的一般步骤和剧本的基本写作格式两方面介绍儿童戏剧剧本的创作；二是基于幼儿审美心理特点，从儿童戏剧表演的语言运用、形体美感、角色动作造型和角色表情造型等方面介绍幼儿戏剧表演训练的相关内容；三是概括儿童戏剧音乐选择及歌舞编排的基本方法；四是就儿童服饰道具制作与舞台设计制作的原则做简单的论述。

第一节　儿童戏剧剧本的创作

儿童戏剧教育活动需要进行活动方案设计，儿童戏剧舞台表演则需要文字文本，即剧本。剧本是以代言体方式为主体，表现故事情节的文学样式，由台词和舞台指示组成。剧本作为戏剧艺术创作的文本基础，是编导与演员演出的依据。

儿童戏剧剧本创作从素材搜集到剧本撰写一般包含以下五个步骤。

一、创作素材的搜集、整理与研究

首先，搜集素材应关注人物和故事的鲜活生动。剧本创作素材和新闻素材不同，新闻追求事件的真实，而剧本创作追求的是人性的真实。正如戏剧中的人物并不是真实的“人”，而是各种特性的“集合”，素材便是连接虚拟世界和现实世界的桥梁和通道。其次，素材的选择，应充分贴近当代儿童的日常生活和兴趣，与时代同频共振。一是树立鲜明的创作主线，注入正确的价值观和社会观，传递社会正能量。二是应融合多元化的信息互联网络技术与传统文化素材。最后，整理的素材要及时，分析、研究要深入。故事并不是由一堆积累起来的信息串成的，而是通过对事件的设计，将剧情引入高潮。所以搜集完素材，应即时对素材进行整理、分析和研究。素材孩子们会喜欢吗；有没有感动点呢；是什么引发了感动；你要通过什么方式来传达这份感动；通过回答以上一系列问题，挖掘素材里有价值的信息。同时，还要超越素材，努力探寻独特而深入的可能性。通过确立主体、多元化文化融合以及观察生活等方式进行素材的搜集、整理和研究不仅能在创作主题思路方面明确艺术创作的主导方向，还能够在正确的引导过程中诠释素材所表达出来的思想和文化内涵。

二、儿童戏剧的人物设定

人物是剧本中诸多艺术元素的焦点，人物形象塑造是剧本创作的核心使命。在儿童戏剧人物的设定上，和其他戏剧类别的人物塑造一样，主要有以下几方面。一是要塑造人物性格的典型性。人物性格的典型性体现在个性与共性（职业、学识、年龄、气质等所带来的普遍特质）的辩证统一。二是设置人物之间的对比与反差。包括人物个性的差异、观念的对立等。展示对立引发的冲突，将会使人物关系紧密联系在一起。三是建立人物关系图。戏剧只有主角是不够的，人物关系的搭建为人物行动的转变提供了有力的依据，能为整个作品带来无尽的张力。四是要贴近儿童生活，持有童心，关注受众对象的审美心理特点，强调丰富的想象力和相对夸张的表现力。

三、确立主题

儿童戏剧创作大多以“主题先行”的方式展开，即结合人物，根据故事雏形，先确认想要表达的主题，然后再组织素材。主题在戏剧与文学中具有重要的结构意义与功能。古斯塔夫·弗兰塔克在其《论戏剧情节》一书中将主题的功能比作结晶过程所具有的力量，认为它能够决定情节与角色的发展方向与性质。同时，由于戏剧表演艺术的创作是一种集体的创作，确立主题不仅能完成情节的一致性和性格的意义，进而形成剧本的整个结构，还能使剧作者、导演、演员、舞美设计、绘景、灯光、服装、化妆、道具、音响效果和技术部门都如斯坦尼斯拉夫斯基所说的那样，“在主题思想下团结起来”，共同完成戏剧创作。

四、撰写故事大纲

故事大纲是以整体性的框架结构对故事发展指明方向的文本形式。让未来剧本中的故事成为一个完整、严谨的统一有机体是故事大纲最主要的功能。

从剧本创作的时间流程角度来说，故事大纲属于剧本构思和创作的前期阶段，是首先需要建立的叙事文本，也是剧本形成的第一步。故事大纲在剧本创作中处于核心的位置，是对戏剧所要讲述的故事的主线的阐述。亚里士多德的“三段式”戏剧结构是其最常见的划分段落方法，叙述框架大致由“开端、发展和结局”构成，这三个部分既相互关联，又因为每一部分都有自己的功能而不可互相替代。根据不同剧本故事的需要，有的大纲还另设置了“序幕”和“尾声”。序幕是指剧情主要情节线索展开以前的内容，主要以故事发生的时空条件、剧情发生的背景、主要人物的身世介绍等为内容。一般来说，大纲并不要求具有尾声这个段落，但是尾声的存在可以对情节未来的发展趋势进行补充和交代，也可以哲理性地概括和展示故事的主要人物或深化主题价值印象。

儿童戏剧的剧本故事大纲相对较简单，根据情节的复杂程度，篇幅一般从几百字至几千字不等。例如，改编自波兰作家麦克·格雷涅茨（Michael Gregniec）的绘本《月亮的味道》（图 5-1）的同名幼儿绘本剧，故事大纲是这样表述的：

动物们非常渴望尝到月亮的味道，可是，不管它们怎么伸长了脖子，伸长了手，伸长了腿，也够不着月亮。于是在一个夏天的夜晚，动物们开动脑筋一起努力，最后终于尝到了月亮的滋味，得到了辛劳的回报，森林里发出一片快乐的欢呼声。

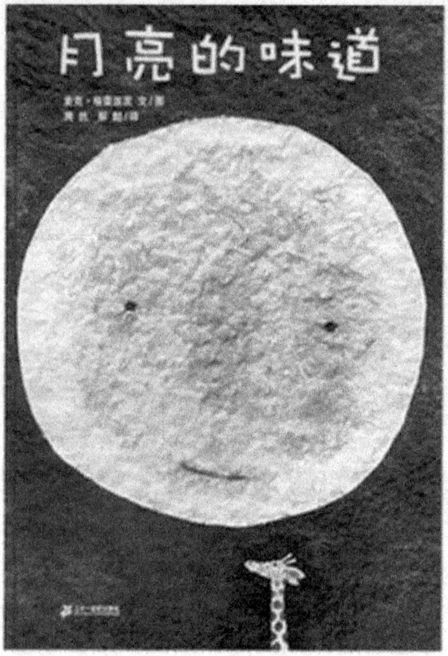

图 5-1　绘本《月亮的味道》

又如 2019 年福建厦门闽南大戏院自制的儿童剧《鬼小胆的咒语》，故事大纲是这样表述的：

每到深夜，森林里的各种动物都出来玩耍，鬼小胆也不例外。可是鬼小胆很胆小，不敢和其他动物一块玩，但又很想去外面的世界看看。一次，鬼小胆离家出走，遇到好多动物，而且与在城堡里和王子、公主成为好朋友，也知道了自己独一无二的本领：变身。鬼小胆从此信心百倍，离开城堡之后因为自己的善良与自信交到了许多朋友。

故事大纲的拟写，不一定要内容细节俱全，可以只大致呈现戏剧故事的发展方向与方式，在后续的创作过程中，再逐步加减或润色。例如，2019 年风靡全球 20 多个国家的英国纸版屋剧场谐趣纸偶剧《纸美人》（*Paperbelle*）（图 5-2），故事大纲可以如此表述：

可爱又逗趣的女主人公用纸做的小美人 paperbelle 最喜欢和男主人公 Eric

玩“Hide and Seek”！她用不同颜色的“外衣”，展现着自己不同的脾性！paperbelle 出其不意地捅破窗户、顶开抽屉、掀翻屋顶……噼里啪啦的动作引爆各种脑洞大开的“小魔术”，让英国叔叔 Eric 把纸板屋翻个底朝天……

图 5-2　纸偶剧《纸美人》

在这些故事大纲中，我们都可以看到人物、情节和环境这三个相互依存的元素。人物是情节发生的基础，而情节总是在相应的环境中生成。人物的外在行动和内心活动只有在相应的情节中才能体现出意义。故事大纲中的三大要素为剧本提供了人物形象与人物关系、情节线索与整体结构的统一布局。撰写故事大纲除了对故事发生的时间、空间等做出一定的规定以外，还要对主要人物的行动线索有较清晰的考虑和规划，为后续程序中展现人物关系打下基础。

五、进行剧本创作

剧本是用文字塑造人物形象、描述故事情境的叙事性的文字文本。儿童剧的剧本从剧本结构而言，一般包含故事、话语和文体三要素。从格式结构而言，除了上文的故事大纲，剧本一般还有人物介绍、时空介绍、舞台指示、分幕与分场、语言的形式等几个组成部分。

剧本主要由台词和舞台指示组成。台词采用代言体，包括对话、独白、旁白。舞台指示则是以剧作者的语气来完成叙述性的文字说明。

第一，戏剧的人物介绍不易冗长，可主要介绍人物姓名，突出典型的性格特征，或是年龄、职业、人物关系等信息，表述清晰明白即可。如儿童剧《鬼小胆的咒语》中的人物介绍：

鬼小胆：一只自卑，但渴望有很多朋友的鬼，胆小又善良。

鬼妈妈：森林黑暗使者。

狼大哥：有眼睛会发光的本领，骄傲。

蛇大姐：美丽又有魅力，独来独往，经常鼓励鬼小胆。

火龙大叔：会喷火，沉浸在自己的世界里。

王子：城堡光明国的王子。

公主：城堡光明国的公主。

鼠小弟：鬼小胆的森林小动物好友。

王叔：已故城堡光明国国王的弟弟。

有的剧本在人物介绍时只极为简洁地罗列出角色，例如儿童话剧《我想去看海》[1]剧本中的人物介绍：

人物：鸡妈妈、鸡爸爸、哥伦布、胖水手、瘦水手、小鸡甲、小鸡乙。

第二，剧本中的时空介绍一般只提供一个大概的轮廓，不用过于详细。例

① 方先义．儿童戏剧[M]．北京：中国人民大学出版社，2018:197.

如2014年第四届中国儿童戏剧节开幕式剧目大型儿童剧《宝船》第三幕剧本的时空介绍：

时间：前场后片刻。

地点：皇宫。

又如定宏哲《龙宫传奇》剧本的时空介绍[①]：

时间：中国古代。

地点：（1）荒岛渔村。

（2）幻想中的东海龙王的宫廷。

第三，舞台提示又称舞台说明，一般用以补充和说明台词及其所表现的戏剧情境。舞台提示按其内容和作用的不同，分为对人物的形象特征、心理活动、情感变化和场景、气氛的描写；时间、地点、动作的说明以及对灯光、布景、音响效果等艺术处理的要求等。舞台提示具有高度的展示性，要求语言简练、扼要、明确。

舞台提示语作为戏剧文本的重要组成部分，通过幕前提示语，一是告诉读者有关导演和演员如何进行舞台分割，如何利用演出空间，如何表演等问题；二是展示了人物活动的空间，即人物行动的具体环境，为我们体察人物、解读文本提供了向导。

从写作格式上看，一般安排在每一幕（场）的开端、结尾和对话中间，用括号（方招号或圆括号）括起来，或再加以缩排（如较长的动作提示）或空行(如人物上下场注记之后往往空一行，目的是为了提示剧场工作者台上又是一个新的人物组合)，以便和人物的对白加以区别。比如方先义根据法国作家克利斯提昂·约里波瓦的童话绘本改编的同名童话剧《我不要被吃掉》[②]的第一幕选段：

第一幕　小鸡的游戏

【舞台说明】开阔的草地场景，远处有废弃的帐篷、稻草堆。电子屏显示更远处的森林场景，隐隐有三棵牛头怪造型的古树。

【旁白】一个夏天的傍晚，母鸡卡梅拉的两个孩子——卡梅利多和卡门各

① 方先义．儿童戏剧 [M]. 北京：中国人民大学出版社 ,2018:27.

② 方先义．儿童戏剧 [M]. 北京：中国人民大学出版社 ,2018:239.

带领着一群小公鸡和小母鸡，正在举行一年一度的赛歌会。

【小鸡卡梅利多和公鸡们左上。卡门和母鸡们右上。】

众小鸡　双扇门，单扇开，母鸡提问公鸡猜。

母鸡（合）：嘿，对面的鸡哥哥，我们要提问啦！

卡梅利多：嘿，我说小母鸡们，你们就不要唧唧歪歪了，有问题就尽管问吧！

公鸡（合）：我们的肚子里早就装满答案啦！

母鸡（合）：切！爱吹牛！

在上述剧本中，演员移动的位置与上下场的方向与次序均根据演出时的实际情况做考量，在舞台指示里进行了安排与说明。照惯例除了特殊情形外，演员都是由右舞台上（即观众面对舞台的左手边，这种写法主要是以演员的方位为主），由左舞台下。该剧第一幕中卡梅利多和小公鸡、卡门和小母鸡是从舞台两侧同时出场。

舞台指示除了上述演出的实际考量外，同时也是一种艺术创作的手段，能够进行多层次的运用。一方面，人物上下场的不同组合和台位具有不同的隐喻。以演员的走位为例，舞台不同的区位往往看到的演员与气氛是不同的。如将演员安排在舞台中央的位置，往往带有高度强调的意义，右舞台是温馨而具有亲和力的空间，而左舞台则显示人物间关系紧张或具有张力等（具体情况依实际演出时的导演安排为主）。另一方面，舞台指示说明还包括舞台上焦点的处理。例如，音效、灯光的加入，以及种种打岔、停顿的设计，都是为了临时增添戏剧性的效果，让整场戏看起来更活泼、生动及更有说服力。

第四，分幕与分场。分幕与分场是戏剧中处理时间和空间的一种特殊的方式。舞台的大幕启闭一次为一幕。幕标志着剧情发展的一个大段落。儿童剧可以是独幕剧，也可以是多幕剧。在全剧的演出过程中，没有暗场，用一幕戏讲述一个完整故事的是独幕剧。独幕剧人物数量少，人物关系较简单。大幕启闭两次以上的，为多幕戏。相对于独幕剧，多幕戏一般篇幅较长，人物多，剧情复杂。一幕之内又可以分为若干场，表示该幕中的时间间隔或场景变换。常在剧本中标注“第X幕”或“第X幕第X场”。也有的戏剧不分幕，只分场，或多场景、无场次。

第二节　儿童戏剧表演的训练

戏剧表演艺术是演员在剧作家所创造出来的文学形象的基础上，再创造出有血有肉、活生生的舞台人物形象的艺术。舞台人物形象的塑造离不开剧作家所创作剧本提供的基础剧情，剧本为表演和导演构筑了“视觉创造”的平台。除了服装、化妆、道具、音响、舞美、灯光等各艺术要素的合作，最核心的是演员的表演。演员的表演是在剧本基础上进行的二度创作，是通过演员在扮演角色时创造出的舞台行为，以及舞台行为的过程来完成的，所以演员的素质很重要。演员必须具备通过身体姿态、表情、语调、相互关系等将自己对人物的“态度”传达给观众的能力①。演员的表演、场面的调度、舞台布景等艺术要素共同作用，向观众传达剧本思想。

学前教育专业师范生的未来幼儿教师职业特点需要幼儿教师有强烈的角色意识，身兼多角地扮好“老师”“妈妈”“伙伴”等不同角色。在幼儿园教育教学活动中，具备一定的表演素质，还能以自己较高水平的艺术示范在活动中调动幼儿的积极性，吸引幼儿的注意，并通过专业的引导和指导，唤醒幼儿感受美和欣赏美的热情、艺术表现的愿望、表演的意识，使幼儿在获得丰满的艺术体验的同时，能得到全面和谐的发展。所以儿童戏剧表演基础技能的训练也是幼儿教师需学习的施教内容。

表演作为个体性艺术，只有先打好基础，让表演者发挥自己的个体性才会产生意义。而丰富的个性是由许多不同的简单层面持续不断的相互结合而构架成的。要培养丰富而有深度的演员个性，就需要两种重要的过程——分化与整合的不断交互作用②。本书所论述的幼儿教师所需的演员创作素质，正是基于分化与整合的理念，紧扣表演中的三大“动作”——心理动作、形体动作和语言动作③展开论述，帮助学前教育师范生在提高自身表演素质的同时，初步了解幼儿戏剧表演的训练方法，熟悉幼儿戏剧表演艺术的特点，掌握一定的幼儿戏剧表演的技巧与指导方法。

① 玛格丽特·舒勒，史蒂芬妮·哈勒．表演艺术基础 [M]．李亦男，译．北京：中国戏剧出版社，2015:4.

② 玛格丽特·舒勒，史蒂芬妮·哈勒．表演艺术基础 [M]．李亦男，译．北京：中国戏剧出版社，2015:10.

③ 林洪桐．表演美学手册 [M]．北京：中国电影出版社，2010:226.

一、儿童戏剧表演中有声语言的运用

（一）有声语言的说听一体

有声语言是一种和无声语言相对应的表达形式，它通过声音展现出口头表达的内容，以此形成语言形式。有声语言和无声语言相比，带有更强烈的原始性和自然性，它是在人类社会初具雏形时就已经形成的自然语言，是人类在进行信息传递行为中使用频率最高、信息交流最便捷的方式[①]。广义的有声语言包括一切声音形态，如人声、音乐等，狭义的有声语言指人物的口头语言。本书论述的是戏剧表演中的口头语言，是剧本台词的口头表达，是戏剧表演艺术中的核心元素。

个体的有声语言从时间的异在性看，既是“说”的主体，也是“听”的客体；从空间的同在性看，“说”是发出的主体，“听”是接受的主体。在戏剧表演中，演员的“说听一体”双重性和观众的“听”共同构筑了戏剧舞台表演中有声语言的三条线。当我们对儿童戏剧表演中的有声语言展开讨论前，我们应就身体哲学的角度对其有一个整体的观照，而非仅仅关注声音美学中的声音装饰、语境和效果。

从“生理—心理”机制看，在制约人的语言能力的三个生物学因素中：输入系统（主要是听觉和视觉，特别是听觉）、中央处理系统（神经中枢）和输出系统（主要是发音器官），“听”是有声语言的第一步。正如海德格尔指出：“人们把说话视为人借助于说话器官对思想的分音节表达。但是同时也是听。习惯上，人们把说与听相互对立起来：一方说，另一方听。可是，听不光是伴随和围绕着说的，犹如在对话当中发生的情形。说和听的同时性有着更多的意味。说本是一种听。说乃是顺从我们所说的语言的听。所以，说并非同时是一种听，而是首先就是一种听。”[②]演员既是语言的主体，又是语言的客体，要用口头语言表达你在剧本中“听”到的声音，还要思考你怎样让观众“听”到你希望他们听到的内容。如果说形式是入口、情感是中介，那么在有声语言多样性的价值链上，最终一定要抵达的内容要素是意蕴[③]。张颂教授在《朗读美学》中详尽地阐述了“有声语言可以改变文字语言的意思和方向”“可以增减文字

① 刘洋．有声语言表达艺术的审美意蕴研究[D]．长春：吉林大学，2019.

② 海德格尔．在通向语言的途中[M]．孙周兴，译．北京：商务印书馆，2011:253-254.

③ 范藻．从身体到生命：个体有声语言二重性的美学解读[J]．美与时代（下）2020(1),7-13.

语言的感情色彩”“可以伸缩文字语言的美学尺寸”[1]。这种“改变”“增减”和“伸缩”的效果，最先作用于说话者本人，也正是因为有了这种瞬间实现的“说听一体”的互动性功能，声音才能从短暂的、零散的和没有内容的音响性的物象，经过自我“说听一体”的纠正、补充和完善，形成长久的、系统的和饱含内容的意象[2]。

（二）有声语言的表达技巧

儿童戏剧中的台词具有韵文化、口语化、趣味性等特征，所以语言的表达既要易于小观众们理解，又要具有优美的音乐性和艺术感染力。方先义在《儿童戏剧》一书中，归纳了儿童戏剧演员台词必须达到的八个字：松、纯、清、远、美、耐、深、趣[3]。

“松”指的是松弛。松弛是演员在进行创作时心理和生理上必须具有的状态。心理上的松弛容易导致身体上的失控，身体上的紧张也会造成心理上的束缚。但松弛不是松懈，而是一种在监督和控制下的心理机制与生理机制的平衡，体现为一种正常、积极和有效的体验与创作状态[4]。因此在表演基础训练中“松弛”常与“自我控制”的训练相结合，不仅被单列为训练项目，而且是训练的第一步。结合呼吸与发声训练，兹介绍几种松弛与控制的练习方法。

1.呼吸与发声练习

演员台词表达的基本技能训练可以从气、声、字的练习开始。呼吸与发声练习主要帮助同学们掌握正确的呼吸方法，感知气息与发声之间的关系，锻炼在各种形体活动状态下正常呼吸，并保持声音松弛的能力。

呼吸个体练习 1：

俯卧，两腿并拢，两臂自然放于体侧，头侧向左侧，全身放松。嘴闭合、舌平放、下颚收、鼻吸气。吸气时要缓，感受腹部顶向地面，吸满后控制片刻，再缓缓吐气。等气息呼出后，再控制片刻反复之前的吸气动作，如此反复多次。然后还可将吸气和吐气的过程分三至四段进行，加强气息的控制能力训练。

呼吸个体练习 2：

仰卧，头部居中平放，其他部位与“呼吸个体练习 1”基本相同。

---

① 张颂．朗读美学 [M]. 北京：中国传媒大学出版社 ,2015:14.

② 范藻．从身体到生命：个体有声语言二重性的美学解读 [J]. 美与时代（下）,2020(1),7-13.

③ 方先义．儿童戏剧 [M]. 北京：中国人民大学出版社 ,2018:84.

④ 梁伯龙，李月．戏剧表演基础 [M]. 北京：中国戏剧出版社 ,2009:46.

呼吸个体练习 3：

两脚分立与肩同宽，双臂自然下垂，吸气同时双臂同时上举至掌心相对，然后边呼气边向前向下弯腰，双腿直立，双臂伸直向下至双手触地。然后边吸气上体边抬起，两臂同时上举至掌心相对。接着呼气并将掌心外翻，两臂向外分开缓缓放回身体两侧，如此反复数次。

呼吸集体练习。

同学们围成一圈站立或盘腿而坐，后面同学将双手放在前面同学的腰侧处（如果面朝圆心围一圈，则可用手臂搂住同学的腰部），闭目，用手感觉对方的呼吸状态，调整自己的呼吸节奏与之一致。吸气时，身体向上，呼气时身体放松，但不能松塌。觉知呼吸的深浅与快慢，随之调整身体起伏的幅度和速度。如果连接断了或节奏乱了，可中止重来。

发声练习 1：

在“呼吸个体练习 3”的基础上，在呼气时加入叹气式母音发声练习（母音可以发 a 长音或 ma 长音）。让声音搭在气息上走，气走声随，并在不同音高上进行转换练习。

发声练习 2：

语言与气息结合练习。选一些短小的儿歌或诗歌，把说与全身活动结合起来练习，要求吐字、发声与呼吸的状态配合，声音松弛，吐字清晰。

2. 台词表达的纯与清

“纯”指的是纯正。汉语普通话是我国的官方语言，儿童戏剧表演担负着示范引导儿童语言规范化和语音纯正性的任务。“清”指的是发音的清晰度。要让小观众们在儿童戏剧表演中欣赏到字正腔圆的普通话。普通话学习中的“吐字归音”训练，便是字正腔圆的保证。

“吐字归音”是中国传统戏曲声乐艺术的一种发音方法。它根据汉语语音特点，将一个音节的发音过程分为“出字”“立字”“归音”三个阶段。根据每个字的声母、韵母、声调发音时的每一阶段的具体要求，做到高音不挤、低音不散、刚柔并济、控制自如，进而达到吐字清晰有力、珠圆玉润的境界。吐字归音作为一种发音方法，已从戏曲艺术逐步渗透到歌唱、话剧等艺术语言，以及播音的实践中。吐字回音的主要要求有：出字要叼住弹出，立字要拉开立起，归音要到位弱收。

在我国的传统音韵学中，一个汉字音节由声母、韵母、声调三个部分构成。其中，韵母又分为韵头、韵腹和韵尾三个部分。出字即“咬字”，要求头（声母）和颈（介音，也叫韵头）的发音过程干净利落、弹发有力。出字有力是舞台表演台词得以清晰、准确表达的关键。立字是指韵腹（字腹）的发音归韵过程。韵腹的发音应有“拉开立起”之势，即“立字有声”。韵腹（元音）是汉字音节中，口腔开合度最大、泛音共鸣最丰满、声音最响亮的部分。它在音节中占音值最长，并与声调（字神）紧密结合，在有声语言中形成抑扬顿挫的语言音乐美。归音则是由字腹过渡到字尾的收声过程。要求字尾弱收，肌肉由紧渐松，口腔随之由开渐闭、渐松。归音一定要到位，特别是开尾音节收音时应注意用减弱的声波来收束音尾，不要改变口腔的大小，不可“吃字”“倒字”“丢字”。

进行训练时间常用口腔体操、绕口令、四字成语的朗读、古诗词的诵读和夸张的四声练习。

口腔体操：

[口的开合练习]

张嘴像打哈欠，闭嘴如啃苹果。开口的动作要柔和，两边嘴角向斜上方抬起，上下唇稍放松，舌头自然放平。做这个练习，可克服口腔开度的问题。

[咀嚼练习]

张口咀嚼与闭口咀嚼结合进行，舌头自然放平。

[双唇练习]

双唇闭拢向前、后、左、右、上、下，以及左右转圈双唇打响。

[舌头练习]

（1）舌尖顶下齿，舌面逐渐上翘。

（2）舌尖在口内左右顶口腔壁，在门牙上下转圈。

（3）舌尖伸出口外向前伸，向左右、上下伸。

（4）舌在口腔内左右立起。

（5）舌尖的弹练，弹硬腭、弹口唇。

（6）舌尖与上齿龈接触打响。

（7）舌根与软腭接触打响。

（8）绕口令练习。

①白石白又滑，搬来白石搭白塔。白石塔，白石塔，白石搭石塔，白塔白石搭。搭好白石塔，白塔白又滑。

②四和十，十和四，十四和四十，四十和十四。说好四和十得靠舌头和牙齿谁说四十是“细席”，他的舌头没用力；谁说十四是“适时”，他的舌头没伸直。认真学，常练习，十四、四十、四十四。

③河里有只船，船上挂白帆，风吹帆张船向前，无风帆落停下船。

④老唐端蛋汤，踏凳登宝塔，只因凳太滑，汤洒汤烫塔。

⑤这是蚕，那是蝉，蚕常在叶里藏，蝉常在林里唱。

3. 台词表达的远与耐

舞台表演声音要传得够远，一是表演场地的需要，必须让后排的小观众听清你的台词；二是舞台语言的艺术魅力所在。但传得远靠的不是喊叫，而是科学运用共鸣，使声音具有穿透力，并保护声带，使其具有持久性。首先，从声音的发声原理看，声音的传播是需要介质的。通常我们听到的非自身发出的声音是通过空气这一单一介质传播的。而我们听到的自己的声音除了空气之外还有各种身体组织作为传播介质，是一个多介质参与传声的混合声。原始声门音（发自声带的原音）在共鸣的作用下，可能获得洪亮、圆润、有穿透力的声音。共鸣体是一个气柱，不仅形状复杂，而且极为易变。人体就如同一个天然的共鸣腔体，从歌唱机理而言，从头腔依次向下的鼻腔、口腔、胸腔等共鸣腔中，由喉咽、鼻咽和口咽三部分构成的咽腔对音质具有最先、最有力的影响。这是由于在戏剧台词发声中，多采用中声区，而中声区主要形成于口腔上下，决定了用声的共鸣重心以口腔共鸣为主。故而莎士比亚在他的书中从头至尾强调“打开喉咙”。“打开喉咙”才能放松下巴，抬高上颚，改变口腔共鸣的条件，才能获得圆润的声音。其次，声音要传得远除了共鸣，还要联系“焦点”与“置位”两个歌唱机理中常使用的象征性术语。例如，当老师谈到“把声音集中到这里来”，常伴着这个指导有某种向前移动的手势。“焦点”是为了恰当闭合声门，避免“散”的音质。当演员实现了良好的起音并保持声音清晰，声音就不会有漏气的“沙沙”声。这时集中的声音便会有“向前置位”的感觉，“在上面”“向前”“在嘴的前方”，此时的声音强度加强，音色更为明亮、饱满而有力。

声音距离感对话练习（练习时随时改变距离）：

（5 米—10 米—20 米—50 米—100 米—10 米）

嗨—你去哪里呀—回家—你要一起走吗—等等我—来吧

对话的声音随对话双方距离由近及远，再由远及近，逐渐调整呼吸，配合情境，控制声音力度和广度。

打哈欠练习：

打开牙关，喉部放松，提高颧肌、颊肌、笑肌，通过张口吸气或用半打哈欠的感觉体会喉部、舌根、下巴的放松，口腔共鸣会加大，用叹气的感觉发出长音“ɑ——”。

发声位置控制练习：

模拟汽笛长鸣声“嘀——”，可做平直的长音练习，也可结合音量由大到小、由小到大地变化练习。

4.台词表达的美、深与趣

台词表达的美、深与趣由演员综合音量的大小、力度的强弱、音调的高低、语言的节奏、语速的快慢，以及语气、语调的千变万化共同达成。

第一，演员可以通过在舞台上表演说悄悄话来训练小音量传远的基本技能。声音以真声比例占比大，咬字吐音的字头喷吐力量要加强，注意字弹掷出去时的速度与力度，强调韵母的推送。而语言力度的强弱，主要通过咬字吐音时气流与吐字器官（唇、舌、齿）成阻力量的轻重控制。

第二，语调是语气、速度、重音、升降等各种表现手段的深度融合。人们说话时，往往通过不同语调的表达引起听众的注意，其中重音及升降的运用及技巧的准确把握最为重要。这里所说的重音，是指根据表情达意的需要，有意加重音量与力度的某个字或某些词。

汉语中的重音有词语重音和语句重音两大类。词语重音是比较固定的、有规律的，可分为重、中、轻三个等级和“重轻”“中重”“中、轻、重”“中轻中重”等不同的格式。“重轻”格式的词语，如中国、白菜、高度等；“中重”格式，如苹果、红旗等；“中、轻、重”格式，如图书馆、菜市场、文化宫等，“中轻中重”格式基本为四个字的词语。语句重音包括语法重音和逻辑重音。语法重音指的是句子中不同的语法成分读音轻重不一，比如谓语一般要比主语读得重些。逻辑重音又称强调重音，是根据说话的目的和重点，有意将某些词或词组读得重些。同一句话，重音不同，意思也就有所不同。如：“我们一起回家”，如果重音是“一起”，强调的是回家的状态；如果重音是“回家”，那是强调的去向。

重音的处理关键在于选择好重音词，应注意重音切记过多，多了反而突出不了重音的效果。

语调的升降则是指语调的高低抑扬变化。同一语句，往往因为语调升降处理不一样，而表达出多种多样的意义。一般升降的变化出现在句末为多，可分为高升调、降抑调、平直调、曲折调四类。

高升调：句子的语势由低到高。一般表示惊讶、疑问、反诘、呼唤、号召等语气。如：

你怎么吃半天还没吃完呢？

降抑调：句子的语势由高到低。一般表示肯定、感叹、恳求、自信、祝愿等语气。如：

请你帮我和老师请个假吧!

平直调：整个句子语势平稳舒展，没有明显的高低变化。一般用于陈述、说明、解释，表示严肃、庄重、平静、冷漠、悼念等语气。如：

我们睡得很早。

曲折调：句子的语势曲折变化，有起有伏。一般用来表示夸张、讽刺、幽默等语气。如：

她太紧张了，连自己的名字都说错了。

第三，语速是指对话时音节的发音时间长短，或者说单位时间里吐字的数量。大体分快速、中速、慢速三种情形。不同角色的年龄、情绪表达或戏剧的情节内容需要，都会对台词表达时的语速有不同的要求。例如，表达紧张、激动、惊奇、恐惧、愤怒、急切、欢畅、兴奋的心情，或者叙述急剧变化的事物与惊险的场景，或者刻画机警、活泼、热情的人物性格等，语速一般较快。而情绪起伏不大的叙事、议论、说明、陈述则采用中速。在叙述庄重情景，或表达沉重、悲伤、忧郁、哀悼的心情时，常用慢速。但快与慢都是相对的，都有一个“度”。无论是快还是慢，都须以表述清晰明了，听众听得真切明白为基本出发点。

第四，节奏与速度有着密切的联系，但二者不是等同的概念。节奏是一种有秩序的、有规律的、协调的变化过程，包括速度。在有声语言表达中，节奏来自对结构的疏密，内容的详略，情感的激缓，声调的抑扬，速度的快慢，语流的行止等要素的综合运用。其他要素前文均有论述，在此主要介绍语流的行止训练方法。

语流的行止技巧即停顿与连续的技巧。停顿，就是指句子当中、句子之间、段落之间的间歇。当需要换气，或表示意义的区分、转折、呼应，或传达引起听众注意的信息时，便会使用不同的停顿。反之，则表达流畅连贯，一气呵成。需要换气的停顿称为换气停顿。根据标点符号进行时间长短不一的停顿称为语法停顿，凡有标点符号的地方都应有适当的停顿，停顿时间大体是：句号 > 分号 > 冒号 > 逗号 > 顿号。至于省略号、破折号、感叹号、问号等，要根据其使用的地方和表情达意的具体情况来确定停顿时间的长短。台词中没有标点符号的地方而做出的适当的停顿，被称为逻辑停顿。一般在较大的主语和谓语之间，动词和较长的宾语之间，较长的附加成分中心词之间，较长的联合成分之间作逻辑停顿，用以表达某种感情，强调某一观点或概念，突出某一事物或现象。再有就是情感停顿，又称为心理停顿。它没有固定的模式，既可以在句子开头停顿，也可以在句子中间或结尾停顿。也没有时间的规定，由表达者根据所表达的内容或情感的需要，自行设计和掌握。运用好则可以产生很强的艺术效果。

第五，语气具有综合性，既包括声调、句调，还包括语势。语势是指台词处理中有声语言上下起伏的势态。语势可分为上行语气语势、平行语势、下行语势和曲行语势四类[①]。语气则将句式、语调、理性、词采、音色、立场、态度、个性、情感等融为一体，由表演者根据人、事、时、地的不同，选择调控自己的语气，使之恰如其分地表达。

二、儿童戏剧表演中肢体与表情的表达

斯坦尼斯拉夫斯基主张舞台艺术的基本目的是："创造角色的'人的精神生活'，把这种生活用艺术形式在舞台上传达出来。"表演艺术的传达与完成主要有赖于"距离性感官"——视觉和听觉，特别是通过台词交流外的"凝视"完成[②]。在儿童戏剧表演中，无论是话剧类儿童戏剧表演，还是偶剧、儿童哑剧、儿童音乐剧等类型的儿童戏剧表演，除了被置于关键地位的语言、台词，面部表情、眼神的设计和形体动作表达与台词一样重要。面部表情和手势能迅速传达出内心的活动，不需要语言文字的媒介。正如苏珊·朗格指出：面部表情和手势比之语言文字更是内心冲动的直接反应[③]。舞台上的人物形象和绘画与雕塑等造型艺术形象不同，不是平面和静止的，而是立体的、行动着的、具体的、活的实体。所以演员还需要具备相应的肢体语言表达能力和表情创造力，将外在表现力、语言和内在情感有机结合，达到准确向欣赏者传递感情的目的。

（一）儿童戏剧表演的形体训练

为了成功模仿、塑造、演绎孩子们心目中的戏剧形象，基本的形体训练是非常必要的，它能有效促进幼儿教师以及幼儿们的肢体协调，使其身姿在舞台表演过程中更具艺术魅力，更有欣赏价值。

世界各流派的表演训练法包罗万象，有斯坦尼体系及其分支迈克尔·契诃夫、李·斯特拉斯伯格的表演方法为代表的生命性训练法，以及梅耶荷德的有机造型术、格洛托夫斯基的身体训练、铃木忠志的下肢训练、雅克·勒考克的形体戏剧、中性面具和小丑哑剧等身体性训练法。其中又分为生命感知、规定

---

① 方先义．儿童戏剧[M].北京：中国人民大学出版社,2018:239.

② 林洪桐．表演美学手册[M].北京：中国电影出版社,2010:207.

③ 林洪桐．表演美学手册[M].北京：中国电影出版社,2010:210.

情境、想象力、交流与适应、性格塑造、节奏、即兴表演等不同类型的练习，本书将选取一些利于提高幼儿教师的示范、指导水平，提升幼儿教师的专业气质，以及有助于成功塑造儿童戏剧舞台形象的练习，以供教师或戏剧领导者参考运用。

1. 形体训练的身体节奏练习

节奏是艺术的核心，也是整个生活的基础。演员要表现生活、塑造角色，首先应掌握节奏技巧，所以节奏是表演课的基础。

在基础乐理知识的学习中，很多人会将节奏与速度的概念混淆，其实二者既有区别又不可分割。在音乐中，狭义的节奏指的是按照一定的强弱关系组织起来的音的长短关系。它不但有长短关系，还有一定的强弱关系，是一种交替出现的有规律的现象。广义的节奏可以理解为音乐中所有的布局、段落、快慢、长短等各方面因素。将“节奏”一词用于戏剧表演领域，则取广义理解，如：一出戏有一出戏的节奏，一场戏有一场戏的节奏，动作中的节奏、语言中的节奏、情感中的节奏、交流中的节奏，不同情境中不同的角色有不同的节奏，不同的性格也有不同的节奏。而速度则一般指内外部动作的快慢，是节奏的构成部分和外在表现之一。不同的人物性格具有不同的速度节奏特征，不同的事件的发展也具有与自身相适应的速度节奏，内外部的速度节奏可以一致，亦可相反①。理解和进行一些从情感到速度节奏和从速度节奏到情感的技术训练，是正确捕捉内心感受与心理体验的基础。音乐是寻找演出与表演节奏的最有效途径，表演中的节奏练习离不开音乐。

身体节奏练习可分为以下几类。

1）节奏节拍感觉练习

教师用手掌拍打出不同的节奏，学生以即时的音乐记忆即感觉进行模奏，通过节奏的结构的重复、变化循序渐进地训练。也可播放不同音乐，让学生随音乐拍打。

2）动作的节奏练习

用节拍器打出各种不同的节奏，学生按照不同的节奏节拍行走，同时转动两臂和两手。

动作的基本要求是自然、协调，并与音乐的节奏一致。

从进行曲节奏的音乐开始，在音乐中行进、跑步、跳跃。快走和跑步时，身体必须感到流体感、飞翔感和失重感。动作的动能来自两肩。行进中教师随

① 林洪桐．表演美学手册[M]．北京：中国电影出版社，2010:133.

机击掌，学生听击掌号令停下动作，做一个静止的造型雕塑。可以是某一人物、动物、状态、情感。每拍一掌做一个造型，再听到掌声则立即恢复到随音乐的行进中。要求造型姿态不能重复或相似。

节奏可分为外部节奏和内部节奏，二者互相影响，相互促进，是一种互动关系。外部音乐节奏练习是综合训练节奏的好方法，一般为集体命题，各自单独表演。

3）外部音乐节奏练习

选取不同节奏张力的音乐由低至高排序，如从抒情乐段，到流动性强的明快的乐段（如圆舞曲），再到紧张、快速的节奏乐段，最后是疯狂强烈的节奏乐段。先让学生听完音乐，感受不同的节奏，然后根据自己内心视像及感受到的情绪展开想象，构思规定情境、事件与动作。要求动作及节奏的变化必须符合曲子的情调与节拍，训练可根据情况适当地创造。

内部节奏练习的外部动作数量少、不强烈、大的变化少。着重练习的是心灵情境的营造与内心独白的组织，强调的是心理节奏的变化和内在激情。此类节奏较难把握。另外儿童戏剧表演，要适应欣赏对象即幼儿的年龄特点和心理特点，一是需要通过直观感受性“同构”生活经验，二是塑造角色形象强调直觉形象性，一般通过夸张、趣味和逼真的表现手法吸引幼儿的注意力和欣赏兴趣。所以此内容并入情感与激情练习展开分析。

2. 情感与激情练习

观众、演员、剧作者、导演在整个艺术创作与欣赏的过程是一个情感传递的接力过程。情感是戏剧表演的重心，观众和演员之间良好、流畅的情感诉说和倾听关系，关键在于演员能否将体验到的情感表达出来，并感动观众。“情动于衷而形于外”，这一技巧需要通过各种情感激起练习的锤炼，学习以个人情感塑造角色情感，靠积极动作诱发、表达情感，获得观众共情。

心理动作转化形体动作的练习是找到合适的形体动作来表现以下情感的心理动作：忧郁、愤怒、快乐、鄙视等。

3. 塑造力与性格化练习

没有性格特征的角色是不存在的[①]。再体现和性格化是人物形象塑造及表演教学中的核心。在表演学中，角色“性格”包含情感、意志、性格、能力、气质等全部个性心理特征，同时还包括角色的行为特征与外貌特征。性格化角色

---

① 斯坦尼斯拉夫斯基．斯坦尼斯拉夫斯基全全集（第3卷）[M]．北京：中国电影出版社，1985:265.

涉及对这些要素的理解力、想象力和表现力，是表演创作中涵盖广、难度大的课题。

塑造力是演员的一项基本功，模仿是基本表演素质。演员通过对自己所观察与积累的人物进行模仿和艺术构思，凭自己对生活与剧中人物的认识深度与性格化能力，把握住相应的表现形式，将角色“速写”在自己身上，并保留在记忆中。观察是模仿的基础，模仿是观察的体现。“化身”和“塑造”能力的训练一般要求从认真观察开始，接着进行简单的模仿，再不断增加要求。包括生活的观察与模仿、角色表象模仿、人物心理体验模拟等。通过模仿或模拟能力的提高，培养塑造角色形象的创造力。

塑造力与性格化练习主要有以下几方面。

1）动物模拟练习

动物是儿童戏剧作品中最常见的角色，为了更易于幼儿准确理解角色的性格特征，把握故事情节，经常将其“拟人化”“性格化”，使动物具有人的情感、人的意志与欲望等。“拟人化”“性格化”后的动物模拟，不仅有外部模仿，还要揣摩内心表现，且可想象情境和情节。通常可以通过直接的观察捕捉各种动物的特征，进行形体表现力、想象力与信念的练习。也可以间接地从一些童话故事、绘本故事、寓言故事或动画片中寻找适宜的素材，通过想象与创造加以体现。

进行模仿练习时，有以下几点造型细节需要具体把握。

一是动物的体形差异。通常小体形的动物动作轻巧。如小白兔、小猴子、小老鼠、小狗等。而且由于“小”，所以身形要有“缩”的感觉，含胸半蹲，双臂缩于前胸。在行走时要用脚尖或前脚掌，步态轻快有弹性。大体形的动物动作要笨拙、有负重感，身体要舒展，如大象、老牛、狗熊、狮子、大老虎等。另外有些动物真实的体形并不大，但因为性格的凶狠放大了其在孩子心中的视像，如大灰狼，因此在造型设计上表情、声音、动作都要夸张放大。

二是动物的行动速度与性格表现。动物反应敏捷、速度快，常给人聪明、机敏的印象，如小鸟、小猴、小刺猬等。反之，动物行动迟钝、缓慢则给人忠厚老实或愚笨等感觉，如乌龟、蜗牛、小鸭子等。另外，有些动物的行动速度时快时慢，给人诡异、狡猾、油腔滑调的印象。如乌鸦、狐狸、黄鼠狼、小老鼠、大灰狼等。当然，具体还应依据情节和动物本身的特点进行设计。比如驴，有时强调的是傻笨的形象，有时是憨厚的性格。

三是性别、年龄、性格差异与动作表现。当遇到多个同类动物的造型设计时，基本动作虽然相同，但会根据性别、年龄和性格的不同而有所区别。

四是身份地位不同的造型设计。王者昂首挺胸，傲然强悍，如狮子、老虎、猴王、大公鸡等。正面角色动作端庄稳健，反面角色动作细碎。

五是人物关系。狼和羊、乌龟与小白兔、乌鸦与狐狸、猫和老鼠等动物之间的关系，除了动物本身的特征之外，还具有积淀的“集体无意识”显现，以及在自然界中的真实关系。要在观察和分析的基础上思考想象展开的新意与合理性，模拟出它们之间产生的关系与互动的瞬间。

一只饥饿的猫

一只猫睡醒了，伸伸懒腰，眯着惺忪的双眼，舔舔毛发和前爪，觉得有些饿了，开始四处觅食。先是走到猫碗前嗅嗅，发现是空的，又来到垃圾桶翻找，还是没发现吃的，突然发现有只老鼠在附近。猫悄悄蜷缩起身子，潜伏在垃圾桶旁，注视着老鼠，突然发动攻击，将老鼠抓住。

2）人物模仿练习

儿童戏剧作品中也有许多人物。比如：神话传说中的仙女、神仙、妖怪；童话故事中的国王、王后、王子、公主、女巫、普通百姓等；现实题材剧中的爷爷、奶奶、爸爸、妈妈、老师、警察等。在儿童戏剧的人物模仿中，可以通过改变服装、造型达到“形似”；通过形体动作和神态的改变，表现不同的人物性格特征和心理体验，达到“神似”。还可以改变声音和语言特征，使形象更为统一。

人的一生

胎儿：以自己最松弛、舒服的姿态躺在地上，慢慢地缩成一团，化身妈妈肚子里的胎儿。想象胎儿在吃、睡、蹬的状态中一天天长大……

婴幼儿：从会坐、学爬、可以站起来、扶着物体移动、抓东西、学走……从跌跌撞撞到自由奔跑、嬉戏玩耍……尽情想象自己的幼儿时期。

青少年：背着小书包上小学、成了初中生和小伙伴踢足球、成了骑着自行车上学的高中生，在教室备考苦读……考上大学了……在食堂、操场、宿舍……

中青年：忙于每天挤地铁上下班……露出一副疲惫的沧桑感……

老年：退休了，在公园打太极、买菜、做饭、浇花、养鱼……

3）想象幻觉练习

在音乐声中想象自己是一株花的胚芽，破土而出，花朵慢慢地开放，在阳光中怒放。可由教师发出指令："刮风了……""下雨了……""雨过天晴了……""微风徐徐中……""逐渐枯萎……"等。

小种子渐渐钻出土壤，慢慢地冒伸出芽，在阳光照射下慢慢长大，伸展枝叶。扭转时，注意方向。想象自己长成某一种植物，如芒果树、牵牛花，开出花朵或结果，小鸟或小蜜蜂出现，遇到刮风下雨的场景，雨过天晴后继续快乐茁壮地成长。

4）木偶动作练习

自我想象成一个小木偶，全身放松，两脚平行站立，双手垂于体侧，头部低垂，闭上眼睛，想象被线操控着身体的各个部位，头、颈、肩、单臂、双臂、大腿、小腿依次被线拉动、放下，做动作时，注意每个关节一段段还原。

（二）儿童戏剧表演的面部表情训练

面部表情训练的主要内容是通过控制面部肌肉，训练演员的面部反应。每一种面部表情的肌肉运动状态都有不同之处。例如，喜悦时，眉眼嘴角上挑，笑肌抬高；愤怒时眉头紧锁，怒目圆睁；悲伤时眉眼嘴角下拉，眼神低垂，目光无力；惊讶时双眼睁大，嘴巴张开，呼吸停滞等。

面部表情练习有以下几种。

1）表情变化练习

要求学生在既定的时间内，变化不同的表情。要求不同表情转变时要过渡自然无痕，表达准确、鲜明。

2）看电视练习

两两合作，一位模拟看不同类型的电视节目时的表情，另一位猜猜你看的是哪一类电视节目。

第三节　儿童戏剧的音乐与歌舞

幼儿戏剧的特殊性决定了幼儿戏剧表演形式的多样性。其中最常采用音乐和歌舞的形式来调动幼儿的表演情绪，丰富艺术表现效果，使幼儿获得更广泛的审美体验。

一、儿童戏剧的音乐

音乐在戏剧的演出中常起到开幕、开场、换场、塑造人物性格或烘托环境的作用，包含配乐与音效。儿童戏剧中的配乐主要有主旋律音乐、歌舞表演配乐、背景音乐三大类。其中背景音乐根据功能又分为表现角色特点的角色背景音乐和烘托情节发展的情节背景音乐。在儿童戏剧中，主旋律音乐为揭示戏剧主题服务，常于开头、结尾，以及配合重要情节发展需要而出现。歌舞表演配乐是为儿童戏剧中不同环节歌舞服务的。另外，不同的角色一般都有与角色形象或性格特征匹配的角色背景音乐，和演员的表演一起共同完成对角色性格的塑造。情节背景音乐则是根据剧情用以辅助烘托、营造气氛。音效则是在表现戏剧中的天气、动作、人物心理反应等发出的真实或象征的音响效果。

二、儿童戏剧的歌舞

儿童戏剧歌舞有两种类型，一种是篇幅稍长一些，并且有人物、情节、说白、歌舞等相结合的小型歌舞剧。另一种篇幅短小，是为了吸引小观众注意力，交代情境烘托气氛或塑造人物形象，依需要在儿童戏剧的不同环节插入的歌舞。儿童戏剧的歌舞具有舞蹈艺术的共性特征，又有其自身的个性。编排要为剧情、情感表达服务，歌舞结合，在游戏中舞蹈，从而更好地体现儿童的个性，表现儿童的心理，契合儿童身心发展以及审美需求。歌舞整体表现为结构简单，具有游戏性和情节性的特点。在动作设计上强调活泼生动，直观形象，富于童趣；在编排上要体现生活经验，形式多样。

三、儿童戏剧的音乐与歌舞编排的方法

（一）儿童戏剧的开场设计

儿童戏剧的开场依据有无音乐，可分为直接情节展示和音乐引入两种形式。直接情节展示的进入方式，是通过角色台词和行动表现直接开始的戏剧表演。音乐引入的方式有三种。一是无旁白与歌舞的，单纯在主旋律音乐伴奏下拉开序幕，与舞台上的道具、布景、角色行动等要素所构筑的画面一起间接交代故事的时间、地点、人物、活动氛围等。二是画外音引入式。由旁白在舞台外配乐诵读，交代关键要素，旁白后主画面内的人物才开始对白表现。三是开场歌舞引入式，即把以戏剧主题和故事情节为素材创编的歌舞作为戏剧开场的

表演，以此引入之后主要情节的展示。

（二）音乐与歌舞插入的前期设计

儿童戏剧中配乐和歌舞的插入需要在前期进行构思设计，明确其插入的目的和具体的作用。例如：戏剧开场前的开场舞蹈多为吸引观众注意，调动观众情感；结尾则为强调、升华主题之用。而在某一情节段根据情节发展需要插入的歌舞，则用于引起情感共鸣，或是作为人物心理活动刻画和时空转换的艺术手段。歌舞和音乐的出现要依循情节发展的脉络和人物情感变化的需要，配乐的风格选择与歌舞的表演形式要多元化、多样性，符合儿童的审美心理特点，满足其审美需求。

总之音乐和歌舞的插入要注意时机、时间的把握，以及与动作配合的精确度，要标注于剧本中，以供排演或音乐制作参考。

（三）儿童戏剧的歌舞编排

首先，主体动作设计要源于生活，只有保持动作与内容的形象化、具体化，才能让孩子更直观地感受与表演。例如，在编排儿童剧《牙齿保卫战》时，其中一个段落是表现不讲卫生的孩子刷牙时无奈和痛苦的模样。生活中刷牙会有哪些动作呢？孩子一听到问题，马上进行模仿，一手拿牙刷，一手拿杯子，头配合手一左一右地晃动，手做着刷牙的动作，嘴巴一字形露出牙齿，表现刷牙时的模样。除了刷牙的动作，将挤牙膏、漱口、照镜子等一系列动作，经过一定编排后更形象直观地去表达时，观众看完会立刻明白这是在刷牙。做不喜欢做的事情时会有什么样的表情呢？有的孩子立刻做出了皱眉、摇头表情和动作，有的孩子还用摆手的动作表现拒绝、不喜欢，还有的孩子甚至直接跑掉，形象十分生动。这一组组生动的动作，通过编导的筛选与重组，就可以成为一组表现该段落内容的主体动作。

其次，编排要有情节性和童趣。儿童时期正是动儿处于具体形象思维向抽象思维过渡的时期，这个阶段的孩子喜怒皆形于色，情感丰富，情绪容易外露。具有活泼好动的特点。儿童歌舞最重要一点就是要体现童真、童趣，这样才能更生动地表现儿童的天性。童真、童趣在歌舞编排时体现为游戏性设计。例如，关于猴子的群舞，可以编排成舞枪弄棒，互相挑战；有关季节的歌舞，可以设计成在春雨中嬉戏、夏日里打水仗、秋天摘果子、冬天堆雪人等等。

最后，简单有力的动作和多变的队形。儿童舞蹈需要的是形象生动、趣味横生的表达，繁复的动作对小孩子来说有难度，也是对其记忆力的考验。只要把事物直观地表现出来，可以用简单、有力的主体动作，通过多变的组合和不同的队形，使孩子更容易接受与表达。队形单一，会使得原本简单的动作看上去单调、沉闷。所以在简单动作的基础上，我们需要更多的队形变化，例如复调、拟、块状、点线结合的多变队形，让整个舞蹈看上去充满生机。

第四节　儿童戏剧的舞台美术

舞台美术是舞台戏剧的重要组成部分，是由布景设计制作、服装服饰、化妆造型、道具的设计制作、灯光照明等共同组成的艺术综合体。舞台美术设计的宗旨是服务于表演艺术，设计的舞台景物应与表演内涵相关。根据剧情需要，运用各种造型技巧，统筹安排，巧妙构思，制作出与剧情相应的意境，以此渲染舞台气氛。

儿童戏剧服务的对象大都处在 5~16 岁的年龄段，这个年龄阶段的儿童在认知和审美心理发展上横跨了象征期和写实期两个阶段。因此，儿童戏剧不仅有别于成人戏剧，就自身服务对象而言，分别属于 5~10 岁儿童期和 10~16 岁少年期的儿童，在审美心理、身心发展水平、接受能力、思维方法、欣赏趣味各方面都存在很大的差异。

处在儿童期的儿童以形象思维为主，对形象简单的、内容单纯的、富于趣味性和颜色丰富的又不断变化的活动场面非常喜欢，属于审美心理萌芽的象征时期。进入少年时期，随着大脑的发育和知识的积累，审美逐渐由具象审美向写实审美过渡。这个阶段的孩子，除了能够欣赏表现他们生活状态和内心矛盾，以及在嬉戏、玩耍、游戏中推进情节、展开人物、表达思想的现代儿童情景剧，还能够欣赏具有较高艺术性的作品和科幻或者魔幻题材作品。其儿童审美心理的跨度和深度均发展至一个较为系统而完备的层面①。

因此，儿童戏剧的舞美设计不能脱离儿童观众本身，既要兼顾舞台美术特征和儿童审美的特殊性，也要符合剧情需要，充分体现童趣特征。但童趣性不等于一味地幼稚化、模式化，而是要关注宽泛的儿童想象力，以及提高对儿童世界的敏锐的感受力。在设计时，不要过多考虑流派和风格问题，无论是现实主义还是构成主义或者象征主义等各种艺术风格都应该回归到最本质的两点，即剧情和儿童审美心理需求。从剧情和儿童心理出发，在鲜明的色彩和可爱的形象之上，通过舞台搭建起一种供角色融入和角色置换的，能烘托剧情，引发

① 李旭．儿童戏剧创作与舞台美术设计[J]. 四川戏剧，2008(5):127-128.

无穷想象的舞台虚幻空间。

幼儿教师作为幼儿园儿童戏剧表演的主要创、编、排人员，可以指导幼儿、调动家长利用废旧材料或相应的素材，自己动手设计制作微型布景。例如：用布条、花边、彩色纸条装扮、改造服饰；用纸皮箱、彩纸做房子、大树；用纱巾做大海；用硬纸板画头饰等。也可以将娃娃家区角的一些真实素材作为布景，如沙发、小桌子等；还可以使用人物造型做“活背景”等。

幼儿教师在指导幼儿表演前，应依据剧情和场地条件，提前勾勒出舞台形态，设计制作方案。通过儿童戏剧舞美的设计与制作，幼儿教师的专业素养与综合能力将得到提高，幼儿的创造力和动手操作能力也能得到开发与锻炼，学习经验和艺术体验也将更为丰富。

第六章　学前儿童剧教育成果展示与演出指导

第一节　学前师范生儿童剧成果展示与演出指导

在技术革新教育的21世纪，以多媒体技术和网络技术为核心的信息技术对教育结构和教育过程的变革产生了巨大的影响。先进的教学手段和丰富的信息资源，不仅引起了教育形式、教育内容、教学方法和教学环境的变革，更重要的是促进了教育思想、教育观念的更新。在学前师范生培养和幼儿园的教育教学活动中，儿童戏剧活动或课程教学的创演过程与最后创作成果的呈现和分享，无不充分体现着自主、探究、分享、合作学习的新课程理念。儿童戏剧最后成果分享的舞台演出计划，不仅是对学生获得指导性、期待性评价心理的满足和回应，能激发创、排、演过程中每一位参与者的积极性、主动性、创造性和合作意识，还是父母、师长了解学生学习情况和表现的窗口，更是学校师范生综合素质、教师技能培养成果，以及幼儿园教学成果的综合展示和教学示范活动。张晓华在谈及创作性戏剧成果的示范演出指导时，引用创作性戏剧的创始先锋温妮弗列德·瓦德和加拿大著名戏剧教育理论家理查·柯尔尼的观点，认为以简单的布景道具在学校进行的这种示范性质的演出或活动，对学生认真与投入的意愿，有激励的作用，对观赏者亦有学习的效果。对优良的作品有必要作一番整合，运用剧场的技巧，将它呈现给特定的观众，如同学、家长、学校教职员、教育相关人员、一般观众或社区内有兴趣者观摩欣赏[①]。这种成果展示与演出，从策划、设计、安排与执行，直至最后以剧场演出的方式将成果呈现给观众，整个过程是一个完整的项目实施。有明确的目标、进度计划、阶段工作分解、各项工作之间的分工与搭接关系等，需要整体的规划。

① 张晓华．创作性戏剧教学原理与实作[M].上海：上海书店出版社,2011:245.

一、演出策划与排演准备

艺术的分类在艺术学研究领域，因不同分类原则与角度而各不相同。常见的一种分法是将艺术分为视觉艺术和表演艺术。视觉艺术（Visual Arts），包括绘画、雕塑、摄影、建筑、工艺，以及现代艺术设计、广告艺术、电影艺术、计算机三维动画、动漫、游戏软件等。表演艺术（Performing Arts），包括音乐、舞蹈、戏剧，以及音乐剧等等[①]。虽然我们讨论的成果展示不是正式的、营利性的儿童剧场演出，但它一样是在一定的空间内，以人的身体为介质向观众进行展示的艺术形式，属于表演艺术的范畴，涵盖了表演艺术中表演空间、演员、展示形式、受众等四个要素。教师兼任策划人和导演双重身份，要引导学生了解这四个要素之间的关系，学习活动的整体规划和全剧表演呈现的完整构思。

首先，是围绕确定的主题，整合现有物质资源和人力资源，做好活动策划和排演的前期准备。不同于有形产品生产与消费可以分离的特点，“演出”是具有无形性、同步性、易逝性、异质性特点的。观众在演出之前，无法提前触摸到、感受到、看到、听到“演出”，演出的生产和消费是同时进行的，演出的发生即是表演的生产过程，而观众对于演出活动的参与和体验则是消费过程[②]。所以，当演出正式开始时，策划者及导演对演出的现场和局面是无临场指挥和控制机会的，所有的工作都必须在缜密的计划中提前执行，才能确保临场表演的成功。以舞台演出管理的各项工作为例，舞台演出管理包括宣传、总务、舞台监督、资料管理、会场管理等工作，这些工作共同参与舞台艺术创作的全过程，是创作、制作和表演得以顺利完美进行的有力保障，需要在准备阶段进行明确的人员分工和具体的工作安排。宣传主要的工作包括演出前后的宣传海报、邀请函、节目单制作和推送等（图 6-1 至图 6-3）。总务一般负责经费开支，如购买服装、道具、材料，安排演出排练场地等杂务事宜。舞台监督则从演出前期到排演各个阶段，帮助和协调演职人员、灯光、音响、舞美、道具、化妆等各个舞台工作部门，保证他们各守其位、各负其责，并及时有效地处理演出团队内部和外部中出现的各种问题和突发事件，协助导演顺利完成演出，如指挥景物迁换、提醒灯光变化、发布开幕与闭幕信号、催场等工作。资料管理的工作主要有剧本和脚本的打印分发、剧

① 彭吉象．艺术概论 [M]. 北京：北京大学出版社，2006:86.

② 刘靖．产业链视角下的表演艺术经济组织研究 [D]. 北京：中国音乐学院，2018.

照搜集、拍照、录影等（图 6-4）。会场管理指的是一切秩序与安全的维护工作。由于儿童戏剧成果展示的表演场所经常是设在幼儿园中，演出时人员高度密集，幼儿园安全工作的预排和管理是不容忽视的一项重要工作。总之，和所有舞台表演艺术的策划组织一样，成果展示演出的策划和组织是一项系统的大工程，只有完善的前期准备才能够避免演出阶段的冲突或矛盾。由于在学前师范生儿童剧成果展演中，所有演职人员均由学前教育专业的师生来承担，对于教师和学生的专业素养、创新意识以及组织水平都能起到很好的锻炼与提升。

图 6-1　儿童剧展演邀请函

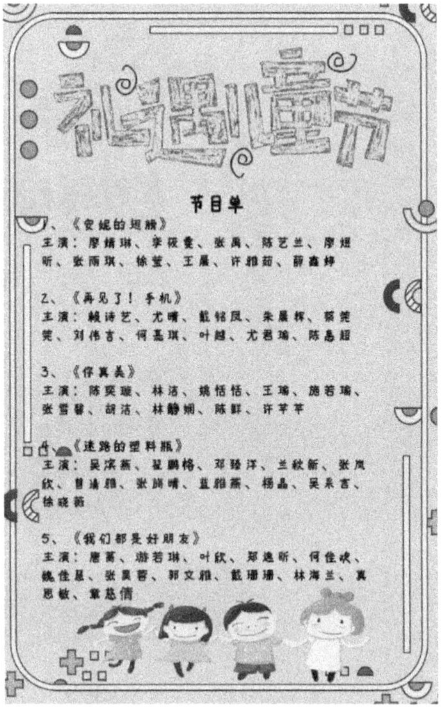

图 6-2　儿童剧展演节目单

图 6-3　儿童剧剧本展海报

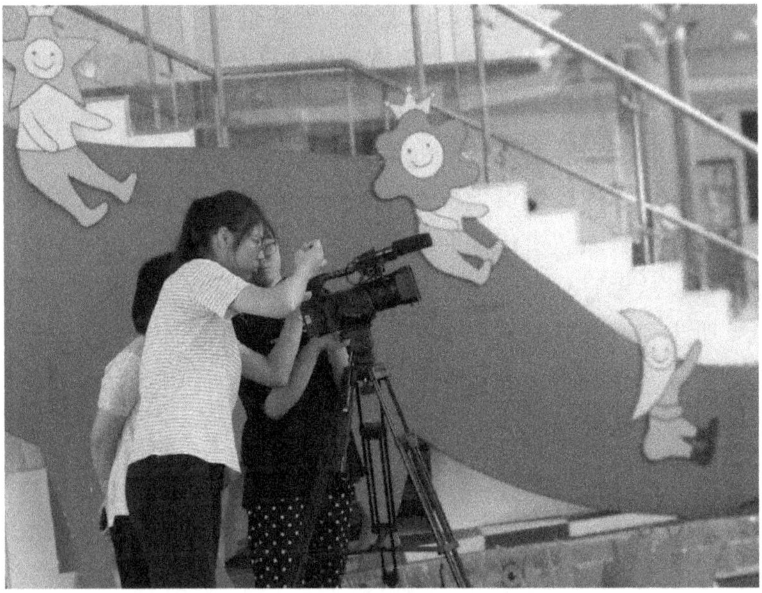

图 6-4　儿童剧展演时学生在拍摄

其次，是撰写导演计划。戏剧导演是戏剧演出中对整个艺术创造负全责的人，其工作主要是把文学剧本具体化、舞台化，即将剧本转化为戏剧演出。师范生们是未来戏剧教育活动的领导者和活动组织者，相当于导演角色，需要指导各个表演环节，指挥各个工作部门，所以在排演前不仅要做好各项准备工作，还要学习形成导演计划的基础知识。一是要分析创作或选用的剧本，撰写导演计划。导演计划是在导演精读剧本、深入分析剧本的基础上，将自己对剧本主题的诠释加以具体化，并通过联想、想象等艺术手段，在自己头脑中形成主客体统一的审美意象，为舞台上艺术传达活动提供坚实的基础①。但凡进行二度创作的艺术都需要对文本进行解读、分析和研究，儿童戏剧亦是如此。具体工作包括诠释剧本的主题思想、与舞台设计规划演员台位与移动路线、角色的性格特征和构成关系的分析、演员"交流"的方式与意蕴，确定艺术风格等。此外，剧本的结构完整性、情节主线及发展的合理性、演出场次与总体时长的适宜性、戏剧内容与演出场地与设备条件的对应规划、观众理解等方面也都需要整体构思进去。在艺术风格上，儿童戏剧大多以"体验派"或"写实主义"为主；调度一般通过舞台平面图呈现演员在舞台上的台位及动线与速度设计；人物塑造的要点要注记在台词旁，利于排演所用；音乐、音效与灯光使用

① 蒋皓．戏剧导演工作简论 [J]. 戏剧之家 ,2010(09):16-17.

的时机、时间及与动作和情境的适切配合、服装布景道具的初步构想等也应一并在导演计划中加以考量。这是一个进行剧本研读与表演过程设计的案头工作，一般需要以文字注记在剧本或脚本中，在排演中依序进行，并在临场中进行修正。二是进行互动环节设计。由于儿童戏剧的特殊性，观演关系不同于成人戏剧，台上与台下的互动设计也是儿童戏剧排演中一个需要考量的内容。基于剧情，需要在不打断叙事流畅性的前提下，巧妙地设计一些适宜的互动环节镶嵌其中。可以从感官、情感、思考、行动、关联等角度为小观众们精心设计满足视觉、听觉和心理体验的一些互动，如邀请小观众们共舞、临时扮演、有奖抢答等，打破第四堵墙，营造特别的剧场效应，打造“抵近”“亲和”的观演关系。

二、排演与公演

（一）儿童剧的初排

在初排前，导演对整体演出已做了初步的规划和设计，对儿童戏剧的表现主题、风格、节奏、角色性格等问题已有较为具体的看法。导演或指导教师需召开全体演职人员会议，向大家介绍剧本、演出计划，让演员和各部门工作人员对全剧的制作有一定的共识和明确的概念。

初排的第一步可以是对台词。此时台词不需要背出来，但要求学生投入角色，按角色的思想、情感表达台词。通过想象与模拟，在角色之间进行双方或多方的对白衔接（图 6-5）。

图 6-5　分剧组初排（学生对台词）

初排的第二步，将台词与演员的台位和动作结合起来，进行走位、定点的排练。一般在一次排演时间内完成一幕或一场的排练。在这个阶段，演员可以在教室或排练厅虚拟剧场进行练习。演员要明确上下场的点位，坐或站所处的舞台区位，动线的方向和行动的方式，定点的台位和朝向，与道具的距离，说话时脸部的朝向，集体表演时的各项舞台调度等内容。舞台表演的剧场，依观众与表演区之间的关系大致可归纳为镜框式舞台、伸展式舞台、环形剧场和弹性舞台（工形舞台或L形舞台）四种类型。以儿童剧表演常用的镜框式舞台为例，舞台表演区位（图6-6）一般划分5~6个区位，按照区位的强弱，分别是中下区、中上区、右下区、左下区、右上区和左上区。演员务必携带剧本进行这个阶段的排练，将上述要求标注在自己的台词旁。

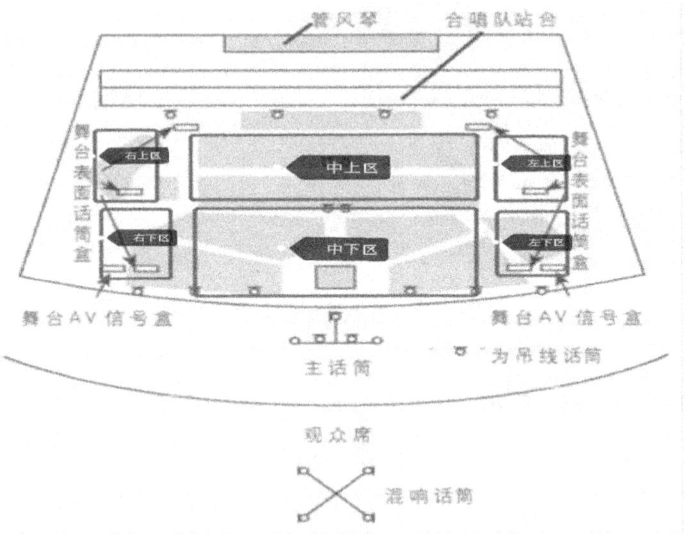

图6-6　舞台表演区位

初排过程中，导演教师可视时间和需要多练习一两次，加深演员的印象，与他们讨论和交换意见，以便复排时改进或增减内容。

（二）儿童剧的复排

儿童剧的复排是在初排的基础上，用代用品在排练场布置出初步的舞台设计环境（图6-7），使演员发挥想象力，在初构的角色环境中，加入动作、表情的演绎，处理眼神与视线的方向，提高台词表达技巧，进行搭戏排练。鼓励演员充分表达自己对角色的理解，能动性地演绎角色。复排可以不按剧本的顺序，将剧本分成若干个片段，进行独立排练或几个片段（演员不重叠情况下）同时进行。当每个片段在台词、走位、动作、表情等各方面都磨合得较为熟练时，便可进入下一个阶段——连排。

图 6-7　在教室进行儿童剧复排

（三）儿童剧的连排

连排是在复排的基础上，按照剧本情节的发生顺序，将各个小片段依次连起来进行完整的排练。（图 6-8）。这个阶段可将设计编辑的音乐、音效和道具嵌入，在排练中检视导演计划的执行与实现情况，并及时做出指正。

（四）试装

试穿剧服，安排妆面设计，检视服装化妆是否符合人物造型上的要求，服装大小是否合适，以做出进一步调整。宣传可于此时拍摄定妆照片供海报、宣传推文之用（图 6-9 至图 6-13）。

图 6-8　在教室进行儿童剧连排

图 6-9　“兔妈妈”角色试戴头饰

图 6-10　“兔宝宝”角色试装照

图 6-11 “树精灵”角色造型

图 6-12 “彩虹花”角色试装照

图 6-13 “母鸡妈妈”角色试装照

（五）彩排

彩排亦称为带妆彩排（图 6-14 至图 6-15），台下是没有观众的，但全体演职人员要悉数到场，按照正式演出的形式进行完整的演练。导演老师不做任何干涉，只记录彩排中存在的问题或出现的状况，待彩排结束再进行指正。对于需要加强的片段或表演较为生疏的地方，再进行抽场排演。

彩排中还包含技术排演，主要有场灯的控制切换、报幕、致辞、音效起落、换景、谢幕等工作，均需由头至尾整合演练。

图 6-14　原创儿童剧《你很美》彩排照

图 6-15　原创儿童剧《迷路的塑料瓶》彩排照

（六）公演

一般幼儿园或儿童剧场演出时间约一个小时，从开场主持人致辞（图6-16）至演出结束谢幕，大多一气呵成不安排中场休息。在结束时会安排谢幕、献花和合影。在演出开始时，导演老师会将一切舞台事务交给舞台监督全权处理，自己则坐在观众席，了解演出情况，观察观众反应及剧场效果。若演出过程中有突发事件影响演出，则适时、及时前往处理（图6-17至图6-21）。

演出结束后，剧场的氛围应快乐而温馨，演员们应等观众离去后，再集中撤场。

图6-16　儿童剧展演主持人开场照

图6-17　幼儿园儿童剧巡演（户外无搭台演出照）

图 6-18　幼儿园儿童剧巡演（户外无搭台演出照）

图 6-19　幼儿园儿童剧巡演（舞台表演照）

图 6-20　幼儿园儿童剧巡演（舞台表演照）

图 6-21　幼儿园儿童剧巡演（舞台表演照）

（七）活动延伸

展演结束后，导演老师可以通过组织剧本展（图 6–22 至图 6–25）、圆桌会议（图 6–26）、儿童剧展演摄影展等形式，根据创作、排练、演出的所有“问题”，借助笔记、照片、作品、音频或视频记录、“活动展板”等工具，通过与演员共同回顾、梳理、反思和分享，将整体成果展演活动中的“点”连接成“面”，帮助学生建构连续的经验，催生生长点，持续意义生成。

图 6–22　绘本剧《彩虹色的花》手工彩泥创意剧本

图 6–23　童话剧《三只小猪》手工绒布贴剧本

图 6-24　绘本剧《小兔汤姆》手工立体剧本

图 6-25　儿童剧剧本展

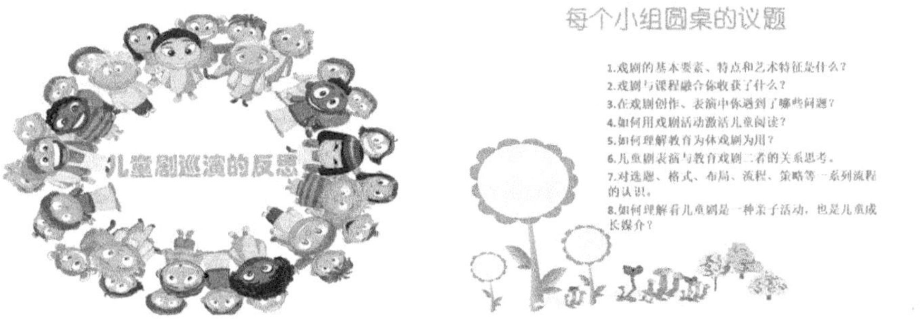

图 6-26　儿童剧展演后的总结会

第二节　幼儿园儿童剧成果展示与演出指导

一、选择和生成合理的戏剧主题与表演内容

幼儿戏剧表演主题与内容的选择是指导幼儿进行表演的第一步，形式上以原创和经典幼儿文学作品改编两种类型为主。原创的幼儿戏剧剧本题材的选取大多生成于“儿童的经验或兴趣”“游戏”“幼儿园各领域活动内容”，或是来源于一些“特殊需要”等，有以下几个问题需要关注。

首先，剧本创作的主题来源与课程的生成有着密不可分的关系。以原创儿童剧《我不是啄木鸟》的创作为例，故事源自幼儿园组织幼儿到植物园春游时，某一幼儿发现了两只美丽的“啄木鸟”，引发了“是不是啄木鸟”的集体热议，而展开“这是谁”的主题活动。第一步，带着“这是啄木鸟吗”的问题，幼儿观察这两只小鸟的外形特征，听它们的叫声，并讨论、表达自己看到的是一种“怎样的鸟”。老师将小鸟的照片（图 6-27）发到家长群里，鼓励幼儿回家和父母一起查找、收集啄木鸟的照片，说一说在植物园中看到的这种小鸟是不是“啄木鸟”。第二步，教师引导幼儿分享各自带来的资料，比较啄木鸟与植物园中看到的鸟类的异同，介绍植物园中发现的鸟类——“戴胜”第三步，引导幼儿观察，通过绘画呈现戴胜黄脖子、黑白花翅膀、细长嘴和头顶一撮毛的外形特征，并模仿它的动作。第四步，引导幼儿探究戴胜的生活习性，并促使其自主寻找答案。例如：戴胜常年留守在福建省，所以经常可听见戴胜“咕咕”的叫声；戴胜很喜欢在人工草坪上觅食，草坪视野开阔，而且浇水后常有蚯蚓爬出来透气，这是戴胜最喜爱的食物等。第五步，引导幼儿思考和讨论为什么它的名字叫“戴胜”？为什么在繁殖季节，戴胜的鸟巢会臭气熏天，通过不同的方式验证自己的想法或疑问。很快，有关“戴胜的故事”迅速传播开来，引发了众多家长的关注，他们每天和孩子一起讨论戴胜，为孩子购买鸟类方面的图画书，与孩子一起利用网络搜集戴胜相关的资料，开展护鸟行动等，由此带给孩子多种感知与体验，促进了孩子进行深度探索。第六步，创编孩子们关于自己和戴胜的故事，将整个探究、学习的过程和内容，加入戏剧元素，吸引孩子们进入戏剧，通过肢体动作、认知经验与想象、声音与口语表达等进行创意发挥。第七步，儿童剧《我不是啄木鸟》排演展示。

幼儿园课程从本质来说应是基于儿童自身经验和强调儿童自主参与的知识与经验体系①。《幼儿园教育指导纲要（试行）》在教育内容与要求部分给了教师设计课程内容的权利和空间，幼儿教师是非常需要具备一种开放性生成课程的观念和思维方式。在这个活动案例中，儿童戏剧成果展演既是幼儿园课程的一部分，又是幼儿园课程的“形式”和“载体”之一，二者联系紧密，不可分割。

图 6-27　草地上觅食的戴胜

其次，所选择或改编的剧本要基于幼儿发展需要和“完整经验”的提出。在幼儿园语言领域活动中，“听说游戏”“谈话活动”“文学活动”“早期阅读”“讲述活动”是常见的几种活动类型。其中，故事是幼儿文学体裁形式的一种，故事表演是以表演艺术的形式进行的“文学活动”，它侧重于事件过程的描述，口头讲述时强调情节的生动性和连贯性。以《福建省幼儿园教师教育

① 虞永平．学前课程与幸福童年[M]．北京：教育科学出版社，2012:96-97.

用书》（大班领域活动上册）中的语言活动《小猴卖“○”》为例，大班幼儿在教师开展故事教学的活动过程中，理解了故事内容，对于故事的情节以及故事中各种动物角色的性格和关系等也有了详细的了解，且在科学活动中已有关于球体的认知经验，这些前期的积累能为后续把此故事改编成儿童剧进行表演奠定良好的基础。若无结合儿童的年龄特点以及幼儿实际的学习经验来选择或改编剧本，教师就需要在排演前做更多、更充分的准备，避免所选择或改编的剧本过于复杂，或是因幼儿缺乏经验、新颖性不足等原因，使儿童失去排演的热情，进而影响排演的质量。同时，幼儿实际的学习是综合的、整体的，幼儿园教育内容范畴的划分是相对的，教育过程中应依据幼儿的学习特点进行整合处理，以使幼儿通过真实而有意义的活动生动、活泼、主动地学习，获得完整的经验，促进身心全面和谐的发展①。从上例中也可自证，儿童戏剧因自身综合又统整的表现形式可能得以成为实现这一精神的有效途径，但同时，为充分发挥儿童戏剧的这一特质和优势，也需要关注幼儿的发展速度和特点，在创作和指导中立足于幼儿生活和发展需要及“完整经验”，才能促进幼儿身心和谐而富有个性的发展。

最后，戏剧主题和表演内容的选择应指向于对生活哲学的审思。幼儿园课程的两大价值取向是“知识—学科”取向和“活动—经验”取向，前者主张幼儿园课程资源从学科知识中来，并以传递社会文化知识为首要任务。后者则重视儿童通过活动获得直接经验，强调幼儿园课程内容来源于学习者在学习环境中获得的经验。两大“阵营”的讨论虽未达成完全的共识，但在坚持自身价值取向的同时，也并未发展成绝对的二元对立，而是互为关系，最终立于不同的角度，服务于儿童和谐生长的各种需要，共同促成儿童的自我实现。这种发展折射出生活哲学观中的关系性思维，意味着在考量幼儿生命意义的背景下对儿童生活需要的关注。儿童作为特定时空，存在于特定社会生活环境和状态下的一个个活生生的个体，既是生物体，也是文化体，更是生活体，其持续成长的过程是一个在生活中不断全方位建构自己的过程。因此，戏剧主题和表演内容的选择自然不能抽离幼儿的生活世界。

生活世界具有二维性，一是作为生命实体的人生活在其中的、以社会实践活动为基础的现实世界，对个人来说，它是具有丰富的生活意义和生命价值的真实世界，它要求对人的现实生活和现实生活中加以人的关注。幼儿生活世

① 中华人民共和国教育部．幼儿园教育指导纲要（试行）[S]．北京：北京师范大学出版社，2001．

界中的这一现实世界包括幼儿成长和发展中一切场域的一切活动。另一个“生活世界”不是一个“集体的”或“大家的”世界，而是一个自我的主观意识世界。该概念兴盛于21世纪初的西方哲学领域，欧洲现象学大师胡塞尔的观点是其最早的理论基础。他提出这个“生活世界”指的是人在与环境的关系中于意识里形成的“世界”，它是一个个体化、相对化的“视域”，是个体主体审视人类各种活动的意义和价值的世界观①。儿童是具体的人、现实的人，生长中的人，幼儿的这个意识的“生活世界”在现实的“生活世界”中随个体自我主观视域的运动而发生变化，不断地被建构。提出对这一哲学思想的审视意义在于，说明戏剧主题和表演内容承载的不仅仅是文本，更是儿童生命价值的体验。打通文本与体验的联系，是向现实的人和人的现实的回归。既体现了对儿童的现实存在和儿童生活的现实世界和可能世界的关注，也体现了对儿童生命存在和生命成长的尊重。

关于经典幼儿文学作品如何改编为幼儿戏剧可参考本书第五章儿童戏剧剧本创作的相关论述，在此不再展开详述。“特殊需要”指的是戏剧主题来源于幼儿园毕业典礼、“六一”儿童节联欢会、幼儿园安全主题活动等应幼儿园所需进行的议题。

二、引导幼儿熟悉剧情与角色塑造的指导方法

由于幼儿生理与心理年龄的特殊性，对剧情的了解、理解，对角色性格的塑造，真实的交流适应的建立等都需要由教师的指导来完成。幼儿教师需要掌握一定的指导方法和技巧，才能够保持幼儿在快乐、轻松的氛围中熟悉剧情，懂得并善于激发幼儿主动、大胆地想象和模仿角色语言与角色行为，并引导幼儿学会配合表演。

（一）在规定情境的动作中分析剧本与角色

斯坦尼斯拉夫斯基指出：规定情境是人物所面临或身处的各种情境的总称，包括剧本的情节、剧本的事实、事件、时代、剧情发生的时间和地点、人物活动的环境、人物关系及人物在事件发生前所处的境况等。和现实生活一样，戏剧中脱离规定情境的动作是不存在的②。戏剧是以动作表现思想的，而

① 夏宏．视域：生活世界理论发展的内在逻辑[J]．江苏社会科学，2009(3):31.

② 林洪桐．表演训练法[M]．北京：北京联合出版公司，2017:22.

"动作又是捕捉情感的网罟"[①]。首先，角色的动作都是在规定情境的制约和推动下进行的。同样的动作，改变了规定的情境，人物动作的方式和心理活动必然发生相应的变化。从人的形体生活的真实过渡到人的精神生活的真实，能够帮助幼儿自然地接近角色，使自我向角色的过渡自然、和谐，避免表演刻板、造作。其次，情感是整个审美心理要素发挥作用的基础，它涵盖了审美感知、审美想象和审美理解。在学前儿童的审美与艺术活动中，审美情感是儿童移情的产物。由于儿童不成熟的理性思维和自我意识决定了他们缺乏理性思考自己情绪的能力，会不自觉地将刺激投射到对象上。在这种无意识的投射活动中，儿童不会有意遮掩自己的情感，相反会不自觉地把这些情感弥漫于知觉和想象中。由于儿童的感觉系统在发展进程中既保留了感觉运动阶段的态势，又与儿童自身的现实经验相结合，于是规定情境中那些外显的、可见的"形体动作"激发、唤起了幼儿的情感，幼儿从自己内心被唤起的情感出发，又借助动作模式和表情模式来表达自己此时此刻的体验。规定情境中行动使角色扮演的过程成为幼儿主动、积极体验生命及其价值的自然方式。最后，无意识状态下的移情和幻想使幼儿深层心理中的情感不是被意识和理性所压抑而是被转化了，"从深层的"内核到高层的"外壳"，构成了一种比儿童日常自我更为丰富、更为深刻的方式进行反应，而这种反应也反过来改变着儿童自身的种种心理过程[②]。此时，角色成为幼儿自己情感状态的同一物，所以，在帮助幼儿了解、熟悉剧本时，要在规定情境中引导其动作表达，加速、加深幼儿对剧本及角色的理解。

（二）从角色"心象"到角色"形象"

角色"心象"指的是对自己所要扮演的角色在心中的构思。这个"心象"包含角色内外部形象特征。"心象"从何而来呢？一方面以幼儿对剧本故事中的角色认知和理解为基础，但更重要的一方面，是建立在"角色体验"上，包括体验角色的情感、捕捉角色的外形特征。

首先，在指导幼儿进行角色塑造时，幼儿教师应明确帮助幼儿对自己所要扮演的角色形成一个具体、清晰的"心象"的重要性。"心象"也被称为角色的"内心视像"，为了让"心象"变得具体、可知、可感，教师可以通过观看视频、图片，运用谈话的方式，鼓励幼儿说一说自己所扮演的角色是怎样的一

---

① 奥西托维奇，马卡里耶夫．斯坦尼斯拉夫斯基创作遗产讨论集[M]．北京：中国电影出版社，1985:525.

② 孔起英．儿童审美心理研究[M]．南京：江苏教育出版社，2004:179.

个角色。还可通过绘画，让幼儿画出自己所扮演的角色，以此帮助幼儿充分想象、多维度证实、持续性补充对角色的理解，为“心象”提供形象的素材，让角色的“心象”更为鲜明。从戏剧表演艺术而言，幼儿角色“心象”产生的过程是其不断探寻、丰富、发展与修正自己对角色的构思的过程。

其次，形体和语言是演员创造角色时从外部表现角色的两大支柱，角色的内心情感只能通过形体与语言才能够展现出来，而动作与语言的表达除了教师通过高水平的示范来引起幼儿兴趣和模仿之外，还要善于利用五官刺激唤起幼儿的心理与情感感受，激活想象。对于幼儿来说，想象是把他们从刻板的真实再现中解放出来，得以形成审美意象的关键。由于幼儿审美想象所需的表象来自他们的知觉，即幼儿感知过的事物在心理上的客观存在。所以通过生命的整体感知，将表象的主观性融入主观体验，从而实现角色从“心象”，即“大脑图画”转变成看得见的“形象”。从而达到角色的“形象”“不是现实的模仿，而是现实的发现”①。

（三）交流与适应技巧的引导

交流与适应是演员在创作方法中要掌握的一种心理技术。所谓交流是指演员在行动中与行动的对象（包括自身在内）在思想、情感、目的和欲求上的相互给予、相互作用和相互影响。即演员与行动的对象之间的接受和给予、刺激与反馈。适应则是在交流过程中所采用的方式②。二者是一个完整的过程，交流是给出刺激，适应是反馈刺激。

戏剧是以人为主要表现对象的艺术形式，任何一出戏剧所要反映的生活或所要表达的思想，都需要通过具体的人物及人物与人物之间的矛盾冲突才能展现出来。和成人戏剧表演一样，幼儿在表演创造中，绝不可能脱离与其他角色之间的关系孤立地创造出自己所扮演的角色的性格来。只有在角色与其他角色之间的关系中，才能表现出自己所扮演的角色的性格特征。所以在排演的过程中，会存在和需要面对一个与同伴共同进行创造的问题。如果缺乏交流，就无法唤起内心的真实感，就很难谈及感染和适应。要交流，就要有一定的主体和对象。以《丑小鸭》一剧为例，参加表演的角色很多，为了同演者们有更好的交流，教师可以先帮助幼儿弄明白这些角色之间的关系，并基于剧本的主题思想表达、矛盾冲突和人物的相互关系，帮助幼儿明确自己的台词与行动，行动与路线的关系，还有自己与对手之间的台词与行动的关系。

---

① 卡西尔．人论[M]．甘阳，译．上海：上海译文出版社，1985:32.

② 梁伯龙，李月．戏剧表演艺术[M]．北京：高等教育出版社，2004:141.

一方面，在自我交流上，教师可以在丑小鸭面对和遭受鸡群、喂鸡鸭的女佣人，甚至自己的兄弟姐妹的嫌弃和驱赶时，鼓励它以“独白”的形式表达心里的惶恐、无助和难过。丑小鸭与自我的交流“独白”不仅可以训练语言表达，还可以挖掘幼儿心灵深处的情绪记忆与情感记忆，更重要的是可以诱发幼儿在表演中构建出对眼前发生的事件的真实、具体的形态。在指导幼儿独白时，要善于引导幼儿通过形体动作、面部神情流露、运用道具等反映“独白”的内涵、感受与反射。另一方面，在指导幼儿与其他演员交流时，教师应在规定情境、人物关系与交流内容三方面展开指导。首先要帮助幼儿了解与掌握舞台行动时“我要做什么”，只有幼儿知道要“做什么”，才能给予对方（搭戏的幼儿）刺激。比如其他小动物们在嫌弃和欺负丑小鸭时，他们彼此之间以及与丑小鸭之间都会有哪些外部的形体动作交流，即会做、可以做哪些动作来表现出对丑小鸭的嫌弃和欺负。而丑小鸭又会做什么回应，此处丑小鸭的回应便是在接受对方刺激的同时产生的反应——适应。这个适应包含丑小鸭受到刺激时心灵上的感受，以及如何反应对方所给予的刺激时所做的决定。在剧中，丑小鸭的反应是选择悲伤地逃走。此时，可怜的丑小鸭会有怎样的“内心独白”呢？而嘲笑和驱赶丑小鸭的其他小动物又会有怎样的表现。可见，交流是通过行动中的适应体现出来的，除了看得见的传达出相互关系的外部形体性动作之外，还有心灵上的内在的精神交流。

其次，在前文的论述中提到，行动的三要素是做什么、为什么、怎样做。幼儿在知道“做什么”的同时，需要找到做这件事的目的。在生活中，任何一个行动都有一定的目的，舞台上的行动也是如此。行动的目的是演员创造出来的，教师要给予幼儿充分表达自己的机会，只有幼儿自己创造出来的目的才能够使他真正行动起来。此时，想象起着非常重要的作用。例如，虽然丑小鸭最难孵化，长得最丑，但刚开始在鸭妈妈眼里是这样的。

“他的腿划得多灵活，他浮得多么稳！他是我亲生的孩子！如果仔细看一看，他还算长得蛮漂亮呢！”“他不好看，但是他的脾气非常好。他游起水来也不比别人差——我还可以说，游得比别人好呢。我想他会慢慢变漂亮的，或者到适当的时候，他也可能缩小一点。他在蛋里躺得太久了，因此他的模样有点不太自然。”鸭妈妈疼爱地在丑小鸭的脖颈上啄了一下，把他的羽毛理了一理。

在指导“鸭妈妈”时，教师应让“鸭妈妈”说说，为什么鸭妈妈要啄一下丑小鸭的脖颈，为什么鸭妈妈要梳理丑小鸭的羽毛。孩子们会告诉你，那是鸭妈妈在亲丑小鸭，因为鸭妈妈爱丑小鸭宝宝。教师还可以继续引导孩子，鸭妈妈爱丑小鸭宝宝还会做什么动作，孩子通过移情，会把自己妈妈对自己做的动作“移植”到对“鸭妈妈”的角色塑造中，使自我与角色形象同一化。因为表演中的动作带有他们自发的情感力量，这时的表演便会是“身心统一”的呈现，自然、真实而感人。随着剧情的发展，鸭妈妈转变了对丑小鸭的态度，也和其他角色一样：“希望你走远些！”此时的鸭妈妈还会像之前一样做疼爱丑小鸭的动作吗？自然不会。可见，形体动作和心理行动之间是相互联系相互影响的。幼儿只有知道“为什么”这么做，舞台上的行动才会产生质的变化。另外，同一个动作也会有不同的目的或意义。例如，同样是“啄”的动作，疼爱的“啄”和嫌弃的“啄”在动作细节和表情表达上是不同的。所以，在戏剧表演指导中，纯粹让幼儿模仿教师的示范动作，像小木偶一样被扯来扯去的“表演”训练，是不可能塑造出鲜活的角色形象的，也不该是幼儿戏剧表演指导训练中应该出现的情况。

如果“做什么”和“为什么”在进行角色创造时是可以预先确定的内容，而“怎么做”则无法完全事先确定。虽然在剧本中可以有相关的预设，但如果在排演中不管同演者做什么，只是照本宣科地将自己事先的设想或构思搬出来，表演必然变得生硬和机械。演员在行动时一定是相互行动的，彼此都需要根据外界与对象的客观实际建立真实有效的交流，这种根据外界与同演者的变化而随机的应变即适应。正如同一首曲子在不同的时间、环境、境遇，或是和不同的人欣赏时，所激起的情绪体验会各不相同。表演亦是如此，相互行动中的交流所产生的刺激与反应每一次排练都会有所不同。比如形体动作的幅度和力度、语言的音调与音量、表情的变化等，教师要仔细观察和聆听每一次排练中孩子们体验的变化，鼓励和肯定孩子们建立在“此时，此刻”的活生生的交流与适应基础之上的不同的情绪体验。孩子们丰富的幻想、即兴创造的才能，将在不断的即兴交流和适应中，得到更多、更细致的发展。

概而言之，幼儿戏剧表演的指导是一个艰辛的、充满惊喜的创造性劳动。在戏剧表演中，儿童同文本（剧本）对话、同情境对话（建构世界）、同他者对话（结交伙伴）、同自身对话（探求自我）①，是作为生命实体在肉体与精神、感觉与意味的协调平衡中的健康成长。在艺术人生中经验现实，在现实人生中境遇艺术。

① 佐藤学．学习的快乐——走向对话[M]．钟启泉，译．北京：教育科学出版社，2005:66.

参考文献

一、中文文献

[1] 格林·威尔逊 . 戏剧表演心理学 [M]. 李学通 , 译 . 上海 : 上海文艺出版社 ,1989.
[2] 张晓华 . 创作性戏剧教学原理与实作 [M]. 上海 : 上海书店出版社 ,2011.
[3] 李涵 . 中国儿童戏剧史 [M]. 北京 : 中国戏剧出版社 ,2003.
[4] 胡红兵 . 儿童剧编剧理论和实践技巧 [M]. 北京 : 中国戏剧出版社 ,2019.
[5] 林玫君 . 儿童戏剧教育的理论与实务 [M]. 上海 : 复旦大学出版社 ,2015.
[6] 林玫君 . 创作性儿童戏剧入门 [M]. 台北 : 心理出版社 ,1994.
[7] 张金梅 . 学前儿童戏剧教育 [M]. 南京 : 南京师范大学出版社 ,2015.
[8] 张金梅 . 幼儿园戏剧综合课程研究 [M]. 南京 : 江苏教育出版社 ,2005.
[9] 段素菊 , 侯轶男 , 冯英 . 师范学前戏剧教育课程的理论与实践 [M]. 保定 : 河北大学出版社 ,2018.
[10] 朱家雄 . 幼儿园教育活动设计与实施 [M]. 北京 : 高等教育出版社 ,2008.
[11] 黄人颂 . 学前教育学 [M]. 北京 : 人民教育出版社 ,1989.
[12] 林卫 . 美育论 [M]. 北京 : 教育科学出版社 ,2000.
[13] 弗里德里希·席勒 . 审美教育书简 [M]. 张玉能 , 译 . 北京 : 北京大学出版社 ,1985.
[14] 班马 . 中国儿童文学理论批评与构想 [M]. 武汉 : 湖北少年儿童出版社 ,2001.
[15] 班马 . 前艺术思想 : 中国当代少年文学艺术论 [M]. 福州 : 福建少年儿童出版社 ,1996.
[16] 小口忠彦 . 游戏的心理和指导 [M]. 北京 : 人民教育出版社 ,1984.
[17] 孙建江 . 二十世纪中国儿童文学导论 [M]. 南京 : 江苏少年儿童出版社 ,1995.
[18] 古斯塔夫·弗兰塔克 . 论戏剧情节 [M]. 上海 : 上海译文出版社 ,1981.
[19] 雷丽平 . 现代性视野中的新时期儿童戏剧研究 [M]. 北京 : 中国戏剧出版社 ,2018.
[20] 方先义 . 儿童戏剧 [M]. 北京 : 中国人民大学出版社 ,2018.
[21] 斯坦尼斯拉夫斯基 . 斯坦尼斯拉夫斯基全集 (第 2 卷)[M]. 林陵 , 史敏徒 , 译 . 北

京：中国电影出版社，1959.
[22] 孔起英．儿童审美心理研究 [M]. 南京：江苏教育出版社，2004.
[23] 布约克·沃尔德．本能的缪斯 [M]. 王毅，等，译．上海：上海人民出版社，1997.
[24] 鲁·阿恩海姆．艺术心理学新论 [M]. 郭小平，译．北京：商务印书馆，1996.
[25] 叶澜．"新基础教育"论：关于当代中国学校变革的探究与认识 [M]. 北京：教育科学出版社，2006.
[26] 徐伯璞．戏剧教育行政 [M]. 北京：商务印书馆，1945.
[27] 弗里德里希·席勒．秀美与尊严：席勒艺术和美学文集 [M]. 北京：文化艺术出版社，1996.
[28] 李渔．闲情偶寄 [M]. 上海：上海古籍出版社，2000.
[29] 理查·谢克纳．人类表演学 [M]. 孙惠柱，等，译．北京：戏剧出版社，2001.
[30] 杜威．我的教育信条：杜威论教育 [M]. 彭正梅，译．上海：上海人民出版社，2013.
[31] 林崇德．发展心理学 [M]. 北京：人民教育出版社，2009.
[32] 王朝闻．审美谈 [M]. 北京：人民出版社，1984.
[33] 梁伯龙，李月．戏剧表演艺术 [M]. 北京：高等教育出版社，2004.
[34] 苏珊·朗格．艺术问题 [M]. 北京：中国社会科学出版社，1983.
[35] 大卫·戴维斯．想象真实——教育戏剧的新理论 [M]. 曹曦，译．北京：中国人民大学出版社，2017.
[36] 贝克．婴儿、儿童和青少年 [M]. 桑标，译．上海：上海人民出版社，2008.
[37] 狄尔泰．精神科学引论（第一卷）[M]. 童奇志，王海鸥，译．北京：中国城市出版社，2002.
[38] 宾克莱．理想的冲突 [M]. 马元德，等，译．北京：商务印书馆，1983.
[39] 迈克尔· W. 阿普尔．意识形态与课程 [M]. 黄忠敬，译．上海：华东师范大学出版社，2001.
[40] 燕良轼．解读后现代教育思想 [M]. 广州：广东教育出版社，2008.
[41] 杜威．确定性的寻求 [M]. 傅统先，译．上海：上海人民出版社，2004.
[42] 陆有铨．现代西方教育哲学 [M]. 北京：北京大学出版社，2012.
[43] 约翰·杜威．民主主义与教育 [M]. 王承绪，译．北京：人民教育出版社，2001.
[44] 卡西尔．人论 [M]. 甘阳，译．上海：上海译文出版社，1990.
[45] 李泽厚．从美感两重性到情本体——李泽厚美学文录 [M]. 济南：山东文艺出版社，2019.
[46] 高鉴．戏剧的世界——戏剧功能新探 [M]. 北京：知识出版社，1990.
[47] 索绪尔．普通语言学教程 [M]. 高名凯，译．北京：商务印书馆，1999.

[48] 丁来先 . 文化经验的审美改造 [M]. 北京 : 中国社会科学出版社 ,2010.
[49] 张政文 , 张弼 . 比较文学 : 文学范围内的比较研究 [M]. 北京 : 社会科学文献出版社 ,2001.
[50] 刘焱 . 儿童游戏通论 [M]. 北京 : 北京师范大学出版社 ,2004.
[51] J. 胡伊青加 . 人 : 游戏者 [M]. 成穷 , 译 . 贵阳 : 贵州人民出版社 ,2019.
[52] 朱莉娅·贝里曼 . 发展心理学与你 [M]. 陈萍 , 王茜 , 译 . 北京 : 北京大学出版社 ,2003.
[53] 车文博 . 弗洛伊德主义论评 [M]. 长春 : 吉林教育出版社 ,1992.
[54] 华爱华 . 幼儿游戏理论 [M]. 上海 : 上海教育出版社 ,1998.
[55] 王小英 . 儿童游戏的意义 [M]. 长春 : 东北师范大学出版社 ,2006.
[56] 教育大词典编纂委员会 . 教育心理学 [M]. 上海 : 上海教育出版社 ,1990:7.
[57] 朱光潜 . 西方美学史 (下册)[M]. 北京 : 人民文学出版社 ,1979.
[58] 约翰逊 . 游戏与儿童早期发展 [M]. 华爱华 , 郭力平 , 等 , 译 . 上海 : 华东师范大学出版社 ,2006.
[59] 阿·伊·苏罗金娜 . 学前教育学 [M]. 何清新 , 译 . 北京 : 人民教育出版社 1960.
[60] B.И. 亚德什科 ,Φ. A . 索欣. 学前教育学 [M]. 北京师范大学外国教育研究所 , 译 . 北京 : 人民教育出版社 ,1981.
[61] 邱学音. 学前儿童游戏 [M]. 南京 : 江苏教育出版社 ,2008.
[62] 周兢 . 幼儿园语言文学教育活动 [M]. 北京 : 中国广播电视出版社 ,1992.
[63] 曹中平 . 儿童游戏论—文化学、心理学和教育学三维视野 [M]. 银川 : 宁夏人民出版社 ,1999.
[64] 威廉 A 科萨罗 . 童年社会学 [M]. 张蓝予 , 译 . 哈尔滨 : 黑龙江教育出版社 ,2016.
[65] 郑素华 . 儿童文化引论 [M]. 北京 : 社会科学文献出版社 ,2015.
[66] 谢之君. 隐喻认知功能探索 [M]. 上海 : 复旦大学出版社 ,2007.
[67] 杜威 . 我们怎样思维·经验与教育 [M]. 姜文闵 , 译 . 北京 : 人民教育出版社 ,2005.
[68] 说文解字最新整理全注译本编委会. 说文解字最新整理全注全译本 (第 1 卷)[M]. 北京 : 中国书店 ,2010.
[69] 李土生 . 土生说字 第 1 部 教育篇 [M]. 北京 : 人民日报出版社 ,2006.
[70] 李学勤 . 字源 [M]. 天津 : 天津古籍出版社 ,2013.
[71] 许慎 . 说文解字今释 [M]. 汤可敬 , 撰. 长沙 : 岳麓书社 ,1997.
[72] 钟启泉 , 张华 . 课程与教学论 [M]. 沈阳 : 辽宁大学出版社 ,2007:53.
[73] 黄甫泉 , 吴建明 . 课程与教学论 [M]. 北京 : 中国人民大学出版社 ,2019:4.
[74] 詹姆士· G. 亨德林 , 理查德· D. 霍索恩 . 革新的课程领导 [M]2 版 . 杭州 : 浙江教育

出版社 ,2005.
[75] 乔治·A. 比彻姆 . 课程理论 [M]. 黄明皖 , 译 . 北京 : 人民教育出版社 ,1989.
[76] 中国大百科全书总编辑委员会《教育》编辑委员会 , 中国大百科全书出版社编辑部 . 中国大百科全书教育 [M]. 北京 : 中国大百科全书出版社 ,1985.
[77] 许卓娅 . 学前儿童音乐教育 [M]. 北京 : 中央广播电视大学出版社 ,2008.
[78] 王添强 . 活泼学习 : 学前教师教育戏剧起步期教学实务指导手册 [M]. 北京 : 北京语言大学出版社 ,2019.
[79] 梁宁建 . 心理学导论 [M]. 上海 : 上海教育出版社 ,2006.
[80] 彭聃龄 . 普通心理学 [M]. 北京 : 北京师范大学出版社 ,2016.
[81] 斯坦尼斯拉夫斯基 . 斯坦尼斯拉夫斯基全集第一卷 [M]. 北京 : 中国电影出版社 ,1958.
[82] 林洪桐 . 表演训练法 [M]. 北京 : 北京联合出版社 ,2017.
[83] 张晓华 , 郭香妹 , 陈春利 , 等 . 教育戏剧跨学科教学课程设计与实践 [M]. 北京 : 中国戏剧出版社 ,2016.
[84] NEELANDS J,GOODE T. 建构戏剧 : 戏剧教学策略 70 式 [M]. 舒志义 , 李慧心 , 译 . 台北 : 财团法人成长文教基金会 ,2016.
[85] 林玫君 . 创造性戏剧理论与实务——教室中的行动研究 [M]. 台北 : 心理出版社 ,2000.
[86] 乔·温斯顿 , 迈尔斯·坦迪 . 开始玩戏剧 4–11 岁 : 儿童戏剧课程教师手册 [M]. 陈韵文 , 张镫尹 , 译 . 台北 : 心理出版社 ,2008.
[87] 彭兵 . 成就专业的幼儿教师——幼儿教师专业发展阶段研究 [M]. 北京 : 北京师范大学出版集团 ,2012 .
[88] 陈向明 . 质的研究方法与社会科学研究 [M]. 北京 : 教育科学出版社 ,2000.
[89] 玛格丽特·舒勒 , 史蒂芬妮·哈勒 . 表演艺术基础 [M]. 李亦男 , 译 . 北京 : 中国戏剧出版社 ,2015.
[90] 海德格尔 . 在通向语言的途中 [M]. 孙周兴 , 译 . 北京 : 商务印书馆 ,2011.
[91] 张颂 . 朗读美学 [M]. 北京 : 中国传媒大学出版社 ,2015.
[92] 斯坦尼斯拉夫斯基 . 斯坦尼斯拉夫斯基全集 (第 3 卷)[M]. 北京 : 中国电影出版社 ,1985.
[93] 彭吉象 . 艺术概论 [M]. 北京 : 北京大学出版社 ,2006.
[94] 虞永平 . 学前课程与幸福童年 [M]. 北京 : 教育科学出版社 ,2012.
[95] 中华人民共和国教育部 . 幼儿园指导纲要 (试行)[S]. 北京 : 中华人民共和国教育部 ,2016.

[96] 奥西托维奇，马卡里耶夫．斯坦尼斯拉夫斯基创作遗产讨论集 [M]. 北京：中国电影出版社，1985.

[97] 孔起英．儿童审美心理研究 [M]. 南京：江苏教育出版社，2004.

[98] 佐藤学．学习的快乐——走向对话 [M]. 钟启泉，译．北京：教育科学出版社，2005.

[99] DOROTHY H,STERN C V,BALABAN N,et al. 幼儿行为的观察与记录 [M]. 5 版．马燕，马希武，译．北京：中国轻工业出版社，2013.

[100] SHARMAN C. 观察儿童实践操作指南 [M].3 版．单敏月，王晓平，译．上海：华东师范大学出版社，2007.

[101] BENTZEN W R. 观察儿童：儿童行为观察记录指南 [M]. 北京：人民教育出版社，2008.

[102] 陈昊．教育戏剧：理论探讨与实践进展 [J]. 内蒙古师范大学学报（教育科学版），201730(9):1–7.

[103] 徐俊．教育戏剧——基础教育的明日之星 [J]. 基础教育，2011(3):70–76.

[104] 程式如．新世纪儿童戏剧的发展与反思 [J]. 艺术评论，2008(6):51–56.

[105] 张金梅．戏剧能给儿童教育带来什么：透视西方儿童戏剧教育 [J]. 学前教育研究，2004(7):44–45.

[106] 张生泉．论"教育戏剧"的理念 [J]. 上海戏剧学院学报，2009(3):26–34.

[107] 许卓娅．创意戏剧教育的理论与实践探索 [J]. 幼儿教育，2001(7):7–9.

[108] 张金梅．论儿童戏剧教育的组织形式 [J]. 幼儿教育，2011(1):30–32.

[109] 张金梅．生长戏剧：学前儿童戏剧经验的有机建构 [J]. 学前教育研究，2019(10):71–84.

[110] 陈爱萍．幼儿教育呼唤游戏精神 [J]. 江苏教育学院学报（社会科学版），2007(5):23–27.

[111] 胡润森．戏剧主题论 [J]. 烟台大学学报哲学社会科学版，2000(4):191–198.

[112] 孙冰，国外儿童剧汉译剧本语言特色及其成因分析 [J]. 戏剧文学，2016(9):118–121.

[113] 吴鸿业，朱霁青．二～六岁儿童语言发展的调查研究——儿童各种词类发展的趋势和特点 [J]. 儿童心理与教育心理，1980(4):28–31.

[114] 彭小红，白小芳．论早期说汉语儿童的叠词现象 [J]. 西南交通大学学报（社会科学版），2014(6):40–48.

[115] 于杰．李渔与高乃伊戏剧价值观的比较研究 [J]. 边疆经济与文化，2011(11):71–72.

[116] 查永军 . 参与式学习——解读杜威的《民主主义与教育》[J]. 湖南师范大学教育科学学报 ,2007(3):31–35.
[117] 杨宁 . 儿童早期发展与教育中的身体问题——无论进化、发展与儿童早期教育[J]. 学前教育研究 ,2014(1):21–28.
[118] 胡妙胜 . 戏剧符号学导引 [J]. 戏剧艺术 ,1986(1):31–47.
[119] 宫宝荣 . 戏剧符号学概述 [J]. 中国戏剧 ,2008(7):62–64.
[120] 谷荣林 . 戏剧符号的回顾与审视 [J]. 齐鲁艺苑 ,2018(3):25–27.
[121] 黄爱华. 戏剧功能系统演论 [J]. 戏剧艺术 .1992(5):4–14.
[122] 张华 . 幕场在戏剧结构中的美学价值 [J]. 山西师大学报 (社会科学版),2017(3):44–48.
[123] 张新立 . 儿童游戏的发生及其本质特点新探 [J]. 学前教育研究 .2007(11):40–43.
[124] 倪伟 . 假装游戏与儿童发展 : 观点、争论与展望 [J]. 南京师范大学学报 ,2014(5):111–118.
[125] 倪伟 , 熊哲宏 . 假装游戏研究 : 过去、现在和未来 [J]. 心理科学 ,2007(4):1020–1022.
[126] 王可 , 郭会萍 . 儿童假装游戏理论与相关研究 [J]. 心理研究 ,2009(5):40–33.
[127] 阎平 , 曹爽英 . 幼儿教师组织指导幼儿角色游戏应具备的能力素质 [J]. 学前教育研究 ,2007(9):33–34.
[128] 姜国钧 .“课程”与“教学”词源小考 : 兼与章小谦先生讨论 [J]. 华东师范大学学报 (教育科学版).2006(4):68–71.
[129] 刘煜 . 日本幼儿教育质量政策及其研究动向 [J]. 陕西师范学前学院学报 ,2016(10):1–5.
[130] 莫秀峰 . 有效观察 : 研究型幼儿教师成长的基点 [J]. 教育导刊 ,2015(4):67–69.
[131] 李瑾 . 感知:解读皮尔士符号理论的关键 [J]. 山东师范大学学报 ,2008(3):83–86.
[132] 叶浩生 . 有关具身认知思潮的理论心理学思考 [J]. 心理学报 ,2011,43(5):589–598.
[133] 栾德青 . 有效的观察记录方式 [J]. 教育导刊 ,2012(1):75–76.
[134] 丁海东 . 区域活动现场中幼儿行为的观察与评价 [J]. 教育导刊 ,2011(10):47–49.
[135] 范藻 . 从身体到生命 : 个体有声语言二重性的美学解读 [J]. 美与时代(下),2020(1):7–13.
[136] 蒋皓 . 戏剧导演工作简论 [J]. 戏剧之家 ,2010(9):16–17.
[137] 李旭 . 儿童戏剧创作与舞台美术设计 [J]. 四川戏剧 ,2008(5):127–128.
[138] 李学斌 . 儿童文学的游戏精神 [D]. 上海 : 上海师范大学 ,2010.
[139] 宋敏 . 中国儿童戏剧发展史 (1919—2020)[D]. 上海 : 上海大学 ,2018.

[140] 孟聪 . 探索中的上海儿童戏剧教育 [D]. 上海 : 上海戏剧学院 ,2008.
[141] 杨静 . 后现代课程观视野下儿童戏剧教育的教师角色研究 [D]. 南京 : 南京师范大学 ,2014.
[142] 王小英 . 儿童游戏意义的多维视角解析 [D]. 长春 : 吉林大学 ,2003.
[143] 江晶 .3-5 岁儿童心理理论与假装游戏关系的研究 [D]. 北京 : 北京师范大学 ,2010.
[144] 胡弼成 . 高等学校课程体系现代化研究 [D]. 厦门 : 厦门大学 ,2004.
[145] 徐旸 . 幼儿教师区域活动观察记录的现状与支持策略研究——以角色区为例 [D]. 上海 : 华东师范大学 ,2019.
[146] 刘洋 . 有声语言表达艺术的审美意蕴研究 [D]. 长春 : 吉林大学 ,2019.
[147] 郑黛琼 . 台湾戏剧教育发展初探 ,“今日之儿童艺术教育”国际研讨会论文 [D]. 南京 : 南京师范大学 ,2002.

二、英文文献

[148] OLIVER A I.Curriculum improvement[M].New York:Harper & Row.1977.
[149] BARSALOU L W.Grounded cognition[J].Annual Review of Psychology,2008,59:618.
[150] WAGNER B J .Dorothy heathcote:drama as a learning mediun[M]. Washington,DC:National Education Association ,1976.
[151] BOBBITT,F.The curriculum[M].New York:Houghton Mifflin,1981.
[152] WAY B.Development through drama[M].London:Longman ,1967.
[153] BOYD B J.Metacommunication in young children' s pretend play:an instrument development study[D].The University of Georgia.1991.
[154] BROCKETT O G.The theatre and introduction[J].Holt,Rinehard and Winston,1969:27.
[155] BUNDY A C.Assessment of play and leisure:delineation of the problem[J].American Journal of Occupational Therapy,1993,47(3):217-222.
[156] GARVEY C.Play,enlarged edition[M].Cambridge:Harvard University Press,1990.
[157] DAVIS J H,BEHM T.Terminology of drama/theatre with and for children:a redefinition[J].Children' s Theater Review,1978,27(1):10-11.
[158] DELOACHE J S.Mindful of symbols[J].Scientific American,2005,293(2):72-77.
[159] ERIKSON E H.Childhood and society[M].New York:Norton,1950.
[160] FENSON L,RAMSAY D S.Decentration and integration of the child' s play in the second year[J].Child Development,1980(1):17-22.
[161] HOPKINS B.The cambridge encyclopedia of child development[M].

Cambridge:Cambridge University Press,2005.

[162] JERR L C.Acting in person and in style[M].Dubuque:Wm.C.Brown Publishers,1991.

[163] MANDLER J M.Taylor & Francis Online:perceptual and conceptual processes in infancy[J].Journal of Cognition and Development,2001,4(2):339–365.

[164] LANCY D F.Accounting for variability in mother–child play[J].American Anthropologist,2007,109,273–284.

[165] LEWY A .The international encyclopedia of curriculum[M].Oxford:Pergamum Press,1991.

[166] LESLIE A M.Pretense and representation:The origins of"theory of mind"[J].Psychological Review,1987,94:412–426.

[167] WITTROCK M C.Handbook of research on teaching[M].A project of the American educational research association,1986

[168] HARA M O.Drama in education:A curriculum dilemma[J].Theory into Practice,1984,23(4):314–320.

[169] MORGAN N ,SAXTON J.Teaching drama:a mind of many wonders[J].1987,3:21–28.

[170] MCCASLIN N .Creative drama in the classroom and beyond[M].New York:Longman Publishers,1996.

[171] NIELSEN M,CHRISTIE T.Adult modeling facilitates young children' s generation of novel pretend acts[J].Infant and Child Development,2008,17:151–162.

[172] NICHOLS S,STICH S.A cognitive theory of pretense[J].Cognition,2000,74:115–147.

[173] OLIVA P.The Curriculum:Theoretical dimensions[M].New York:Longman,1997.

[174] ORTONY I A.Metaphor and thought[C].Cambridge:Cambridge University Press,1993.

[175] O' SULLIVAN L P,LAURAL L,MITCHELL D.Representation and perseveration: influences on young children' s representational insight[J].Journal of Cognition & Development,2001,2(4):339–365.

[176] ROOYACKERS P.101 Drama games for children:fun and learning with acting and make–believe[M].Alameda:Hunter House,1997.

[177] PELLEGRINI A D.Applied child study:a developmental approach[M].New Jersey:Lawrence Erlbaum,1991.

[178] METZ R,PEIRCE C S.Collected papers[M].Cambridge:Harvard University Press,1931.

[179] RAKOCZY H.Taking fiction seriously:young children understand the normative structure of joint pretend games[J].Developmental Psychology,2008,44:1195–1201.

[180] MITCHELL R W.Bateson' s concept of metacommunication in play[J].New Ideas in

Psychology,1991,9(1):75 ,79–82.

[181] ROSENBERG H S.Creative drama and imagination[M].New York:CBS College Publishing,1987.

[182] SIKS G.B.Creative dramatics:an art for children[M].New York:Harper&Brothers,1996.

[183] TAYLOR P H,RICHARDS C.M .An introduction to curriculum studies[M].Swindon: NFER Publishing Company, 1979.

[184] VIOLA A.Drama with and for children:an interpretation of terms[J].Educational Theater Journal,1956,52(2):139–145.

[185] WALKER C M,GOPNIK A.Pretense and possibility:a theoretical proposal about the effects of pretend play[J].Psychological Bulletin,2013,139:40–44.

[186] YANG S J,GALLO D A,BEILOCK S.Embodied memory judgments:a case of motor fluency[J]. Journal of Experimental Psychology:Learning,Memory,and Cognition,2009,35(5):1359–1365.

后 记

随着先进戏剧教育理念和实操经验的引进、戏剧教育课题研究的开展、戏剧教育专著的出版、全国教研和教学机构人才的培养、戏剧教育人才孵化等工作的推进，儿童戏剧教育的实践与研究取得了显著的成果。但相较于中小学幼儿园，高校学前教育专业在戏剧课程的开设数量、课程建设、课程资源的开发和课程师资培养等方面，整体仍处于起步阶段。如何更有效地将宏观的核心素养体系落实到学前专业学生核心素养培育和具体的课程体系建设中，形成与专业特征及需求匹配的螺旋上升、依次递进的单元和项目内容供学生选择、使用、再造、再生；不同类型戏剧教育活动形式在课程中的联通架构形态如何更好地融通；哪些因素影响了课程实施过程中师生关系的共生与自治形态的认识与把握；基于跨文化理解的、尊重差异的、合作共享的、多元和谐的课堂教学生态与学习场域构建等相关问题均亟待在教育实践中进一步探索、检验、反思与完善。

研究的历程是一个不断反思自我和寻求突破的艰辛历程，是一个理论与实践相互滋养，多维多元交互转化的修行之路，书稿的完成仅为实现自我发展意义上的一次思想梳理与提升。

在此感谢我的学生集美大学师范学院 2015 级、2016 级、2017 级的同学们与我一起饱含激情地投入到师范生儿童戏剧课程的探索性实践研究中，书中第六章的照片记录了我们在各类戏剧教育教学实践活动中共度的美好时光。

感谢先期研究者的研究成果和理论智慧。

感谢集美大学科研主管部门、师范学院领导对本书出版的大力支持。感谢天津大学出版社编辑对本书出版付出的劳动。

本书力图把学前教育专业综合课程革新理念贯注于理实结合的论

述之中，在研究中，难免有欠缺之处，希望本研究的管窥之见能激发同道者的深入理解，同人们的善意批评指正。

瑞典作家爱伦·凯说：“儿童的世界要通过两种方法来实现。首先是成人要理解孩子的特质，其次是成人的内心要永远保持孩子那般纯真。”儿童戏剧正如同一扇旋转门，连接了孩子的内心世界和生活世界，让我们际遇孩子们身体和生命自我升腾成长的力量，为其在“现实”中践行生命自觉之意识与能力喝彩的同时，也点亮了我们自己的童心和爱心。

用爱承载希望，用心编织梦想！

谨以此书献给我热爱的事业！

徐皖闽

2020 年 11 月 11 日